课本来不及告诉你的古代史

到盛唐

打卡生活

徐德亮

主编

李云河　樊玙　著

中国纺织出版社有限公司

内 容 提 要

《到隋唐打卡生活》是"课本来不及告诉你的古代史"丛书之一，以轻松活泼的叙述方式，描述了隋唐时期的民间社会生活百态。全书生动地展现隋唐人的日常饮食、防暑保暖、交通、住房、职业、旅游、文体活动，等等，像是一幅文字版的"清明上河图"。隋唐民间的生活到底是什么样的，有哪些特殊的风俗习惯，现代人对隋唐人生活的好奇，将在书中一一得到解答。同时，书中配有多幅精美的插图，生动再现隋唐人的日常生活面貌。

"课本来不及告诉你的古代史"丛书，囊括了中国历史上各个时期的百姓日常生活史，由历史学领域的资深写作者执笔，以正史为蓝底，以幽默生趣、易于阅读的讲史方式，还原各个朝代的不同社会风貌，生动呈现中国古代百姓生活的变迁和传承。

图书在版编目（CIP）数据

到隋唐打卡生活 / 李云河，樊玙著. --北京：中国纺织出版社有限公司，2021.7
（课本来不及告诉你的古代史 / 徐德亮主编）
ISBN 978-7-5180-8587-3

Ⅰ.①到… Ⅱ.①李… ②樊… Ⅲ.①中国历史－隋唐时代–通俗读物 Ⅳ.①K241.09 ②K242.09

中国版本图书馆CIP数据核字（2021）第099176号

策划编辑：李满意　胡　明　　责任编辑：张　强
责任校对：王蕙莹　　　　　　　责任印制：王艳丽

中国纺织出版社有限公司出版发行
地址：北京市朝阳区百子湾东里A407号楼　邮政编码：100124
销售电话：010－67004422　传真：010－87155801
http://www.c-textilep.com
中国纺织出版社天猫旗舰店
官方微博http://weibo.com/2119887771
北京华联印刷有限公司印刷　各地新华书店经销
2021年7月第1版第1次印刷
开本：880mm×1230mm　1/32　印张：11
字数：180千字　定价：68.00元

序 言

按图关洛风烟在，遗址隋唐锦绣余

每个中国人心中都有一个大唐，眼里都有一座长安。从宋朝开始，"唐"就成为外国对中国之地和国货的代称，中国人也被称为"唐人"。哪怕到了今天，许多国家依然将当地华人聚居的地方称为"唐人街"，可见唐的影响之深远。相较之下，三世而亡的隋朝就显得黯淡了不少，但我们不应忘记，正是隋朝大军在公元589年挥师南下，彻底结束了自东晋十六国以来长达三百年的分裂和战乱。隋唐三百余年，因为统一获得了安定与和平、发展与壮大，最终成就了我国历史上鼎盛的黄金时代。

翻开史书，首先映入眼帘的自然是从隋文帝始至唐哀帝终的二十四位隋唐帝王；其余便是当时的重要人物，无论王侯将相、后妃佳人还是文人雅士、游侠豪客，都或多或少地留下了属于自己的片段，但谁来记载普通人的一生呢？每一个隋唐人的世俗生活、喜怒哀乐同样是历史的重要组成；每一个平凡而温情的细节最终拼出了整个帝国。故而，以观察者甚至参与者的视角走进当时的社会生活是很有意义的事情。

隋唐人的生活包罗万象，既有严肃隆重的宫廷礼制、官员服色，也有市井通俗的婚丧嫁娶、戴花描眉。哪些更重要呢？我们认为不分伯仲，前者是岁月悠长中的钟鸣鼎食，让我们从宏观上了解这个时代的基调，读懂他们为何会有这样那样的行为习惯；后者则是晨钟暮鼓里的人间烟火，让我们从细节上把握这个时代的脉搏，看到他们如何充实地过完自己的一生。

在这本书中，你有机会参加唐朝最隆重的大朝礼，感受"九天阊阖开宫殿，万国衣冠拜冕旒"的大国气象；你也可以跟随章怀太子出城打猎，体验"鹘翻锦翅云中落，犬带金铃草上飞"的豪壮情怀。你会知晓当时的男人为何害怕娶公主当驸马；你也能发现当时的女人除了爱化妆还会穿男装；你能看到府兵们立功边塞、保家卫国；你也能看到读书人投身科举、雁塔题名……

　　为了走进隋唐，今天的我们除了翻阅史书和诗文，还有一种宝贵的历史资源——那就是层出不穷的考古发现和文物。两相对照，往往能够获得更丰富的历史细节，也得以近距离触碰到更生动的历史风貌。譬如说，在白居易的作品中有着对自家住所的生动描写，毫不吝惜喜爱和赞美；而在洛阳，考古学家竟真的找到并发掘了白居易故居，在遗址中辨认出他笔下的池塘、厅堂、茶具、酒具……仿佛真的穿越一千多年的岁月来拜访这位大诗人一般。

　　总而言之，无论你对隋唐时期的吃穿住行还是艺术娱乐感兴趣，都能在这本书中找到有趣的知识和新奇的体验，进而对这个伟大的时代生出更多的理解。希望读过本书，你心中的隋唐不仅是逝去的辉煌，更是对未来的畅想。

李云河　樊　珸

2021年6月

唐　周昉　《挥扇仕女图》（局部）

目 录

第一章　衣

"衣帽"取人有来头——从隋唐人穿衣服说起 / 002

唐朝女郎头上的时尚单品——幂篱与帷帽 / 009

昙花一现的cosplay——穿男装的女子 / 014

寒光照铁衣——隋唐的军服甲胄 / 019

以"带"识人——比爱马仕更尊贵的男士高级皮带 / 025

金龟婿代表贵人吗？——从金龟换酒典故说起 / 031

爱美的唐朝男女如何化妆 / 036

香喷喷的唐朝人 / 041

第二章　食

舌尖上的盛唐景象——烧尾宴 / 048

皇帝也有"要饭"的时候——喂饱长安有多难 / 054

酒入豪肠，酿出盛唐 / 059

由俗到雅——不容易的喝茶 / 064

美食须用美器装——唐人餐桌上的奢侈品 / 069

刺身是唐人的美食宠儿——受唐人欢迎的生鱼片 / 074

唐与糖——那些与糖有关的故事 / 079

新疆古墓里的唐朝点心 / 083

第三章　住

走入隋唐百姓家 / 090

从跪到坐，"步步高升"的隋唐人 / 096

帝国之都，辉煌之城——隋唐长安有何魅力 / 101

大诗人白居易的退老之地——履道坊宅院 / 107

地下世界的模样——隋唐探墓游 / 112

第四章　行

文明的十字路口——隋唐丝路如何贯通东西 / 120

条条大路通长安——隋唐都城的交通路线 / 125

出门靠哪走？几点出门几点回？

　　——且看五花八门的唐代交规 / 129

出门旅行难不难？让"过所"告诉你 / 134

海舶来天方——唐代宝船驶往何地 / 139

诗人岑参的账单和唐代官方"快递"关系 / 144

唐代的"劳斯莱斯"和"爱马士"配件——骏马和马具 / 149

除了马，唐朝还有什么出行四脚兽 / 157

拖垮隋朝的大工程是如何修建的 / 162

赵州桥何以成为隋唐桥梁的巅峰 / 168

目 录

第五章　工

学成文武艺，货与帝王家——唐代公务员百态 / 176

谁是大唐的坚实捍卫者 / 182

笔走龙蛇，墨分五色——唐代伟大的艺术家们 / 187

"茶博士"与茶博士——从弃儿到茶圣的传奇人生 / 194

在皇家乐舞团上班是什么体验——唐代的教坊 / 199

不看广告看疗效——隋唐的中兽医 / 206

"歪果仁"在大唐能做啥

　　——意想不到的唐朝"怪职业" / 211

第六章　学

隋唐的娃娃是怎么样读书的 / 218

在隋唐如何上大学？ / 223

朝为田舍郎，暮登天子堂——隋唐高考带来的新希望 / 229

读书、写诗、做官，大唐才女样样都争先 / 234

"爱书狂魔"隋炀帝父子与隋唐的书 / 239

唐代的文具——纸笔的故事 / 244

虚心求学的东邻访客——遣隋使与遣唐使 / 249

第七章 礼

一个大唐宝宝的诞生要经历多少仪式？ / 256

回到隋唐打打猎，你需要知道的几条规则 / 260

当大唐驸马，真的就能一步登天吗？ / 265

揍新郎、喝"毒酒"：霸气又可敬的唐代女神们 / 270

没有广场舞的隋唐老人是如何安度晚年的 / 276

隋唐时如何招待异国他乡的客人？ / 281

第八章 乐

马背上的"魁地奇"——唐代第一运动 / 288

华丽丽的唐代"盛装舞步" / 294

激烈程度不亚于"吃鸡"的古代游戏 / 299

全国放假、文艺表演、互赠礼物

　　——唐玄宗的生日有点酷 / 303

扮鬼？放火？这是隋唐人在过大年 / 308

当皇帝好累啊，要不泡泡温泉吧？ / 313

让唐朝人疯狂打CALL的爱豆们，你会选择谁？ / 317

唐朝人有什么爱宠？从文物中找答案吧 / 321

附录1　隋唐纪元表 / 326

附录2　隋唐科技文化成就一览 / 329

后记 / 338

第一章 衣

"衣帽"取人有来头

——从隋唐人穿衣服说起

《左传·定公十年》有云："中国有礼仪之大,故称夏;有服章之美,谓之华。"中国自古以来都被称为"衣冠上国,礼仪之邦",因此历朝历代对于服饰制度都是十分重视的。在古人的眼里,穿衣打扮并不仅是为了御寒蔽体,也不只为了追求美,更重要的是可以明确社会的不同阶层和角色,是礼的重要部分,有点像时尚圈常说的"you are what you wear"。现在,让我们看看隋唐人都怎么打扮自己吧。

男子服装的分类

隋唐时期,有身份的男子所穿服装包括冕服、朝服、公服和常服四大类。其中,前三种都属于在重大国家典礼场合才穿的,十分烦琐复杂,穿戴起来也比较麻烦。

就拿祭祀天地时所穿的冕服来说吧,光皇帝的冕服就有12种,穿好以后头戴衮冕,下垂十二旒(liú),衣服上绣着各式吉祥图案，名为"章"，还要穿着特制的厚底鞋。从皇太子到文武百官也有冕服，只是旒和章的数量比皇帝的少。

可以想象，穿着这样的礼服，走路都得小心翼翼的，跟礼仪活动的氛围倒是契合，但根本不适合日常生活嘛。所以在那个时候，无论皇帝还是下边的臣子们，平时最常穿的是常服。

和宽袍大袖的礼服相比，轻便的常服简直太有人性了！隋唐时期的男子常服，主要有头上戴的幞头和身上穿的袍服这两部分。

幞头来源于更早的头巾。古代男子蓄发，头发太长，垂下来不雅观，便在头顶挽成高高的发髻。为了遮风御寒，古人常用一块方形的布帛把头顶包裹起来，这就是最早的头巾。

到了北朝的时候，有意把头巾的四角加长，可以在额顶打结从而更加美观，形成了幞头的最初状态。隋朝的时候，人们还嫌幞头太软，于是先在发髻上罩一个比较硬的小笼子，然后再包裹幞头，这样出来的效果明显好了很多。

到了唐代，幞头更加流行，社会各阶层都会用。在《步辇图》中我们可以看到，就连稳坐在步辇上的唐太宗戴的也是幞头。

唐代中期以前，幞头在脑后垂下的两只"脚"都比较软，

章怀太子墓壁画

唐　阎立本　《步辇图》

称为软脚幞头，比如陕西省礼泉县韦贵妃墓壁画中的男性侍卫头上戴的就是。之后人们的审美观念转变了，给幞头的"脚"里加了骨架，把它撑起来，形成了硬脚幞头。从宋代到明代，硬脚幞头都是主流，还有干脆把幞头的双脚搞成上翘的。

袍服的使用范围同样很广，上至天子，下至庶民，都可以穿。甚至有时候在朝廷的正式会议上也穿。

与汉代以前的服装不同，隋唐时期的袍服吸收了很多来自胡人的因素，因此更加的干练。袍服多为圆领、右衽（即衣襟向右边翻折，属于华夏传统）、窄袖，文官的袍服一般长至脚踝，武官及平民的要略短一些。为了活动方便，在袍服的下半部分还往往开衩，无论日常行走还是骑马坐车都不会迈不开腿。

相比于幞头，袍服上体现出更多的等级特征，典型标志就是袍服的颜色。在隋朝以前，衣服颜色并不跟人的身份等级挂钩，比较混乱。隋炀帝脑子活、点子多，率先改革服制，按照官品的不同，给服装也设定了颜色，不许跨等级乱穿。唐代也延续了这个做法，规定赤黄色是皇家专用，官员们根据官品从高到低，依次能穿紫色、深绯色、浅绯色、深绿色、浅绿色、深青色、浅青色的袍服。所以只要看一眼官员的服装颜色，就知道他的品级了。白居易的《琵琶行》里有一句很有名——"座中泣下谁最多？江州司马青衫湿"。当时他的品级只是从九品下，因此只能穿最低阶的青色袍服了。不过比起平民百姓来，他还是强多了，因为老百姓一般只能穿白色的衣服，哪怕是读书人，在没考中进士前也得这么穿，被称为"白衣"。唐代诗人朱庆馀有一句"扶病看红叶，辞官著白衣"，就反映出这一特征来。

唐朝女子的时尚四件套

上身小短衣，外加短袖衫，下身及胸裙，手臂绕丝巾，加在一起就是唐朝女子们的日常穿着。

唐朝姑娘们穿的短上衣，薄的叫衫，厚的有夹棉的就叫襦，有各种各样的领口形状，以圆领、方领、鸡心领、斜领最多，后来甚至出现半露胸部的袒领，堪称历朝历代女子常用服饰中最性感奔放的设计。

从隋朝到唐初，这种短衫讲究窄袖、贴身，一般还会在外面套一个小短袖——半袖。不过后来袖子就变得越来越宽大,到唐文宗的时候,官方不得不下诏,规定袖子的宽度不能超过一尺五。袖子越来越大,半袖自然也就失宠了。为了凸显自己的美,唐代女性们开始在领口及袖口镶上闪亮的布料或者刺绣,这样就能使短衫更加华丽,吸引人的目光。

在永泰公主墓葬的壁画中有一幅《宫女图》,画中女子都穿着半袖。不过除了半袖,我们可以看到她们的肩背上还搭着一块大丝巾,看上去材质轻软,主要是做装饰使用,这就是帔(pèi)子。唐朝早期,帔子还是披在肩上的,但到了中后期,帔子逐渐变成一条长长的薄纱,缠绕在手臂上。当人行走时,就会随风摆动,显得飘逸出尘,仿佛仙子。

宫女图

现代审美中流行高腰设计，展现大长腿，唐朝姑娘更奔放，直接把长裙系在胸上或者腋下，看上去绝对胸部以下全是腿。至于花色，最风行的当属间裙和石榴裙了。

仕女图

间裙，就是用两种或以上不同的颜色的布料彼此间隔做成的裙子，有点像现代的竖条纹裙。每一间隔叫作一"破"，常见的有"六破""七破"，隋炀帝曾经做过一条十二破的超奢华长裙，还取名叫"仙裙"。这种裙子破数越高，就会越废布料，崇尚节俭的唐高宗曾下命令禁止大家爱美无极限。高宗认为，天后（武则天）是和我一样尊贵的身份，也就穿七破的裙子，民间怎么能如此奢侈僭越？

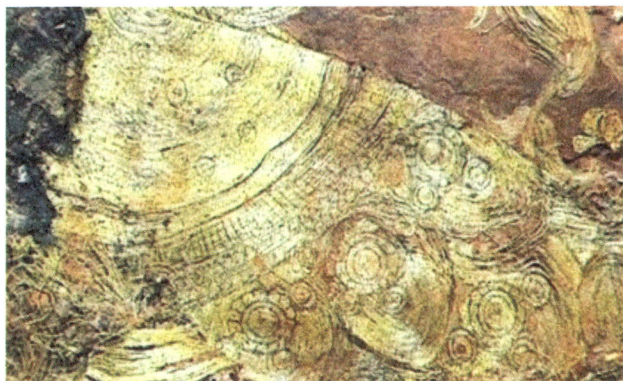

蹙金绣

好在唐玄宗后这种间裙不再流行，大家转而更喜欢石榴裙了。石榴裙是一种颜色为石榴花红的A字形长裙，因为色彩艳丽，视觉冲击力强，所以让身穿它的很容易成为人群的焦点。

在武则天彪悍的人生中，也曾有过柔软的瞬间。她在感业寺中给高宗写诗，其中就有"不信比来长下泪，开箱验取石榴裙"之语。不知道收到诗的高宗是不是想起了她身穿石榴裙的娇艳模样，终于下定决心把武则天接回宫中。

从妃嫔到皇后，武则天的穿着越来越讲究。考古学家在唐代法门寺地宫中，居然发现了武则天的裙子。地宫里出土的一块石碑上刻着所有的贡品名单，其中有"武后绣裙一腰"，表明这是武则天当年捐献给寺院的。尽管这件裙子已经严重朽坏，但是残片依旧金光闪闪，因为它用到了所谓的"蹙金绣"工艺，裙面上的图案居然是用金丝织成的。

白居易在《缚戎人》中提到了一件跟唐朝衣服有关的事，说的是安史之乱后，曾有大唐百姓被吐蕃所俘虏，吐蕃强令他们改穿本族衣服，只有每年正月初一能穿原来的唐服。大家穿戴好久违的幞头、袍服，悲痛难当，于是费尽千辛万苦也要逃回大唐。这说明，衣服不只是衣服，更是民族感情和文化的体现。

扫码观看相关视频

唐朝女郎头上的时尚单品
——幂䍦与帷帽

英国皇室的制帽大师曾说："帽子是最具魅力的配件，它让人们和优雅与美相串联。"在近现代的欧洲，虽然帽子不再被视为身份的象征，更多的只作为生活必需品存在，但在时尚圈依然占有非常重要的一席之地。法国著名设计师可可·香奈儿女士甚至认为："帽子是人类文明的标志……赤身裸体的模特戴上宽边帽子，便与文明画上了等号。"

爱美之心人皆有之，古人也不例外。我国的隋唐淑女们在头顶上玩出过什么花样呢？让我们一起看看吧！

1990年，一伙盗墓贼偷炸了唐太宗昭陵的一座陪葬墓。在随后的抢救性考古发掘中，考古工作者在这座墓壁上发现了一幅捧物侍女图。从图画上看，宫装侍女将一顶斗笠状的圆帽捧至齐胸的位置。特别的是，帽檐下一周都连着长长的丝织物。哪怕是打结后再用手托住，都下垂到侍女小腿的位置。

那么，这位侍女捧着的究竟是什么呢？正是隋唐时非常流行的女子出行帽——幂篱（lí）。

早在周朝时，就已经有幂也有篱，不过当时幂与篱分别指代着两件物品——大块的巾帛和白色的帽子。直到晋朝时，幂与篱才合二为一，但却是给男子用的。《晋书·西戎·吐谷浑传》中记载："其男子通服长裙，帽或戴幂篱。"吐谷浑是西北地区的少数民族，那里经常风沙弥漫，又伴以强烈的日晒，当地男子们佩戴幂篱既可以防沙又可以防晒。不过风流的魏晋名士们自然是排斥这种看上去有点怪异的功能性装备。

随着南北朝时期的民族大融合，幂篱开始向东和南传播。至隋朝时，幂篱不但仍然是吐谷浑贵族们的爱物（《隋书·西域传》中就有"王公贵人多戴幂篱"的记载），还成功地打入了中原甚至西南地区呢。

举个例子，附国是一个居于蜀郡西北境外二千里的西南少数民族部落（大致分布在如今的四川西部西藏地区和东部昌都地区）。当地居民如《隋书·附国传》所言——"其俗以皮为帽，形圆如钵，或戴幂篱"，算是完整地继承了吐谷浑的时尚。

幂篱

相较之下，中原文明则对幂篱进行了很多本土化改造：

第一，考虑到周礼中"女子出门，必拥蔽其面"的礼仪，将防止风吹日晒的工具变成了女子挡脸遮身的用品，以防女子外出时被外人看到身材长相；

第二，如果只是用光秃秃的素面丝帛来做幂篱，怎么能显出佩戴者的个性和美呢？古人多的是办法——加装饰。绣图案也好，缀珠玉也罢，反正得和别人不一样。

最夸张的当属隋朝秦王杨俊，他给自己的宠妃设计了一套七宝幂篱，精美绝伦但也沉重非常。人戴上脖子受不了，更没法好好走路，只能戴上这美丽的负担后再骑马前行了（"俊有巧思，为妃作七宝幂篱，重不可戴，以马负之而行"——《北史·秦王俊传》）。

初唐时，幂篱依然盛行，无论是宫中女眷还是王公贵族女子，都爱佩戴此物。一开始提到的那座唐墓，正是李世民嫔妃燕德妃之墓。燕德妃出身涿郡世家，是隋朝洛川郡公燕荣的孙女，一生育有两位皇子，地位崇高，唐咸亨三年（672）陪葬于昭陵的东南方向，也就是现在的陕西咸阳市礼泉县烟霞乡东坪村旁。在她的墓中出现侍女捧幂篱的壁画，可不正佐证了唐初女子穿戴幂篱的风气吗？

《旧唐书》中曾有这样一个故事，唐初李密为了攻打桃林县，曾令贴身武士男扮女装，头戴幂篱，把武器藏在"裙"中（这里的裙，指的是幂篱的下垂部分），装作妻妾家眷混入桃林县舍。能让几十个大男人异装藏刀而不被发现，可见幂篱真的能把人从头到尾遮得严严实实。另一方面，人戴上幂篱之后看东西也是隐隐约约的，想看得真切还是得撩开。对于女子而言，这是礼法，是保护，但更多的是束缚。

唐高宗永徽年后，随着唐代社会风气的逐步开放以及政治女明星——皇后武则天政治地位的巩固，女性的社会地位和自我意识不断提高。很快，爱美的唐代女性们开始对幂篱进行大刀阔斧的改革——只保留了基本的结构，将帽下帷幔由长变短（甚至改用罩纱），只搭到脖子上，把华美的衣服和曼妙的身姿都展现出来，甚至浅露面容，平添了一份"犹抱琵琶半遮面"的美感。

这样挑战传统礼教的行为，令男性们大为光火，为此百官抗议，唐高宗李治还几次专门下令禁止佩戴这种"过为轻率，深失礼容"的东西，可惜他既拦不住老婆干政，也挡不住全唐女子追赶时尚潮流的决心。轻便的帷帽很快风靡全国，而在中国流行了将近500年的幂篱也彻底过时了。

在新疆维吾尔自治区博物馆，有这样一件精美的彩绘泥塑骑马女俑。只见一位女郎身骑骏马从容走来，她梳高髻并戴帷帽，帽檐连接有黄色丝网，隐约可见面施粉妆，眉黛唇红，嘴角似有似无地微抿着，双眼顾自看着前方，帽裙至颈。这位盛唐女子身着碎花短襦，束绿色长裙，脚着一双黑色尖头靴。左手握着马缰端坐在马背上，既端庄优雅，又风采照人。虽然已经过去了一千多年，但时间似乎并无法带走她的自信。

《新唐书》记载："永徽后，乃用帷帽，施裙及颈，颇为浅露，至神龙末，幂篱始绝，皆妇人预事之象。"意思是自从武则天上台之后，帷帽这种东西就广为使用，等到她称帝之后，幂篱居然被挤得消失了。服装上的"大逆不道"都怪女人不安于室，妄图干预朝政。果真如此吗？实际上，就在不久之后的唐玄宗当政时期，彻底没有遮挡、可以"靓装露面"的胡帽直接替代了之前备受争议的帷帽。可见审美的变化只是源于社会的包容，而让女性获得更多的自由和选择正是盛唐的众多魅力之一。

彩绘泥塑骑马女俑

扫码观看
相关视频

昙花一现的 cosplay
——穿男装的女子

    古人怎么穿衣服呢？很多人对此可能都有兴趣，尤其那些想坐着时光机器"回到"唐宋明清的粉丝们，而那些梦想着体验一把公主、白富美嫡女经历的女生们，只怕还想过女扮男装的瘾呢。但千万不要迷信那些不讲究服、道、化细节的古装电视剧，错把影视当历史！

    关于古代人的性别差异，《礼记》有云："男不言内，女不言外……男女不通衣裳，内言不出，外言不入。"男女有别、内外有分可以算是中国古代性别意识里最为显著的特点。女性被局限于家宅内部，侍奉长辈，打理家务，抚育子女，而男性则可以接受更好的教育，参与政事，驰骋疆场或者游历天下。

    女子别说想要像男人一样生活，就连穿男装都是巨大的僭越，是不规矩不本分的表现，会被那些"卫道士"斥为家庭和国家的不幸。现在的女孩子可能很难想象那时女孩cosplay成男孩会引起多大的麻烦。《木兰辞》之所以能够千古传诵，正是因为像木兰这样女扮男装、替父从军的故事是十分罕见的。但在唐朝时，曾有过一段属于女子们的辉煌岁月，她们掀起了一股自上而下的女穿男装的风潮，并勇敢地走出家门，尝试着追求自在人生。

文物中的唐代男装女子

唐代女子的衣服不好看吗？否则为什么有人不爱红装爱"武装"呢？在说男装之前，先来看看唐朝女子的一般装扮。

通常情况下，女性上身穿短襦或稍长一点的衫，下身为长裙，裙子越提越高直接拉到了胸部，与现在"胸部以下全是腿"的审美不谋而合。然后再配上披帛，或披在肩上或缠绕在双臂上，更显得人风姿绰约，仿佛仙女。

不仅如此，从初唐到盛唐，姑娘们越来越倾向于尽情展露自己的美。首先是把外出时必须佩戴来遮挡全身的幂篱裁短，简化成了浅露面容的帷帽，后来还嫌不痛快，直接改成毫无遮挡的胡帽了；其次上衣面料越来越轻薄，同时领口越来越大，越来越低。这样的直爽潇洒自然就是唐朝独特的风景线了。

或许正是因为女装已经将女性的艳丽、柔美展露到极致，所以她们才另辟蹊径，开始琢磨雌雄同体、英姿飒爽的新时尚。

新城公主墓壁画中的侍女群像

现在，让我们看看那些留在唐代壁画里的男装女郎吧。

先看看段蕑璧墓。段蕑璧是唐高祖李渊女儿高密大长公主之女，也是唐太宗的外甥女，唐高宗的表姐，去世于永徽二年（652）。在她的墓中有这样一位侍女形象：她自然站立，双手在腰前交叠，脑后挽着简单的髻，头上扎着花色抹额（一般为军队和武士所佩戴），身穿白色圆领长袍，束腰带，下身穿着最时髦的波斯条纹裤，足着花鞋，花纹仿佛和抹额呼应。

新城公主墓。她是唐太宗最小的嫡公主，三十岁时病逝。在她墓中，也有一个类似的侍女形象：类似款式的红色花纹抹额，同款不同色的圆领长袍，同款的紧口波斯裤，双手捧一红色高足蜡烛盘于胸前。

还有阿史那忠墓。阿史那忠是唐朝著名将领，突厥人，因生擒东突厥颉利可汗被拜为左屯卫将军，并迎娶太宗继女定襄县主。在这对夫妻的合葬墓中，也有男装女侍者的身影，衣着与之前的基本一

段蕑璧墓　　　　新城公主墓　　　阿史那忠墓

致，不过头上戴着唐代男子常见冠饰——幞头，此外最特别的是她怀抱弓与箭囊，可能她侍奉的墓主人生前是位战功赫赫的将军吧。

这样的例子太多太多，通过观察和对比，我们可以推断出唐代女子男装的普遍形象：头戴幞头、头扎抹额、头戴胡帽或者保留各种各样的女式发髻；身着各种颜色的圆领长袍或翻领长袍；波斯条纹裤可是谁都不能少的流行单品；脚着黑靴或者麻鞋（用麻绳做鞋底）；腰带上也佩带着男人们常佩的各种精美小腰包和小装饰。

可以说唐代女子在身着男装时并不以完全模仿男子为最高标准，反而是在阴阳之内找到微妙的平衡。

女穿男装流行的社会环境

贞观年间，大唐灭东突厥汗国，使大量胡人进入唐朝境内，而西方拜火教和基督教分支也先后来到大唐，各国的商人也纷纷聚于此，源源不断的胡人将异域的文化和风情带入长安。胡文化到底有多风靡呢？唐代诗人元稹曾在《法曲》中写道："自从胡骑起烟尘，毛毳腥膻满咸洛。女为胡妇学胡妆，伎进胡音务胡乐……"所以，出现姑娘们几乎人手一条的波斯条纹裤就不难理解了。

《新唐书》中记载着这样一个故事：一次唐高宗和武则天举行家宴，他们的爱女太平公主一身男装，紫衫玉带，头戴黑色幞头，腰挂游牧民族男子七件套，以男子仪态在唐高宗面前歌舞。唐高宗与武则天不怒反笑，问她："女子不能做武官，你打扮成这样是想干吗啊？"从二圣没有发怒斥责，反而一笑的态度，就说明了当时的统治者对这种行为是不排斥的。从唐代高级贵族墓葬中大量出现男装侍女，也可以知道上层社会对这样的时尚是推崇的。美国社会学者韦伯伦认为："时尚是社会上层阶级提倡，而社会下层随从的社会现象。"在唐朝也不例外，于是男装风很快传入民间，在普通百姓间流行开来。

与唐朝女性华美但拖沓的服饰相比，男装和胡服更加简单、轻便，更适合日常活动和运动场合。举个例子，唐朝时，上层社会非常流行打猎和打马球，女性们也经常参与这些运动。如果梳着复杂的发髻，戴满钗环，穿着齐胸襦裙，手臂上绕着长长的披帛骑马，只怕一边跑，头发就一边散开了，真成了"花钿委地无人收"。肩上的披帛很可能被击球杆绕住或是被树枝挂住，想想那得多尴尬，真成了提着裤子跑步了。不过只要穿男装，就完全没问题了。而且这样的着装，正是当下女汉子们最喜欢的：又美又飒，对农妇村女和全职太太而言，不论是在田间劳作还是操持各种家务，裤装怎么都比裙装方便，因此男装也是很实际的选择。

女扮男装是便捷，是时尚，更是女子们的主体意识初步觉醒——我们和男人到底有什么不一样呢？只要摆脱礼教强加的束缚，男人可以做的我们一样可以做。

到了唐朝中晚期，随着盛世逐渐凋零，女扮男装的女性形象逐渐消失，社会对女性的要求和期待又恢复到让女人无法拥有自我的样子。那些幸运的男装姑娘，是怀着怎样的心情冲破牢笼呢？说到这，我们应该佩服那些摆脱古代既定的性别枷锁，乘风破浪敢作敢为的姐姐们。

扫码观看
相关视频

寒光照铁衣
——隋唐的军服甲胄

在隋唐时期的服装里，有一类比较特殊的存在。普通人在日常生活里并不需要用到，但是一旦发生战争，将士们出征打战，就不得不依靠它来保护自己，这就是甲胄了。

我们先来看一个真实的战斗故事。贞观十五年（641），大唐和北方一支名叫薛延陀的游牧民族之间发生了战争，起因是薛延陀入侵在唐朝庇护之下的突厥人，战火烧到了大唐边境。为此，唐太宗李世民派遣李世绩将军还击。薛延陀知道唐朝军队的厉害，看到唐朝出兵了就赶紧撤退。李世绩一路穷追不舍。薛延陀只能硬着头皮应战。当时薛延陀军队有八万人，唐军只有几千人。令人意外的是，这几千名唐朝骑兵却敢于策马冲杀。薛延陀这边连忙万箭齐发，唐军的战马纷纷中箭倒地。可是马背上的唐军战士却像"打不死的小强"一样爬起来，然后拿着长矛继续冲锋，一举击溃了薛延陀大军（详见《资治通鉴》）。我们知道，打仗的时候弓箭乱飞，为什么唐军只有战马受伤而人却没事呢？

这就跟唐军精良的甲胄装备有直接关系了。

早在原始社会阶段，部落间就会爆发冲突甚至战争，比如我国神话传说当中的黄帝大战蚩尤以及黄帝炎帝争霸，就是冲突的体现。为了在战争中更好地保护自己，当时的人们已经想到用兽皮、兽骨等覆盖在身体上来抵御攻击，于是诞生了甲胄的雏形。

到了夏商周以及秦汉时期，随着我国金属冶炼技术的飞速进步，青铜甲、铁甲相继出现，它们的防护性能当然要比皮革制作的铠甲强多了。

闪耀的明光甲

那么，隋唐时期的甲胄又有什么特点呢？

说起来，隋唐时期最有名的铠甲莫过于明光甲。

《唐六典》记载，唐代通用的铠甲有十三种，分别是明光甲、光要甲、细鳞甲、乌锤甲、白布甲、皂绢甲、山文甲、布背甲、步兵甲、皮甲、木甲、锁子甲、马甲。其中，明光甲位列第一。

这种铠甲诞生于魏晋南北朝时期，因为甲片被打磨得特别光滑明亮，在阳光照射下能够像镜子一样反光，因此得名。到了隋唐时期，明光甲用得很普遍。史书记载，隋大业七年（611），隋炀帝率领声势浩大的军队远征高丽，军队里的骑兵被分为40队，10队组成1团。每个团的士兵们穿着同样的铠甲，其中打头的第一团全部穿着明光甲。

明光甲到底长什么样子呢？我们以陕西省礼泉县唐郑仁泰墓出土的彩绘釉陶贴金武官俑来看。这件陶俑制作得格外精细，从

郑仁泰墓出土的彩绘釉陶贴金武官俑

中能够看到丰富的细节信息。武官俑头上戴着一顶头盔，也就是古人所说的胄，两侧垂下护耳，刚好保护住耳朵，只见他双目瞪大，眉毛皱起，很是威武。武官身上所穿的正是明光甲。在这位武官的胸前有两面金色的"小镜子"，其实这是专门保护人体要害部位的护心镜——明光甲的关键组成部分也正在这里。这副铠甲能够遮挡住人的前胸后背、腰腹部、上臂、大腿，但看上去一点也不笨重，很适合骑马时穿着。

实际上，明光甲主要就是装备给骑兵的，因为人在骑马时必须要保证灵活，所以这种铠甲还要具备一定的轻便性。我们从陶俑上能够看到，武官腿部的护甲比较短，而且在中间分开，从而便于跨鞍骑马。

严密的步兵甲

唐代流行的甲胄中还有一种"步兵甲"，顾名思义，这是给步兵们穿的。这种铠甲又长什么样呢？

由于目前尚未发现非常明确的考古证据，也没有唐代流传下来的可靠图画类资料，所以我们只能做一些推测判断。考古学家在陕西省礼泉县发掘了一座大型唐代壁画墓，墓主人是唐太宗的大女儿长乐公主，这座墓里绘制有一幅《甲胄仪卫图》。图中的武士们顶盔披甲，手持旗杆，身上佩带有刀剑、弓箭等武器，跟郑仁泰墓的武官俑的盔甲相比明显不同：

首先，防护的面积更大。可以看到，士兵们的脖子上也围着一圈铠甲，像围巾一样。而且腿甲很长，已经超过了膝盖，全身上下只有面部、小胳膊以及小腿暴露在外面。当然，整副铠甲也因此显得格外臃肿；

长乐公主墓《甲胄仪卫图》

其次，这些武士的腿甲像裙子一样把下半身包裹起来，但中间没有分开。

不难想象，假如让壁画中的武士们穿着这样的盔甲去骑马，一定是非常困难的，因为铠甲很沉，而且大腿部位很难自由地分开。由此我们判定，壁画里的这种盔甲应当是专门给步兵用的，很可能就是史书记载的"步兵甲"。

看来在唐代，人们已经专门针对不同的战斗需要而设计出相应的盔甲了，真够贴心的。正因为如此，唐军将士们能够在一次次战争中战胜敌人。

唐代的盔甲管理

记载唐代规章制度的《通典》一书中提到，唐军战士中有百分之六十的人可以穿上盔甲。在今天看来，这个数字不高，可是在历史上，这真的不算低了。毕竟考古学家们研究发现，汉代军队里只有百分之四十的人能穿上铠甲。

这么多的铠甲都由谁来提供呢？有一部分是朝廷制作分发的，还有一部分是百姓自己准备的。

什么？百姓家里也可以有盔甲吗？没错，不过这些人的身份相对特殊，是所谓的"府兵"。他们平时生产劳作，一旦打仗就重返军队为国效力。唐代法律规定，府兵们需要自己筹备弓箭、腰刀、衣服、甲胄，也是比较沉重的经济负担。

此外，隋唐时期对于甲胄的管理相对比较严格，运送大量的甲胄必须有合法手续。唐初的时候，太子李建成曾经私自运送一批盔甲，却没有经过皇帝李渊的批准。事情败露以后，李渊大怒，严厉批评了李建成。

甲胄除了出现在战场上，也活跃在唐代文人笔端，比如王昌龄的"黄沙百战穿金甲，不破楼兰终不还"，充满了开疆拓土的豪气。不过，这些诗句多多少少属于文人的想象，有时和将士们的真实感受未必完全契合。反而是杜甫的"安得壮士挽天河，净洗甲兵长不用"，更符合普通士兵与平民百姓们渴望和平的真正心愿。

以"带"识人

——比爱马仕更尊贵的男士高级皮带

　　2013年，考古学家在江苏扬州的一处建筑工地中发掘了一座古墓，它被盗掘过，破坏得很严重。幸运的是，记述墓主人身份、经历的石墓志保存了下来，通过解读墓志铭当中的文字，考古学家找到了"随故炀帝墓志"等文字，原来这座墓里躺着的，居然就是赫赫有名的隋炀帝杨广。大业十四年（618），隋炀帝在江都（即扬州）被大臣所弑，兵荒马乱之际，他的妻子萧皇后只能找来床板做成棺材，将他草草埋葬。唐朝建立后，又将隋炀帝重新改葬。这座墓正是隋炀帝的最终栖身之所。

　　可惜由于时代久远再加上被盗墓破坏，墓葬里的很多珍贵文物都已经遗失了，大部分能够彰显帝王身份的文物也无从寻觅，反而有些寒酸。但是，墓中出土的一件玉带很快就吸引了人们的目光。看到它，考古学家们立马断定，这是当时最高级的腰带，只有帝王身份才配得上它！

　　严格说来，这件玉带的主体部分——皮质的带体早已在漫长的

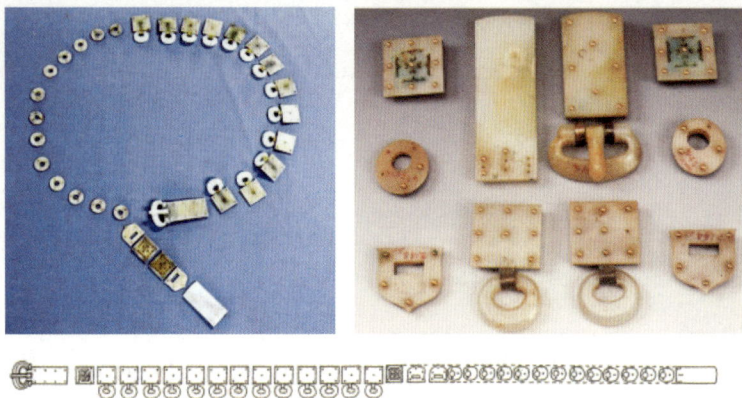

隋炀帝墓出土蹀躞带及复原图

岁月中腐朽成灰了，保存下来的是玉质的带具，也就是安装在腰带上的零部件。这些玉带具的表面还镶嵌着细小的金钉，真是奢华的金镶玉啊。此外，在这些玉带具中既有今天还用的皮带扣，也有一些方形的玉牌，下方还连缀着小小的玉环。仔细数数，这种连缀的玉环一共有13件。

为什么说它是最高级的呢？一不是因为细腻的玉质，二不是因为精致的工艺，关键之处就在于这13个小玉环。

精致的蹀躞带

这种腰带有个专门的名称——蹀躞（dié xiè）带。蹀躞是一个古老的汉语词汇，其本意是迈着小碎步快走，汉朝才女卓文君有"蹀躞御沟止，沟水东西流"的诗句。但是在腰带上，它又有了别的意思。我们来看一件完整的蹀躞带就明白了。

　　这是一件出土于内蒙古锡林郭勒盟的唐朝皮带，已经被文物工作者重新修复完整。皮带上布满了用黄金制成的零部件，分别是带扣、带銙、扣环和铊（chá）尾。不难发现，它跟我们今天通常使用的皮带有很大的不同，那就是在腰带的主体（鞓）上还垂下来好几根短一些、细一些的小皮带，这就是所谓的蹀躞了，而这种腰带也因此被称为蹀躞带。

　　这么多的蹀躞，如何才能固定在鞓上呢？显然要借助一些穿孔才行。在内蒙古出土的这件蹀躞带上，带銙本身就有孔，所以直接把蹀躞从孔中穿过即可。而隋炀帝墓出土的玉蹀躞带的带銙上没有穿孔，但连缀着小圆环，这也是用来悬挂蹀躞的。

内蒙古锡林郭勒盟出土唐代蹀躞带

蹀躞的数字寓义

说起蹀躞带的历史，有三个数字很重要，分别是9、13、7。具体都有什么寓意呢？

先来看9和13。南北朝至隋朝，蹀躞带不是普通人可以用的，必须是一定身份的官员或者贵族才行。这些人用的蹀躞带体现出一定的等级差别，主要表现在蹀躞的数量上。《旧唐书·舆服志》记载："隋代帝王贵臣，多服黄文绫袍，乌纱帽，九环带……天子朝服亦如之，惟带加十三环以为差异，盖取于便事。"意思是说，隋朝帝王和文武大臣平时用的蹀躞带有九个环，而在一些隆重的场合皇帝要穿朝服，此时就要佩戴十三环的蹀躞带来体现出身份的尊贵了。看了前面的出土文物我们自然明白，有九个环的话能够悬挂九根蹀躞，而十三个环能悬挂十三根蹀躞。在西安南郊何家村唐代金银器窖藏当中，也出土了一件玉蹀躞带，和隋炀帝墓的玉带在外观上很相似，但玉环只有九根。显然，它没有隋炀帝的十三环蹀躞带高级。看来，隋炀帝虽然下场凄惨，但"瘦死的骆驼比马大"，他的身后事仍然有着掩藏不住的皇家贵气。

正因为当时的人们喜爱和重视蹀躞带，所以蹀躞带有时还被用在一些特殊的场合里。史书记载，隋文帝杨坚尚未称帝之时，已有了取代北周的野心。当时有一位名叫李穆的刺史为了向杨坚表忠心，特地送给他一条十三环的金蹀躞带，暗示在自己心中已经将杨坚认作新朝之君了。杨坚收到这份礼物果然分外喜悦。隋朝建立之后，李穆被官拜太师，还被赐予丹书铁券。看来这件腰带没有白送呀。

到了唐代，又把最高级的蹀躞带改回了九环，蹀躞带的适用人

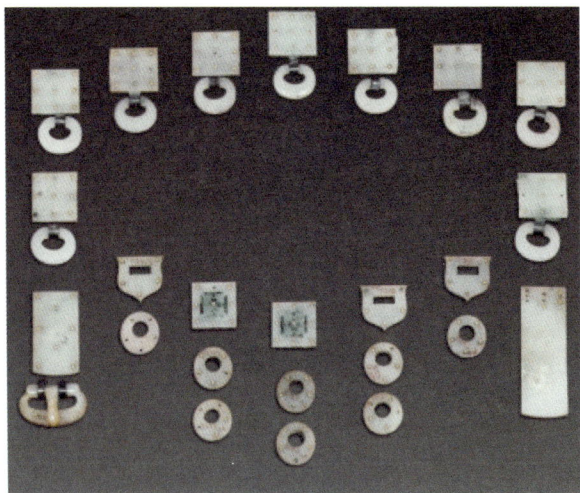

西安南郊何家村出土唐代玉蹀躞带

群也大大扩展，不过，在带具的材质上做了更具体的划分。具体来说，三品以上的官员可以用金玉，四品和五品用金，六七品用银，八九品用鍮（tōu）石（即黄铜），普通人就只能用铜铁了。

那么关于蹀躞带的数字7又是怎么回事儿呢？这还得说说蹀躞带的最初来源。蹀躞带是北方游牧民族发明的，他们长期在外放牧、打猎，需要携带不少的工具和武器，有时候打到了猎物也要随身携带。最简便易行的方法，就是把这些东西统统拴在腰上，于是，蹀躞带应运而生，每一根蹀躞都可以用来捆绑东西，这可比背个大包方便多了。

到了隋唐时期，养尊处优的贵族、官员们早已不需要去放牧或打猎，但蹀躞带仍然保留了一些原始意义，人们继续在蹀躞上捆绑一些小玩意儿。根据《旧唐书·舆服志》的记载，当时五品以上的武官佩戴有所谓的"蹀躞七事",即在蹀躞带上拴的七种物件,分别是:佩刀、刀子、砺石、契苾真、哕厥(yuě jué)、针筒、火石袋。这里边大部分如刀子、砺石、火石袋还是能够辨认的,都是武器以及户外生活必不可缺的工具,但契苾真和哕厥很可能来自游牧民族突厥的语言,究竟指什么,现在还搞不清楚。相应地,文官们也在蹀躞带上挂点东西,只是更符合他们的身份,比如手巾、小囊等。想想看,在隋唐时期的朝堂上,皇帝和百官们都用蹀躞带拴着一堆小玩意儿,倒是别有一番风趣了。

金龟婿代表贵人吗？
——从金龟换酒典故说起

大唐天宝年间，诗人李白已搬往长安生活。有一天他前往城中的著名道观紫极宫游玩，正在欣赏美景之际，突然遇到了一位老者，经人介绍才知道，这位老人就是写出"不知细叶谁裁出，二月春风似剪刀"的高官贺知章。虽然大家是初次见面，可是两人一见如故，贺知章被李白清逸脱俗的气质深深吸引，听完李白的谈吐，读了李白的诗作，更是惊叹不已，连呼李白为"谪仙人"。这是什么意思呢？看过《西游记》的朋友都知道，天庭里哪位神仙犯了错，往往就会被贬谪到人间，那么也就是说，贺知章认为李白是神仙下凡，可见他对李白的欣赏。两人越谈越高兴，相约去喝酒，可是不巧的是，他们身上都没有带钱，顿时尴尬了。像他们这种身份的人，若要赊账，说出去都没人信。兴致高涨的贺知章干脆一抬手，解下腰上拴着的小金龟丢给店家，拿来抵了酒钱，这就是流传千古的"金龟换酒"的典故。

感慨这对忘年交的友谊之余，我们也不禁疑惑，贺知章的腰带上为什么会有一只小金龟呢？是不是一种作为吉祥物的装饰品？其实，这还真不是普通的装饰品，而是一种身份的象征。要说它，我们还得从另一种佩戴物——金鱼说起。

鱼符的起源

这里的金鱼是一种鱼形的佩饰，也被称为鱼符。在唐代，鱼符的材质有铜、金、玉三种。不管哪种，都不是普通人可以随便佩戴的，而是皇室成员和高官专用。它的外形像一条小鱼，但是从中间可以分为对称的两片，上面往往还刻着所有者的姓名和官品。说到这儿，有些朋友可能联想到了古代更有名的一种物件——虎符。

是的，鱼符在结构上和虎符很相似，必须拼合起来才是完整的。而且若我们追溯鱼符的起源，还真的跟虎符有些关系呢。

符是古人取得凭证的重要信物，尤其在军事领域应用十分广泛。虎符的出现，最初就是为了加强国君对军队的掌控。一半虎符在军营里，另一半在君王手里。若某位将军要带兵打仗，必须先去君王那里拿到虎符，再去军营核对，两片虎符拼合无误，士兵们才会跟他走。否则的话，就是国君的亲儿子来了，也未必能够调动军队。在战国时有一个著名的"信陵君窃符救赵"的典故，就和虎符有关。除此之外，符在经济、政治领域当中也有广泛的应用。

根据《隋书》的记载，隋文帝杨坚于开皇九年首创鱼符制度，给各地的最高长官总管和刺史们发了鱼符，后来又给京城的五品以上的官员也发了。最初的鱼符为木质，后来改为更高级一些的铜质。唐朝建立之后，也继承了隋的这个做法。

鱼符的功能和等级

那么，为什么要发给官员鱼符呢？除了像虎符一样可以用于调兵外，唐代鱼符还有这样几个实际功能：

第一，官员上任。过去没有电话、网络，信息不够迅捷，地方官上任除了带上文书，还要从京城带一片鱼符，到了地方以后跟当地的另一半鱼符拼合，以证明自己是真的而不是半路杀害官员并冒充人家的歹徒。

第二，出入关卡。大家看古代电视剧，经常会出现进出重要关卡时查验腰牌的场景。其实在唐代，这样的事儿真有，只是查验的不是腰牌而是鱼符。

第三，外国使者的凭证。根据《新唐书》记载，唐朝的藩属国也会被赏赐鱼符，上面刻着国家的名字。若有使者想要到大唐来，就得带着鱼符以供检查。

想不到吧，一块小小的鱼符，竟然还有这么大的作用。不过

唐代鱼符

这还没完，鱼符也是身份的象征，普通人根本看不见、摸不着。而且即便是在能够有资格佩戴鱼符的人当中，也会根据身份高低而在鱼符上体现出差别来。

在这个问题上，史书记载得很清楚，鱼符的作用就是"明贵贱，应召命"。仔细说来，皇太子佩戴玉鱼符，亲王们佩戴金鱼符，官员佩戴铜鱼符，所以只要看一下别人身上佩戴的鱼符材质就能知道对方身份。如果官员被皇帝召唤入宫，要靠鱼符来验证身份。

不过要看鱼符，还得麻烦一点把它从袋子里拿出来，这是因为唐朝时候还给鱼符配上了专门的包装——鱼袋，应当是用丝织品制成的小囊：三品以上的官员可用黄金装饰鱼袋，以下的只能用银。

总之就是，从鱼符的材质到外包装，里里外外都体现出森严的等级特点。

从金鱼到金龟

既然唐代用的是鱼符，为什么贺知章拿出来的却是金龟呢？这跟我国史上唯一的女皇帝武则天有关。武则天代替李家，建立了大周政权。她为了彰显自己的不同，也为了开启新时代，做了不少的制度创新，甚至发明了许多过去没有的新字。在鱼符上，她同样做了调整，特意把鱼改成了龟，最高级的是金龟，三品以上的官员才能用。唐代诗人李商隐曾经写道："为有云屏无限娇，凤城寒尽怕春宵。无端嫁得金龟婿，辜负香衾事早朝。"这里的金龟婿，指的就是身份地位高的老公，并流传至今。而贺知章身上所佩戴的金龟，就是源起。

可是随之而来的又有一个新问题。武则天退位之后，唐中宗即位，又下令把龟符改回了鱼符，到了唐玄宗开元年间，流行的也是鱼符和鱼袋，唐玄宗曾经多次给大臣赏赐这些东西。为什么贺知章没有把龟符换回鱼符呢？我们推测，到了玄宗时期，贺知章的金龟早已"失效"了，但毕竟它是曾经的至高荣耀的象征，所以老贺干脆把它当成吉祥物一样带在身边。

不管真相如何，解金龟换酒都是一桩豪举。贺知章去世后，李白专门写诗悼念，里面有这样几句："金龟换酒处，却忆泪沾巾……念此杳如梦，凄然伤我情。"可见，在李、贺二人的短暂交往中，贺知章的慷慨给李白留下了难以磨灭的感动。

爱美的唐朝男女
如何化妆

在历史上，中国女性经常以肌如白雪、眉如翠羽、唇红齿白为审美标准，因此日常生活中离不开修面的香粉、描眉的黛以及胭脂。丽人如云的唐代自然也不例外，无论是上流社会的贵妇人还是平民百姓家的女眷，都很流行化妆。1956年唐代长沙窑遗址被发掘以来，大量的彩釉粉盒面世。这些用于盛放化妆用品的瓷器花样繁多，最巧妙的设计是在一枚粉盒内放置了三个呈"品"字形排列的小盅，分别盛放粉、黛、胭脂，跟现代的组合式彩妆盘已经十分接近了。

看到这些精致的粉盒，可能你想到了曾经使用它们的女子。别急，还真不一定只是女子。因为爱美不只是女人的专利，更是整个人类的天性，唐代的男子们竟然也是护肤化妆大军中的重要组成部分！那么，当时的男女在化妆上又各有什么讲究呢？

唐代女性的精致妆容

作为一个精致的唐代美女，需要做好以下的步骤才算完成了一套基本的化妆流程：

敷香粉：底妆是一个好妆容的基础，唐代女子喜欢用粉在全脸和脖颈都厚厚敷上一层，使肤色雪白，就像现代姑娘们打粉底一样。不过那时所用的粉为铅粉，长期使用会引发重金属中毒，导致皮肤发青。但就算这样也吓不走爱美的人。

抹胭脂：下一步是"抹红"。人们将一种名叫红蓝的花研磨制成胭脂，晕开后涂在两颊。浓一点的仿佛喝醉的样子，叫"酒晕妆"；淡一点的红润透亮，叫"桃花妆"。无论哪种，都会让人的气色更佳。

画眉：古代女子不专门画眼妆，但很看重眉毛。隋朝时，一位叫吴绛仙的挽舟女（给龙船拉纤的民女）因善画长蛾眉，受到了隋炀帝的青睐，不但被封为婕妤，还被特赐产于波斯的昂贵的螺子黛。由此，她成为宫廷时尚代表，引领了画眉风潮，以至于宫里的螺子黛（《甄嬛传》中争宠也争螺子黛）都不够用了。这怎么办呢？其他嫔妃降级使用便宜一些的铜黛凑合凑合，唯有吴绛仙还能继续用螺子黛。唐朝时名见经传的眉形就有十种，如鸳鸯眉、小山眉、五眉、三峰眉、垂珠眉等。此外，女性还总结出了如何修眉、剃眉以及晕眉和描眉的技法。

贴花钿：传说有一次，南朝宋武帝的女儿寿阳公主卧在含章殿檐下午休，一朵梅花正落在她的眉心，显得十分美丽，从此宫女们都模仿着在眉心画梅花，叫作"梅花妆"。唐代花钿可以看成是梅花妆的升级版。可以直接描画，也可以用金银片等材料裁成各种形状再贴在眉心。其中红黄绿三色最受欢迎。

点面靥：用胭脂在酒窝处点上两点，就像美人痣一样。最初也

唐　周昉　《簪花仕女图》

就是黄豆般的大小，盛唐之后，不但面积变得大了，花型也有更多选择——像钱币的叫"钱点"，杏桃一般的叫"杏点"……在微笑的时候，这些面靥会让人看上去格外娇俏。

描斜红：相传三国时，魏文帝曹丕宫中有一名叫薛灵芸的宫女，一次夜里不小心撞上了水晶屏，瞬间鲜血直流。等她伤愈后留下两道疤痕，反而更受宠爱。所以众人都模仿她的样子，用胭脂在眼角旁各画一个新月形图案。到了唐代这种画法就被称为斜红。

涂口红：在所有的化妆品中，女人们最狂热的恐怕就是口红，每个色号各来一根是不少姑娘的梦想。唐代的口红，虽然没有这么多的颜色，但是也足以满足需求。唇妆有圆形的、有心形的、还有花朵形，涂抹之前先打底来掩盖原本唇色的做法，即便到了今日也是化妆师们常使用的技法，真不愧是走到潮流尖端的大唐女子啊！

唐代男子也爱美

跟女子相比，男子们的妆容整体要简单不少，但也格外用心。除了类似于女子的敷粉之外，常用的化妆手法还有这么几种：

簪花：其实早在先秦之时就有男子佩花的记载，屈原说"扈江篱与辟芷兮，纫秋兰以为佩"，是把有香气的花草带在身上。关于男子头上簪花的记载最早出现在唐代。据《开元天宝遗事》记载，唐玄宗有一次带领众大臣去郊外游春，大家玩得高兴了就开始吟诗作赋。一个名叫苏颋（tǐng）的大臣写出了"飞埃结红雾，游盖飘青云"的句子，玄宗特别喜欢，一激动就把自己戴的御花赏给了他，还亲手插在了他的头巾上。在众人眼中，得到皇帝的赐花是荣耀啊。汝阳王李琎最喜欢簪着头花跳舞，还给自己起了个小名叫"花奴"。一次他在御前表演击羯鼓，唐玄宗看到高兴处再次赐花，把头花插到了李琎的帽子上。汝阳王带着御赐之花又跳了舞，并且全程没掉下来,这下玄宗更高兴了,再赐一箱金器。于是,民间受到皇室贵族的影响也流行起了男子簪花之风。

涂口脂:即唇膏。男人们在唐朝也是使用唇膏的。当年高宗皇帝命元万倾、刘祎之等学士编修《列女传》《臣轨》等书,十分器重他们,在每次的腊日例行赏赐中就替他们准备了各类护肤保养品。《新唐书·百官志》记载:"腊日献口脂、面脂、头膏及衣香囊,赐北门学士,口脂盛以碧缕牙筒。"从这条历史记载来看,唐代的男子养护全套包括唇膏,面霜,还有养发膏,而且唇膏还是类似现代的管状唇膏。这份儿用心,真是让今天的"糙汉子"们自愧不如啊。

不仅如此,我们从白居易、杜甫的诗文中可以发现,他们也都收到过皇帝赏赐的口脂。白居易曾专门写了一首《腊日谢恩赐口蜡状》——"今日蒙恩,赐臣等前件口蜡及红雪、澡豆等"作为感谢。杜甫在《腊日》中说:"口脂面药随恩泽,翠管银罂下九霄。"意思是感谢圣上关怀,润泽了我的皮肤也润泽了我的心。

现在不少人鼓吹女人出门就应该化妆,时刻保持精致,因为"美学不仅是一种坚持,也是一种责任"。可是面对阴柔貌美的男子时则斥责不已,说他们"油头粉面,没有一点阳刚之气",这一定是正确的吗?唐代的女子们既可以精心装饰,极尽女性柔美,也可以男装素面,打猎打球,参与政治;男子们可以展现勇武、阳刚之气,也可以追求美丽,自我欣赏。应当说,允许每个人在不违法及影响他人的情况下做自己,不因为性别而受到不合理的约束,才可以算作真正的文明;而不妄加指责、以貌取人才是真正的有礼。这也是大唐最为特殊的魅力之一吧。

香喷喷的
唐朝人

香水是今天很多人离不开的东西，除了女士们爱用之外，男士们也逐渐不甘落后。其实早在先秦时代，中国人就有焚香的习俗。最初是为了祛除蚊虫、净化空气、祭祀宗教、沟通神明，或者薰衣染被、沁染香气。到了汉代，西域的龙涎香、苏合香等高级货，通过丝绸之路进入权贵士大夫的熏炉之中，因为香气浓郁芬芳而受到追捧，逐渐取代了传统的香草，而焚香也逐渐演变成高品位的文化生活的象征。

不过，外国高级香料的总量是很有限的，即使在上流社会也是比较稀有的存在，所以很难进入寻常百姓家。这样的状况持续了几百年，直到隋唐时才得以发生改变。

随着国家恢复统一，南北交流重新通畅了起来，而唐朝更是我国对外贸易空前繁盛的时期，所以大量的进口香料通过陆上和海上丝绸之路源源不断地进入中国，专门经营香料生意的中外商人也越来越多。麝香、百合香、沉香、紫藤香、樟脑、安息香、乳香、丁香、茉莉油……香的数量与种类多了，价格也不再高不可攀，无论王公贵族还是平民，僧侣道士还是文人墨客都对其爱不释手。可以说，整个大唐都弥漫着一种令人心驰神往的香气。

贵族用香——不奢侈都不好意思

在唐代留下的文献记载中，我们可以看到各种关于贵族用香的花式炫富行为。

首先，盖房子就离不开香料和香木。有人以文柏做房梁或者柱子，用红粉和沉香来刷墙面，再配上檀香木做成的家具、龙脑香铺成的地板等，真的是开门则香气蓬勃。

其次，生活和娱乐时也处处离不了香。唐中宗特别爱香，宫中会定期举行香会，请王公大臣们"各携名香，比试优劣"，称为"斗香"；为了保持口气清新，唐玄宗的长兄宁王李宪每次说话之前都要先嚼嚼香料再开口；书法家欧阳通写字的墨里是一定要掺着香料粉的，笔下香气氤氲；巨富王元宝的卧室里常年有仆从捧着博山炉熏香，从天黑到天亮不带停的；还有杨贵妃的哥哥宰相杨国忠更是奢靡，冬天取暖不用普通的木炭，会把昂贵的白檀木放进火炉里……

不过以上的这些在隋炀帝面前也就是小巫见大巫了。每逢除夕守夜，杨广都会在宫殿前堆起数十座篝火，用的却是极为昂贵的沉香木，像烧柴火一样焚烧，仅一晚上就能用上两百多车，香得几十里外都能闻到。按照这些个搞法，怎能不败家亡国呢？

文人熏香——玩的是文化

在唐代的诗文中，香是随处可见的，根据场景的不同，各具其妙。比方说，帐中香是"何时斗帐浓香里，分付东风与玉儿"；宴会香是"香薰罗幕暖成烟，火照中庭烛满筵"；修行香是"香火多相对，荤腥久不尝"；香炉香是"舞弯镜匣收残黛，睡鸭香炉换夕熏"；香囊香是"香囊盛烟绣结络，翠羽拂案青琉璃"。

绝大多数唐代文人都有咏香的作品，其中不乏名家。有了这道文化"加成"，香道的传播和推广就更迅速了。来自东邻日本的留学生们把在大唐学到的薰香知识搬了回去，模仿唐人"斗香"，这就是日本香道的起源。

宗教用香——佛道之统一

除了贵族、文人们用香，宗教场所也是香料的用武之地。由于佛教教义中有"香中得自在，香中得解脱，香尘三昧足"之语，而佛典中菩萨们的出场多半是伴着香风和梵音，因此高僧讲法、供佛、礼佛等活动中都会用到香料，佛教徒们参拜时也上香，成为固定习惯。

无独有偶，在道教中也有"香自诚心起，烟从信里来。一诚通天界，诸真下瑶阶"的说法，斋醮中的道士们也选择用香供养神仙、召回亡魂、与人祈福。两大宗教面对一个事物能够同时正面肯定，还真是难得。

精美的唐代香具——袖珍乾坤

燃香离不开香具，唐代的香具做得越来越小巧精致，外观越来越华丽。在香炉、香囊、香斗、薰笼等熏香器中，最美的当属香囊。以1970年西安市南郊何家村窖藏出土的葡萄花鸟纹银香囊来说，整体呈球形，和乒乓球差不多大小，身上却镂雕着繁密的花草、葡萄和飞鸟。再靠近些看，飞鸟的羽毛、葡萄的颗粒都能一一数清，活灵活现。

小香球的"腰上"有个钩环，把钩环轻轻解开，银球就会变成两个相连的半球。下面的球壳里套着两枚同心银环、一只金碗，仿佛天文仪器一样"高端"。这只袖珍小金碗是用来装香料的。香料盛在小金碗里，芬芳沁人的香味就从银球表面的镂孔中散发出来。香囊的头顶上还拴着一根银链子，末端有个小弯钩。人们可以它挂在身上或者出行的车上，甚至干脆藏进被子里。

香囊浑身都是洞，挂在身上都会晃悠，但无论怎么滚动，内部的小金碗都会保持平稳，不让香料洒出来，这是怎么做到的呢？原来啊，奥秘就在这两只银环中，大银环通过光滑的转轴连接着下方的镂空半球壳，小银环与盛香料的金碗相连，两环互相垂直，套接

宋　赵佶　《摹张萱捣练图》（局部）

在一起。这个平衡原理就是现在的常平架力学原理。在欧美，常平架力学原理是近代才被发现并应用在航空、航海和科技领域的。而中国最晚在1200多年前的唐朝就已经掌握了这个原理，看来古人远比我们想象中要厉害得多！

虽然香囊造型别致精巧，但并不只有女性才佩带，男性贵族们甚至皇上也经常佩带或者在自己出行的车辇上悬挂香囊，而且这东西还常作为男女之间的信物。杨贵妃在世时就十分喜欢香囊，安史之乱爆发后，唐玄宗携杨贵妃仓皇出逃。途中，随行的军人暴动，纷纷要求皇帝处死杨贵妃，承担"祸害国家"的责任。唐玄宗怕士兵造反，忍痛下令将杨贵妃缢死，并就地安葬。安史之乱结束后，唐玄宗派人去寻找杨贵妃的尸体，想将她重新厚葬。当人们打开坟墓，才发现杨贵妃的尸骨已经腐朽无

西安何家村出土唐代银香囊

存，只剩下一枚随身佩带的香囊，闪耀着昔日的光辉。

由于全民迷香、用香、玩香，唐朝人对于香料的研究非常精细和系统。对于香料的产地，味道，用法，功效和搭配方法记载得很详细，这些珍贵的材料大多保存了下来，为后世继续享受这样如梦似幻的美做出了卓越的贡献。香继千年，而大唐之香，仿佛近在鼻尖。

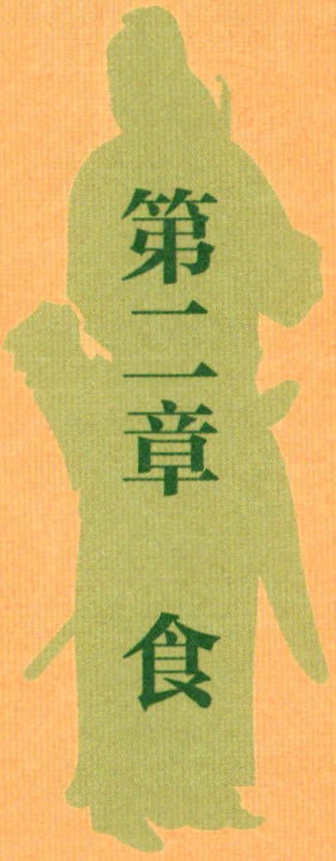

第二章　食

舌尖上的盛唐景象

——烧尾宴

古代皇室和贵族们都吃些什么啊？龙肝凤髓吗？在《红楼梦》中，身为高门大族的贾家吃的东西足以让人食指大动，口水长流，更何况至高无上、无人比肩的中国历代君主呢。所谓皇帝御膳，大概就是不论在食材的选择上还是烹饪的技法都得是最好的。值得一提的是，或许山珍海味吃多了也会腻，隋唐时期居然出现了向臣民"蹭饭"吃的皇帝。

"蹭饭"的馋皇帝

大业元年（605），著名的旅游爱好者隋炀帝带着百官贵族、后妃宫眷、护卫侍从等一二十万人乘船游幸扬州。整个船队浩浩荡荡，前后长达200余里，这么多人难道都是自己在船上做饭吃吗？那时候又没有冰箱，哪能随身携带鸡鸭鱼肉、瓜果蔬菜呢？热衷奢侈享乐的隋炀帝不干了，难得出来玩，当然要试试各地风味，于是下令"所过州县，五百里内皆令献食，多者一州至百轝（yú），极水陆珍奇"。传说现在依然流行的狮子头、碎金饭（扬州炒饭）都是那时献给过隋炀帝的美食，可惜历史上并没有留下各地献食的完整菜单，这成百上千道水陆佳肴究竟是什么模样、什么滋味我们也无从得知。

嘴馋的皇帝不止这么一位。唐中宗李显前半辈子活得相当坎坷，在他野心勃勃的母亲武则天的统治下过着苟且偷生、朝不保夕的日子，等到武周政权倒台自己复位时已经五十多岁了。"有花堪折直须折，莫待无花空折枝"，好不容易否极泰来的李显在吃什么和怎么吃上投入了极大的热情，想方设法地让臣子们请他吃好吃的。于是，唐代最有名的美食宴会——烧尾宴在这个时代达到了历史的巅峰。

什么是烧尾宴

据《旧唐书·苏瑰传》记载："公卿大臣初拜官者，例许献食，名曰烧尾"，后来的《封氏闻见记》中也写道："士子初登荣进及迁除，朋僚慰贺，必盛置酒馔音乐以殿欢，谓之'烧尾'。"也就是说，新登科的进士考中得了官位，或者大臣们升迁之时都应该为了感恩设宴向皇帝进献美食，顺便招待下同事亲友，这种独乐乐不如众乐乐的宴会就叫烧尾宴。

"烧尾"这个词又是什么意思呢？一般有三种解释：

第一，与虎尾有关。传说中老虎变成人形的时候，只有尾巴没法自然消失，需要把尾巴烧了才能彻头彻尾变成人，这个过程就像读书人考上进士摇身一变成了官。

第二，与羊尾有关。当有新羊想要加入羊群的时候，群羊一定会排斥这个新来的，只有烧了尾巴才能被集体接受。

第三，与鱼尾有关。唐朝人有"鱼将化龙，雷为烧尾"的说法，金榜题名的士子可不就是被雷烧尾，跃过龙门的鲤鱼吗？

总之，烧尾宴是一种庆祝登第高升以及新人加入的宴会，具有很特别的文化内涵。

烧尾宴吃什么

烧尾宴从唐代之初就已出现，到了唐中宗复位之时最是流行。历史文献上关于烧尾宴盛况的描写不少，不过只有公元709年，韦巨源升任尚书左仆射时的烧尾宴留下了一份不完整的菜单。这份菜单里列出了韦巨源向唐中宗献食的58道详细菜名、原材料，甚至还有一些简单的烹饪方法，这也就是后世著名的"韦巨源烧尾宴食单"：

🍋 单笼金乳酥（是饼，但用独隔通笼，欲气隔）：这是一种掺了牛奶的面饼，蒸好后金黄可口

🍋 曼陀样夹饼（公厅炉）：一种以曼陀罗花为花样的点心

🍋 巨胜奴（酥蜜寒具）：用蜂蜜、酥油和面，再撒上黑芝麻油炸，淋上糖浆，有点像现在的馓子或者麻花一类

🍋 贵妃红（加味红酥）：大概是红色的酥类点心

🍋 婆罗门轻高面：一种笼蒸的印度特色面食

🍋 御黄王母饭（遍镂印脂盖饭面，装杂）

🍋 七返膏：千层糕

🍋 金铃炙（酥搅印脂，取真）

🍋 通花软牛肠（胎用羊膏髓）

🍋 光明虾炙（生虾可用）

🍋 生进二十四气馄饨（花形馅料各异，凡二十四种）：大概是二十四种不同馅儿的饺子或馄饨

🍋 生进鸭花汤饼（厨典入内下汤）

🍋 同心生结脯（先结后风干）

🍋 见风消（油浴饼）

🍋 金银夹花平截（剔蟹细碎卷）

🍋 火焰盏食迫：类似现在的麻球

🍋 冷蟾儿羹（冷蛤蜊）：蛤蜊羹

🍋 唐安馂（斗花）

🍋 水晶龙凤糕（枣米蒸，方破见花）：糯米粉枣糕，要蒸到糕体破裂成花样才能出锅

🍋 双拌方破饼（饼料花角）

🍋 玉露团（雕酥）

🍋 汉宫棋（二钱能，印花煮）

🍋 长生粥（进料）

🍋 天花饆饠（bì luó）（九炼香）

🍋 赐绯含香粽（糭）子（蜜淋）：里面包着香料的红粽子，外面再淋上蜜

🍋 甜雪（蜜熨太例面）

🍋 八方寒食饼：用固定形状的模子做出点心

🍋 素蒸音声部（面蒸，像蓬莱仙人，凡七十事）：用素菜和面雕塑出一套70件的歌舞团，再蒸熟上桌

🍋 白龙臛（治鳢肉）

🍋金粟平饳（dui）（鱼子）

🍋凤凰胎（杂治鱼白）

🍋羊皮花丝（长及尺）

🍋逡巡酱（鱼羊体）

🍋乳酿鱼：羊奶烧鱼

🍋丁子香淋脍（腊别）

🍋葱醋鸡（入笼）：让鸡吃了调料汁再在笼中活烤

🍋吴兴连带鲊（不发缸）：寿司的原型

🍋西江料（蒸蟲肩脯）

🍋红羊枝杖

🍋升平炙（治羊鹿舌，拌三百数）：烤羊舌、鹿舌

🍋八仙盘（剔鹅作八副）：鹅肉凉菜

🍋雪婴儿（治蛙豆英贴）：去皮的青蛙裹上豆粉再油煎

🍋仙人脔（乳沦鸡）：用乳汁烤鸡

🍋小天酥（鹿、鸡、糁拌）

🍋分装蒸腊熊

🍋卵羹（纯兔）：兔肉汤

🍋青凉臛碎（封狸肉夹脂）

🍋箸头春（炙活鹌子）

🍋暖寒花酿驴蒸（耿烂）：花雕酒蒸驴肉

🍋水炼犊（炙尽火力）

🍋五生盘（羊、豕、牛、熊、鹿并细治）：五种生肉的拼盘

🍋格食（羊肉、肠、臟缠豆英各别）

🍋过门香（薄治群物，入沸油烹）

🍋 缠花云梦肉（卷镇）：用肉皮卷好各种食材，压制成型后再切薄片

🍋 红罗钉（dīng）（臀血）

🍋 遍地锦装鳖（羊脂鸭卵脂副）：羊油、鸭蛋黄烧甲鱼

🍋 蕃体间缕宝相肝（盘七升）

🍋 汤浴绣丸（肉糜治隐卵花）：把肉末加入鸡蛋，做成丸子，浇汁

　　在这份食单中，我们看到的是一桌用料严格、种类繁多、技法超群、名称风雅的盛宴，更看到了唐代的富庶和文化的丰富。尽管其中不少菜品已经失传，无法知道其原本的滋味，但是光从名字上都能够遥想它们的美味可口。不过，这样的献食是只有站在金字塔尖的那部分人才有机会享受。发动方圆五百里献食的隋炀帝，把吃不完的山珍海味就地掩埋，如此浪费民脂民膏没过几年就被推翻；而大吃特吃的唐中宗终其一朝迎来的是乌烟瘴气的朝堂。

　　唐中宗时期的宰相苏瑰曾在烧尾宴中拒绝献食，他说："今粒食踊贵，百姓不足，卫兵至三日不食，臣诚不称职，不敢烧尾。（百姓们都吃不饱，我没脸在这吃香喝辣）。"从此唐代烧尾之风才渐渐收敛。创业之难需被守业后人永远铭记，居庙堂之高者也理当尽力避免朱门酒肉臭，路有冻死骨的悲剧，毕竟老百姓们都能吃饱吃好了，才有真正的四海升平，天下大同。

皇帝也有"要饭"的时候
——喂饱长安有多难

今时今日，我们已经进入小康生活，所以吃顿饱饭已经不是一件多难的事儿。我们之所以能够不担心饿肚子，原因之一是科学技术的发展，比如科学家们不断钻研的杂交水稻技术。可是在隋唐时期，人们完全是靠天吃饭，一旦有个旱涝、虫灾，就免不了饿肚子。"四海无闲田，农夫犹饿死"，可能你难以相信，有时候就连皇帝也要跟着一起饿，甚至不得不外出"讨饭"！

有这么夸张吗？比如说，史书记载，唐德宗时期，有一次因为道路阻隔，粮食运不过来，都城长安城的仓库也空了，导致城里人心惶惶，皇家禁军跑到街上闹事儿。后来多亏节度使韩滉（也是一位著名画家，有《五牛图》传世）从江南运来了"及时米"，才解了燃眉之急。尽管只是到了距离长安还有一段路途的陕县（今河南三门峡），就已经足够让皇帝放下心了。兴高采烈的唐德宗跑到太子那里，告诉他说："米到了陕县，咱们父子活下来了！"现在看来，这个故事虽然夸张，但也有些心酸。我们都认为皇帝是拥有无上权力、地位的人，但欲戴王冠，必承其重，没想到也有为吃饭发愁的时候。喂饱一座长安城为何这么难？

长安城的膨胀

长安城位处号称八百里秦川的关中平原。汉唐时期，关中也曾被誉为"天府之国"，土地肥沃，还有许多河流，能够保障灌溉。按理来说，关中本地生产的粮食也是足够多的，可是为什么连区区一座长安城都供应不起呢？

这主要是因为，长安的人口越来越多了。以唐代为例。长安城是首都，必然会吸引全国的人往这里迁移。别的不说，就说李白、杜甫、白居易等名人，原本老家都不在关中，可是为了自身事业的发展，纷纷辞别家乡父老来到这里。如此一来，长安的人口在很长一段时间里有增无减。根据历史学家的研究，在唐朝建立之初，受到隋朝末年战乱的影响，长安城及周围的百姓差不多有20万人。而后经历了贞观之治等和平发展期，到盛唐时期这个数字已经变成了50万！

不过这50万只是有户籍的老百姓，除了他们，长安城里还有皇亲国戚、文武百官、太监宫女、军队、工匠、商人、僧侣、艺术家、奴仆等等，这些人是不会自己去种地的，但同样需要消耗粮食。把长安全部的各色人口统统加起来，大约在80万人上下。

这就意味着80万张嘴要吃饭。可是，关中平原的土地并没有增加，唐朝也没有杂交水稻之父袁隆平这样的科学家，无法让粮食产量暴增。运气不好的话，还会赶上一些自然灾害，导致粮食减产。那么自然而然地，关中本地生产的粮食就不够吃了。

规模庞大的京师粮仓

为了喂饱长安城，皇帝也想过这样的办法——在长安城附近修建粮仓，提前从全国各地运来粮食储存着。这些粮仓当中，最重要的就是位于城北的太仓。2012年，考古学家在西安市找到了太仓的遗址。

尽管遗址已经被现代的建筑破坏了不少，但是仍然能够看出其规模巨大。仓库的科技含量也不低：要先在地上挖大坑，在坑底通过夯打、烘烤以及铺垫席子等手段来防潮，然后才能储存粮食。考古学家还对遗址中出土的唐代粮食遗物进行了鉴定，发现主要是小米而非小麦。看来，那时候的陕西人还不像今天这样"无面不欢"呢。

可是只有仓库还不行，还要有新的粮食来源呀。既然关中生产的已经不够，那就只好从别的地方运输。隋唐时期，运粮的手段无

唐代太仓遗址

非是走陆路和走水路两种。相对来说，走陆路要用到牛马等牲畜来拉车，一辆车能运载的粮食也有限，成本较高。因此主要的运输途径还是用船，也就是漕运。

漕运看上去简单，可做起来并不容易。有个很大的麻烦就出在黄河上。当时想要把粮食从水路运到长安城，必须经过河南三门峡这一段。可是这里风急浪高，在河流中央还有一块号称"中流砥柱"的大礁石，千百年来不知道有多少船舶在此不幸遇险。我国著名的地理学家郦道元在《水经注》里写道："激石云洄，澴波怒溢，合有十九滩，水流迅急，势同三峡，破害舟船，自古所患"，生动描绘了那时候驾船经过三门峡的惊心动魄。如果一艘船在黄河上出了意外，好不容易收来的粮食就会通通沉河，鸡飞蛋打。看来，想给长安城运输足够的粮食，不仅要克服辛苦，更要冒很大的风险。

皇帝也得去"讨饭"

正因为以上的种种困难，所以在隋唐时期，哪怕贵为皇帝，也时不时面临粮食不够的尴尬局面。为了减轻长安的负担，皇帝不得不采用另一个办法——"就食"，也就是带着王公大臣、嫔妃公主们跑到洛阳去吃饭。这也确实是没办法的办法。

史书记载，隋朝从开国皇帝隋文帝时就有去洛阳就食的记录了。唐朝时，就食的记录更多。永淳元年（682），关中地区闹饥荒，唐高宗李治和武则天连忙率领大家去洛阳，可是因为走得太急而且带的干粮又不够，结果还没到洛阳呢，手下人就有饿死的！唐玄宗时期，号称开元盛世，然而也有五次就食的记录。正因为就食的事儿经常发生，唐朝皇帝也被戏称为"逐粮天子"。

在唐代的文学作品中，我们能够读到不少跟粮食有关的，比如"稻米流脂粟米白，公私仓廪俱丰实"，比如"锄禾日当午，汗滴禾下土。谁知盘中餐，粒粒皆辛苦"，都反映出人们对粮食的重视。靠天吃饭的年月里，就算是帝王也有太多的无可奈何，而现在的美好生活来之不易，我们应当珍惜，也应当对农业领域的科研工作者们充满敬佩和感激。

酒入豪肠，
酿出盛唐

全世界的古人类都有一个奇特的共同点，就是只要有富余的粮食就开始琢磨酿酒。我国考古学家们从新石器时代的陶器上找到了和酿酒有关的证据。到了商代，甲骨文中记载的酒甚至出现了不同的名字，比如：醴（谷芽酒），酒（麹酒）和鬯（chàng，小米加香草酿的酒）。这么长的酿酒历史也为后来中国繁荣的酒文化奠定了基础。到了唐朝，酒不再是王公贵族、文人雅士的专属，早已走入千家万户。不论从产地、色泽、原材料等哪一方面来说，唐代的酒品种都不胜枚举，在唐诗中也有多种不同称呼。不过，概括来说，唐代的酒就是甜酒、烧酒和果酒三大类。

户大嫌甜酒，才高笑小诗

甜酒主要指米酒，度数低，滋味甜，有清酒、浊酒之分。

浊酒浑浑，是因为没有过滤，米渣混合着泡沫漂在酒里，像蚂蚁之类的小虫子，因此唐朝人会用"绿蚁""轻蚁"一类词指代浊酒，像白居易的"绿蚁新醅酒，红泥小火炉"、翁缓的"无非绿蚁满杯浮"、陆龟蒙的"轻蚁漂漂杂蕊尘"都是如此。

不过，这种酒工艺比较简单，一般都是自家酿造，哪怕乡村人家也能折腾出来，所以价格便宜。诗僧贯休某日傍晚散步，正遇到附近农民在烧掉荒地野草，一阵风吹来，居然还夹杂了点酒香，于是他在《秋晚野步》中写下"烧岳阴风起，田家浊酒香"的句子，这也说明了浊酒是真正的百姓酒。一生潦倒的杜甫年轻时还能喝点浊酒解解馋，到了晚年生病只能"潦倒新停浊酒杯"。

清酒就不一样了，酒液清澈，工艺更加复杂，因此价格也高出了不少。如果能达到"樽里看无色，杯中动有光"的程度，制作时再加入香料或鲜花，自然就是"夜清酒浓人如玉，一斗何曾直十千"或者"金樽清酒斗十千，玉盘珍羞直万钱"。这样的美酒，怎一个贵字了得！

葡萄酒熟恣行乐

唐代的果酒主要是葡萄酒。葡萄被引入内地是汉武帝开通西域的功劳，到唐朝时，葡萄虽不算罕见，但也不便宜。唐初高祖李渊一次宴请文武百官，桌上摆着葡萄，侍中陈叔达抓了一把在手里，一颗也不舍得吃。李渊忍不住询问，他回答说自己老母亲得了口干病，想吃葡萄又吃不到，今天在宴席上遇到了，所以他想带回去孝敬母亲。要知道这位陈侍中可不是什么贫苦出身，他是南朝陈后主陈叔宝的异母弟弟。他家都不太容易吃到葡萄，别人家就更别提了。到了贞观年间，马奶葡萄的种子和酿造葡萄酒的技术传入长安宫中，唐人开始自己试着酿酒，从《册府元龟》中的记载来看，这是我国史书上第一次出现中原地区学习酿葡萄酒的记录。

虽然唐人自己也能酿葡萄酒，但毕竟西域酿葡萄酒、喝葡萄酒的历史要长得多，产出的葡萄酒品质更好，所以唐诗中随处可见西域葡萄酒的身影——"帐下饮葡萄，平生寸心是""葡萄酒熟恣行乐，红艳青旗朱粉楼""羌笛吹杨柳，燕姬酌葡萄"……尽管唐太宗曾经热情地拿本土葡萄酒赏赐群臣，但尝鲜过后，宫廷贵人和京城有钱人喝的主要还是西域进贡或者商人运过来的。西凉葡萄酒可是被唐玄宗和杨贵妃都盖过章的商品，谁也不愿意委屈自己的舌头，看来唐朝自产的葡萄酒还有很大的进步空间。

烧酒初开琥珀香

烧酒应该比较接近我们现在生活中最常见的白酒（现代白酒为蒸馏法做出，利用酒精和水沸点不同的特性，蒸烤取酒）。《诗经·豳风·七月》中曾有"十月获稻，为此春酒，以介眉寿"的诗句，因此古代素有用"春"代称酒的习惯。唐文宗时的中书舍人李肇在《唐国史补》中统计的唐代名酒里就有荥阳之土窖春、富平之石冻春、剑南之烧春。据《德宗本纪》记载，公元779年剑南春正式被皇室选为贡酒。

不过，蒸馏酒何时最早出现仍然存在争论。由于明代医学家、药物学家李时珍曾说"烧酒非古法也。自元时始创其法，用浓酒和糟入甑，蒸令气上，用器承取滴露……其清入水，味极浓烈，盖酒露也"。因此学术界普遍认为元代之后中国才有蒸馏酒，不过后来考古学家在西汉海昏侯墓中发掘出了整套的蒸馏器皿，但是不是用来蒸白酒的还没有统一结论，只能说从汉代时我国就具备了制造蒸

清　上官周　《太白醉酒图》

馈酒的基础条件。

　　唐代诗人徐夤的诗作《白酒两瓶送崔侍御》是这样形容烧酒的："几夕露珠寒贝齿，一泓银水冷琼杯"。种种细节确实和蒸馏酒十分类似，只是目前依然缺少考古实物可以佐证，我们只能期待未来考古学家们能找到更加直接的证据。

在唐代，酒是诗人的灵感剂、边塞的忘忧汁、宴席的快乐水，更是大唐文化中不可缺少的一味。现代诗人余光中是这样描写李白的："酒入豪肠，七分酿成了月光。余下的三分啸成剑气。绣口一吐，就半个盛唐。"可以说，唐代文化的厚味当中一定少不了酒香。

杜甫在《饮中八仙歌》中写道："知章骑马似乘船，眼花落井水底眠。汝阳三斗始朝天，道逢麹车口流涎，恨不移封向酒泉。左相日兴费万钱，饮如长鲸吸百川，衔杯乐圣称世贤。宗之潇洒美少年，举觞白眼望青天，皎如玉树临风前。苏晋长斋绣佛前，醉中往往爱逃禅。李白斗酒诗百篇，长安市上酒家眠。天子呼来不上船，自称臣是酒中仙。张旭三杯草圣传，脱帽露顶王公前，挥毫落纸如云烟。焦遂五斗方卓然，高谈雄辩惊四筵。"

除了号称"酒中八仙"的李白、贺知章、李适之、李琎、崔宗之、苏晋、张旭和焦遂，唐朝与酒有缘的名人太多，与酒有关的故事也数不胜数。

酒，见证过唐朝的兴盛与衰落，得意与失意，相聚与离别，相思与决裂……若是有朝一日能酿出一壶名为唐朝的酒，不知道会是什么味道？

由俗到雅
——不容易的喝茶

一碗喉吻润，二碗破孤闷。

三碗搜枯肠，惟有文字五千卷。

四碗发轻汗，平生不平事，尽向毛孔散。

五碗肌骨清，六碗通仙灵。

七碗吃不得也，唯觉两腋习习清风生。

——［唐］卢仝《七碗茶歌》

从古到今，老百姓打开门过日子就七件事：柴米油盐酱醋茶；有趣的是，文人墨客香席雅集也是七件事：琴香书花茶诗礼。两相对比不难发现，无论大俗还是大雅，都少不了的那一件就是茶。中国在茶的领域是无法被撼动的全球第一，而茶也是中国当之无愧的国饮。世界各国有谁不知道中国是茶的故乡也是茶文化的发源地？又有谁不是直接或者间接通过中国而与茶结缘呢？不过，最初在我国，茶只是作为药物和食物存在的，而它真正被社会各界广泛饮用并且形成完整而独特的茶文化、茶艺术，已经是在唐朝了。

喝茶从何起

《茶经》有言："茶之为饮，发乎神农"。《神农本草经》中又说："神农尝百草，日遇七十二毒，得茶而解之。"神农氏可是个传奇人物，古人认为一切植物类的食物和药物都是他一口一口尝出来的。神农氏是否真实存在都还两说，茶究竟是不是他发现的就更难找到证据，但从古书中我们至少可以看出，茶曾经被当成解毒药来用。

神农氏

晋代的常璩（qú）在《华阳国志》中写道："周武王伐纣，实得巴蜀之师，茶蜜皆纳贡之。"意思是周朝时，西南巴蜀小国曾将茶当作贡品，不过考古学家们同样尚未发现相关证据，所以这个说法也得暂且打个问号。那么，到底考古学家们在哪儿找到了最古老的茶叶实物呢？最新的考古证据来自距今约2100年的汉景帝阳陵的陪葬坑中（位于现陕西咸阳市渭城区），这下终于证明了西汉时期已存在世界上最早的茶叶。

喝茶曾经很粗糙

皇家有，百姓家里有没有？应当说没那么普遍，但也不是完全没有。汉宣帝神爵三年（前59），文学家王褒去渝上（现在的四川彭州市一带）办事，正巧遇上寡妇杨惠家闹主仆纠纷。刁奴十分懒惰，竟敢欺负女主人，于是王褒一时兴起买下了这个不服管束的奴仆，并写下了《僮约》，以书面形式详细约定他应该做什么，不能做什么，若有违反，该受什么惩罚，直把他治得服服帖帖。这篇文章当然十分有趣了，不过其中最有价值的句子当属"脍鱼炰鳖，烹茶尽具"和"牵犬贩鹅，武阳买茶"，因为这是我国乃至全世界范围内关于煮茶、买茶最早的记录。

虽然我们"实锤"了汉朝已经开始喝茶，但人家怎么个喝法可跟我们想的不一样。从西汉到南北朝，有干嚼叶片图个提神醒脑的，有把老叶加上米浆做成茶饼的，还有喝前烤烤磨碎，再加入葱、姜、橘皮浇汤做成茶粥，让人醒酒的……反正就是各种瞎折腾，这就难怪晚唐诗人皮日休傲娇地批评唐之前的喝茶跟喝蔬菜汤没什么区别了。

隋唐对饮茶品位的提升

其实，魏晋开始，人们喝茶就不再只是为了解渴提神，文人士大夫在冥想、清谈、祭祀时都渐渐开始离不开茶，人们试着通过喝茶表现出品位和格调，跟西方喝咖啡一样，讲究个"腔调"。到了南北朝时，南朝人喝茶，而尚未完全脱离游牧生活的北朝人喝酪。众所周知，在大多数情况下，南北朝存在文化隔阂，长期互掐，所以北方贵族蔑称茶为"酪奴"，意思是说茶只配做乳酪的小跟班。

不过，这个歧视在隋朝得以被终结，因为隋文帝就是个资深茶友。传说有一夜，隋文帝梦见有人将他的头骨换了，惊醒后便一直头痛，久治不愈。后来机缘巧合遇到位高僧点拨他："山中有茗草，煮而饮之当愈。"隋文帝找来茗茶一试果然有效，从此茶就不离左右了。上行下效，人们自然纷纷加入喝茶大军。有了这些历史基础，再加上唐朝强盛的国力，繁荣的经济，"茶兴于唐"自然不是什么令人意外的事。

佛教对茶的助推

在唐代，茶与佛教的关系十分密切。由于唐朝最盛行的禅宗非常讲究打坐修行，而且规定过午不食（想来唐代僧人应该偏瘦，体脂率一定不高），所以茶这种可以帮人提神且减轻饥饿的饮料一下子就在僧人之间流行了起来。大家满怀热情开始自己种茶，还经常一不小心因种出了好茶使寺院出名，香火大旺。既然僧人饮茶，和僧人们多有来往的香客、施主也开始喝茶，并买茶供奉佛前，于是俗世生活中茶也越来越常见了。此外，根据一些藏文史书的记载，茶叶还随着文成公主与松赞干布的联姻传入吐蕃。松赞干布有两位王妃，一个是来自唐朝的文成公主，她带去了内地的文化、技术和饮茶习俗；另一位是尼泊尔的公主，她带去了佛教；因此茶与佛教更深一步地结合在一起，形成了流传至今的西藏喇嘛教茶会。

除了宗教的原因，唐代的贵族名流们对茶也十分推崇。女皇武则天曾经曾三请六祖慧能入朝，在通天元年（696）御赐慧能大师的礼物单中就有"香茶五角"，可见好茶是上好的礼物。唐大历五年（770），湖州刺史在顾渚山侧的虎头岩（浙江省长兴县）首次为皇家专门设立了中国历史上第一座茶厂——贡茶院。每年立春都有官员专门监督紫笋贡茶的制作，并且需要快马加鞭赶在清明节前运到长安供祭祀宗庙使用。这样的奢侈在唐朝并不少见，前有杨贵妃"一骑红尘妃子笑，无人知是荔枝来"的任性，后有"牡丹花笑金钿动，传奏湖州紫笋来"的肆意。

除了皇室，高官贵族、文人雅士们也好茶。曾任刑部尚书的大诗人白居易留下了不少关于品茶的诗作，在洛阳宅子中，他甚至亲自上阵种茶煮茶，招待亲友，以茶相会。不知道考古学家在他宅院中发掘出的茶具是不是他当年亲手摆弄过的。

"上有好者，下必甚焉"。在民间，茶逐渐成为和盐米一样必不可少的东西，喝茶也是一种随处可见的生活习惯。据唐代《封氏闻见记》记载，茶在大唐全国范围内普及开来，喜好饮茶者甚至达到了"穷日尽夜"的痴迷程度，远远超过了之前。

唐代的茶文化是如此丰富和深刻，以至于世界历史上第一部研究茶的专著《茶经》在这时诞生。茶与茶文化也不断向外传播，到了西北塞外，也随着各国遣唐使的返乡去往了更远的地方。

美食须用美器装
——唐人餐桌上的奢侈品

说到吃，著名电视节目《舌尖上的中国》不知撩动了多少观众的心弦，网络吃播的播主们又为多少食客助过兴。对现代人而言，吃饭的意义早就不止于果腹，更是一种享受。用精美的器皿去盛放一道精心烹饪的料理是对食物的尊重，也是对食客的用心。如果美食没有美器相佐，就像一个美丽的女子化了妆却唯独少了口红一样让人遗憾。面对一桌美食时，可能一半的赏心悦目会来自那些同样诱人的餐具和酒具。一千多年前的唐朝人也一样，让我们来看看唐朝人的餐桌上曾经摆放着哪些高颜值餐具吧。

动物乐园——鸳鸯莲瓣纹金碗

在这只小金碗上，围绕着碗身一圈儿有上下两层外凸的莲花瓣，从侧面看去，宛如一朵盛开的金莲。这种多瓣花的造型设计是唐代工匠把西方金银器工艺与东方审美情趣完美融合的结果。说起来，古希腊人和中亚粟特人才是这种多瓣花工艺的"原创设计

唐 鸳鸯莲瓣纹金碗 1970 年西安市南郊
何家村窖藏出土

师"。当这些异域金银器随着丝绸之路进入唐代工匠的视野，就立刻让他们眼前一亮。不过西方的工艺格外突出，造型更夸张，不太适合东方审美，因此聪明的工匠们有意地控制花瓣的凸起，而且开始在金银器上尝试融合东方特色的莲瓣花纹，将金碗的表面分成若干个独立的小空间，并在其中装饰丰富的动植物纹样，由此产生了富丽华贵，饱满庄重的东方意境之美。

不仅如此，碗上层的十片花瓣里各有一只小动物：走兽和飞禽各五只。花瓣之间的三角区域也点缀着十只展翅飞翔的禽鸟。把金碗倒扣过来，在碗底的正中心还藏着一只憨态可掬的小鸳鸯。小小一只金碗，居然藏着二十一只小动物，就像一个微型的动物世界。另外，在金碗的内壁上有三个字——"九两三"，这可是一千多年前的唐朝人用毛笔写的哦！"九两三，指的正是金碗的重量，称一称金碗的实际重量就可以换算出，唐代的一斤大约等于685克，比我们今天的一斤多了不少。

美观与便捷并存——舞马衔杯纹银壶

这件很有设计感的银壶也不是大唐工匠的"原创"，而是模仿契丹常用的"皮囊壶"制作的。当时在中国北方活动着不少游牧民族，比如突厥、契丹，他们整日骑马奔驰在草原上，随身携带着用皮革缝制的水壶，用起来最方便。大唐的工匠照着皮囊壶的式样用银片捶打出壶的大致形状，再把壶面中央垫在模具上，锤击出正要敬酒的舞马形象。完成这一步之后，把银片两端焊接在一起，银壶就基本成型了。最后，工匠还要给凸出来的舞马鎏上一层黄金，金黄的舞马与洁白的壶身形成了强烈的对比，舞马活灵活现、呼之欲出，银壶更是黄白辉映、灿烂夺目，现在壶体为黑色，是因为银已经氧化。

唐　舞马衔杯纹银壶　1970 年西安南市南郊何家村窖藏出土

　　唐朝工匠们从北方少数民族的生活中找到灵感造出的银壶散发出浓郁的草原气息，正适合皇家贵族外出游猎时携带，而且工匠还特意用一条细细的银链子将壶口上荷花形状的盖子和一旁的提手连在一起，这样就不用担心策马奔腾时壶盖不小心丢失了。是不是很贴心呢？

如冰似玉的秘色瓷盘

　　这件秘色瓷盘造型很简洁，五只花瓣环成一圈，既相互对称，又收放有致，加上凝润翠绿的釉色，仿佛一枝夏日雨后的荷叶，清雅脱俗。唐末五代的诗人徐夤（yín）看到秘色瓷后曾写道："巧剜（wān）明月染春水，轻旋薄冰盛绿云。"秘色瓷的美，好像是把

唐　秘色瓷盘　1987年陕西省扶风县法门寺地宫出土

碧绿春水中倒映的明月剜出来，把薄冰上映照的绿色云彩轻轻旋离才能欣赏到的。虽然只是单一的青色，却呈现出内敛清雅的美感，只有春水绿云这样的自然风物才能媲美。釉层像明月、像薄冰，散发出温润的光泽与清辉。质感与釉色相映成趣，这便是秘色瓷的独特魅力。

想要获得秘色瓷，得经历重重考验。

第一道是烧造的火候。古代烧窑时要靠人工烧火添柴，火候的掌握依赖窑工的深厚经验和高超技术。如果火候掌握得不精准，很容易烧过了或者没烧透，只能砸掉销毁。第二道是烧造的气氛。青瓷的烧造必须在"还原气氛"下进行。釉料中的氧化铁"恪守原则"，在没有氧气的环境中才肯"变成"氧化亚铁，使瓷器呈现青绿的颜色。气氛稍有改变，瓷器的颜色就会发黄变暗，降为次品。因此，工匠们为秘色瓷找到了一个"秘密武器"——匣钵。这种密闭的瓷钵像一个"隔离层"，在窑炉冷却时把空气隔绝在匣钵之外，保证了匣钵里面的还原气氛，烧制出来的瓷器青翠莹润。而且，匣钵还像一个"保护层"，避免了炉渣、烟灰的威胁，使瓷器釉面光洁无斑，个个清亮可人。不过，匣钵与瓷器一起入窑烧造，烧造完成后只有打碎匣钵，才能取出里面的秘色瓷器，这代价也是够高的了。

历史上的秘色瓷非常神秘，仅在晚唐五代的皇室短暂现身之后就失去了踪影，因此格外珍贵。

镶金兽首玛瑙杯

这种玛瑙杯原本是西方的器物，希腊人叫它"来通"。当地人相信来通杯是圣物，如果举起它一饮而尽，酒神就会收到饮酒人的致敬。"来通"先传到了广大的中亚地区，再经由西域传入中国。我们所看到的这只杯子是用一整块缠丝玛瑙雕刻成的，整体像一只号角，竖直的一端是杯口，平伸的一端是杯嘴，被雕刻成羚羊头的形状。羚羊圆瞪着双眼，炯炯有神地看着前方。头上的两只长角粗壮有力，弯曲着延伸到杯口，形成一对天然的把手。匠师还巧妙地用金塞表现羚羊的嘴巴，金石相合，既增加了明快的色调，又与玛瑙身上的橙黄色互相呼应，使整件作品熠熠生辉、富丽堂皇。当人们想喝酒时，先把酒水从杯口注入，然后横端着杯子，拔下金塞，将羚羊嘴放在嘴里，就能喝到酒水了，这种方式格外有趣。

无论是熠熠生辉、流光溢彩的金银器还是清雅脱俗的陶瓷，抑或是见证过丝绸之路的玛瑙杯，都显示出大唐工匠巧妙的心思、高超的技艺和兼容天下的气量。看到这些巧夺天工的艺术品，让人对唐朝人的餐桌充满了羡慕和遐想。这些才是当之无愧的奢侈品呢！

唐　镶金兽首玛瑙杯　1970 年陕西省西安市南郊何家村窖藏出土

刺身是唐人的美食宠儿
——受唐人欢迎的生鱼片

在日本菜中，最有代表性的当属刺身。为了把食材提升到更美味的状态，日本人也十分讲究，对刀功钻研到了极致，并因此享誉世界。不过，只要我们追溯一下历史就会发现，无论刺身的吃法还是刀法，居然都是唐朝时从中国传过去的呢。只是那时候我们的祖先管这种美食叫"脍"。

脍的悠久历史：千年之"恋"

脍的本意就是细切的肉。西周宣王五年（前823），重臣尹吉甫因挂帅出兵战胜玁狁（xiǎn yǔn，当时北方的少数民族）和成功对淮夷等部落征收赋贡，受到周王的嘉奖，为了纪念这份荣耀还专门命工匠铸了个青铜大盘，也就是传世青铜器"兮甲盘"。有趣的是，在《诗经·小雅·六月》中我们甚至找到了尹吉甫凯旋时庆功宴的菜单，里面提到"炰（páo）鳖脍鲤"。啥意思呢？就是红烧甲鱼和生鲤鱼片嘛，这碗历史最为悠久的生鱼片距离唐朝都有近1500

年呢。

关于生鱼片的吃法，《礼记》中有记载："脍，春用葱，秋用芥。"这下，日本"芥末+生鱼片"的固定搭配也找到了源头。而且可以看出，我们老祖宗还会按季节选调料，比日本人精致多了。葱、芥都是味道比较强的调味蔬菜，可以有效压制生食的腥味。这个吃法广受喜爱，得以流传下来，在吴王阖闾招待功臣伍子胥的宴会上以及曹植的《名都篇》里都有出现。

脍是如此美味，在古人看来跟炙（即烤肉）齐名，所以形成了"脍炙人口"这个成语，比喻那些广受欢迎的作品。晋代有一位官员张季鹰，以思念家乡的鲈鱼脍为由而辞官。南北朝还出现了一道名叫"金齑（jī）玉脍"的菜。在北魏贾思勰所著《齐民要术》中详细地介绍了金齑的做法：将蒜、姜、盐、醋、白梅、橘皮、熟栗子肉和粳米饭混合，因为一共用了八种原材料，所以也称"八和齑"；把鲈鱼细细切成脍，再配上这种酱料，想来是极美味的。否则，国家大事不太行但吃喝玩乐第一名的隋炀帝也不会称赞它是"东南佳味"了。

唐代五花八门的脍：雅俗共赏

经过多年发展累积，到了唐朝，人们吃脍已经相当挑剔了，从选鱼到鱼刀再到刀法，全都精益求精。

先说如何选鱼。据唐代杨华的烹饪专著《膳夫经手录》载，"脍莫先于鲫鱼，鳊、鲂、鲷、鲈次之。"由此可知，鲫鱼是当时最受欢迎的。喜欢吃鱼的人一定知道，鲫鱼虽然肉质鲜美，但小刺很多，如果整条烧来吃会很麻烦，让心急的粗豪汉子们感到"无从下口"。聪明的唐朝人用鲫鱼做脍，削成薄片后，就不再受细刺影响，便于入口。这样的做法取其精华去其糟粕，让人不禁为古人的智慧点赞。另外，鲈鱼脍也非常有名，"莼羹与鲈脍，秋兴最宜长"，江南人最好的就是这两口了，难怪张季鹰会念念不忘。除了这些，很多地方也有自己的特色鱼脍。

再说刀与刀法。唐朝人有本吃刺身的宝典——《斫脍书》，写的全是和脍有关的一切，比如怎么选择刀与砧板，怎么挑鱼，怎么用刀，怎么配制酱料……讲的不但都是干货，遣词用句也很风雅，像"小晃白""大晃白""舞梨花""柳叶缕""对翻蝴蝶"之类的雅致词汇，竟然是刀法的名字。这般手艺做出来的脍是什么样子呢？据说是鱼骨粉碎，鱼片薄如丝缕，轻得能吹起来！可以说唐朝人做脍，刀功算是登峰造极。

工欲善其事，必先利其器，能做出这样生鱼片的刀也不是普通刀，都是专门制作的大师级刀具。在唐玄宗给安禄山的赏赐中，就有"鲫鱼并鲙手刀子"，足以说明唐朝人已经十分讲究鱼刀了。

唐朝人对脍的迷恋：无脍不欢

没有一条鱼不能被做成脍。唐代的男女老少们一旦弄到鱼，第一个想到的就是做成生鱼片。在那个时候，谁家请客都少不了这道刺身，连皇家池塘里的鱼都会被捞出来片了，用于宫宴和赏赐。

唐人不但好吃，还善做。刺身师傅们手艺惊人，普通食客的技术也让人不敢小看。《旧唐书》中有这样的记载：有人进献上好的生鱼给太子李建成，本来他打算召厨师来片鱼，谁知道在场的大臣唐俭、赵元楷摩拳擦掌，纷纷说自己手艺不错，于是亲手给李建成做了顿鱼。要知道，唐俭可是身为凌烟阁功臣的高官，他脱下官服居然就能秒变大厨，简直太反差萌。而百姓之家会片鱼的就更多了，不仅平平无奇的小仆会，皇家歌舞团的演员会，就连闺阁女子也有精于此道的，可见食脍之风在唐朝多么盛行。

食脍也有风险：脍渐"失宠"

中国内陆面积大，在古代属于典型的农耕文明。因此，古人吃生鱼片最常用的是新鲜淡水鱼，只是这样的鱼肉如果不煮熟了吃容易有寄生虫。早在东汉末，广陵太守陈登就是因为太爱吃生鱼片，结果肚子里长了寄生虫，去找华佗治病。神医好不容易给他治好，百般叮咛不能再吃，谁知道他怎么都放不下心头好，依旧吃脍，后来再次得病一命呜呼，也不知道九泉之下的他到底后不后悔。

虽然史书上常有类似的记载，但还是挡不住饕餮又勇敢的唐朝人民。《酉阳杂俎》中记载，尚书裴胄的儿子突然得病，请了好些医生都看不出什么毛病，最后只能请来一位以医术出名的道士。道士摸了半天脉终于找到关窍，原来是吃了没有腮的鲤鱼脍中毒了。于是他对症下药，很快药到病除。裴尚书一开始不敢信，还专门再买了无腮的鲤鱼做试验，反复验证才最终接受这个结果。虽然这个故事有几分神秘色彩，但我们看得出来，唐代已经有人在吃生鱼片上栽过跟头，被发现和记载下来。

既然生食有风险，吃鱼需谨慎，唐人就另创了一种"泼沸之法"，把鱼肉做成生鱼片后，将调好味道的滚烫汤汁浇在鱼片上，这下就没问题了，而且让鱼的口味更好，简直太聪明了！

"绿蚁杯香嫩，红丝脍缕肥"，生鱼片造型美，色泽亮，口味好，因此在唐代之后也一直流行，只是因为得病中毒的概率高，且海鱼资源有限，所以慢慢失宠。而在日本，公元1399年终于出现了"刺身"的文献记录，日本人也充分利用了海鱼肉质更鲜美、寄生虫少的优势，把这道传统的中国菜发扬光大。弟子不必不如师，看到今日"脍"的流行，作为老师的中国人难道不是最有资格骄傲的吗？

唐与糖
——那些与糖有关的故事

　　唐朝时，来中国求学的各国留学生数量都不少，但要说起去外国学习的留学生，最出名的莫过于玄奘法师唐三藏。公元645年，游学多年的玄奘法师回到长安，不仅带回了657部佛典，还将自己一路的见闻经历编写成了著名的《大唐西域记》。可是这位《西游记》的主人公原型并不是朝廷的公派留学生，他可是冒着被抓的风险"偷渡"出境的。

　　那么，唐朝时有没有官方派往印度的"合法"留学生呢？还真的有，不过令人意外的是，他们并非跑去学习经文，而是去学制糖的。

想吃口糖不容易——唐之前的中国糖史

　　今天的人们大多无甜不欢，甜食种类五花八门，巧克力、蛋糕、奶茶……说也说不完。在中国"糖史"上也有三大巨头，即天然蜂蜜、饴糖和蔗糖。最初，人们能尝到的甜味只有大自然恩赐的水果与蜂蜜。直到实现谷物制糖（即用淀粉制作饴糖）之后，才开创了人工制糖、甜味自理的新时代。

令人骄傲的是，这个伟大的转折恰好发生在中国。历史上的中国是农业大国，谷物丰盛。多余的谷物白白放着也是浪费，古代工匠们便想方设法地把它们利用起来，比如拿来酿酒。巧合的是，很可能就在长期的谷物酿酒过程中，又一不小心捣鼓出了饴糖（因为酿酒的第一步糖化，正是制造饴糖的基础）。

古代文献中第一次出现"饴"是在《诗经·大雅·绵》里，全诗叙述了周人的先公率领族人搬到岐山下，建设周原的开国历史，其中有"周原膴膴，堇荼如饴"之语，意思是周原的土地如此肥沃，连种出的苦菜都像饴糖一样甜呢。"饴"字的出现，说明至少在先周时期我国已经有饴糖的存在。看上去好像很平常，可是当你知道世界上的很多国家一直到了近代才成功用淀粉制糖后，就能明白这个发明的意义了。

除了作为甜味剂和点心，饴糖还作为一种药出现在很多医书中，比如治鱼骨头卡住喉咙啦、不小心吞了钗环啦，最神奇的当属《集异记》中的记载。唐朝工部尚书邢曹进曾经被叛军射中眼睛，箭头无法拔出，十分痛苦。后来一位胡僧教他用寒食饧（饴）注入伤眼，则箭头自出。邢尚书照办，很快痊愈。（请读者们相信现代医学，千万不要照搬古代医书。）

总而言之，中国人对于饴糖的制造使用在世界范围内一直是遥遥领先的，按理说，只有外国人跟我们学习的份，哪里需要我们不远万里去学别人呢？其实，唐太宗派人去学的是熬制另一种糖——蔗糖。

青出于蓝而胜于蓝

也许有人会想，既然唐太宗专门派人去印度学熬蔗糖，一定是因为当时造不出来吧？其实咱们不但有，还吃了很多年。

战国时代，爱国诗人屈原的名篇《招魂》里就出现了甘蔗汁的身影，称之为"柘浆"；西汉时已有高浓度甘蔗汁的记载，出土文物中也有相关的文字材料；东汉后人们开始把甘蔗汁加热煮沸再拿去曝晒，做出黏浆状的"蔗饧"以及固态的"石蜜"；到了南北朝时期，通过让蔗糖溶解结晶而制成的沙糖（砂糖）终于面世了，虽然颜色偏深，但味道大约还是过得去的。唐代时，这样的土法制糖依然流行，《新修本草》记载："沙糖，蜀地、西戎、江东并有之。笮甘蔗汁煎成，紫色。"这种紫沙糖制作工艺简单，成本低廉，自然价格亲民。虽然外观丑了点，但也不影响食用，因此大受百姓喜欢。

贞观二十一年（647），古印度十六国之一的摩揭陀国派使者朝拜大唐，献上的礼物中就有沙糖。估计是不比不知道，比较之后发现人家的糖比我们强太多了吧！唐太宗大为惊叹之余，干脆派人跟去学习。《新唐书·西域传》记载，"贞观二十一年，始遣使自通天子，献波罗树，树类白杨。太宗遣使取熬糖法，即诏扬州上诸蔗，柞沈如其剂，色味愈西域远甚。"说的就是这件事。

想我巍巍大唐，就是哪里都不能输啊。山高水远跑了一趟，这批留学生们也真没让皇上失望。学成归来的他们用扬州产的甘蔗做糖，大获成功，而且本地糖的颜色和味道都已经远胜于老师了。

奥秘在哪里呢？多年之后，清代初年的《广东新语》中揭秘了当时的印度真经："乌糖者，以黑糖烹之成白，又以鸭卵清搅之，使渣滓上浮，精英下结。其法本唐太宗时贡使所传。"原来，本土沙糖颜色深、杂质多，而印度熬糖法有多次洁净的工序，大大祛除了糖浆中的杂质和色素，制出了品质更好的沙糖。

唐糖大兴，糖坊林立

有了新技术之后，大唐之糖可就抑制不住地蓬勃发展了，简直成了"糖朝"。史书记载，唐朝甘蔗种植广、品种多，专门制糖的手工业作坊——糖坊，几乎到处都是。除了民间广泛制糖，寺庙也是糖业中的重要组成部分。这大概是很多人没想到的，难道说和尚们特别爱吃糖吗？

实际上，由于佛寺历来需要大量用糖（做食品、供奉等），因此僧人们广泛种蔗并制糖。唐朝佛教又十分兴盛，仅唐玄宗开元年间，全国就有佛寺5000余间，僧尼10万多人。按照规定，僧人每人可得田30亩，女尼每人可得田20亩，寺院田产可不是个小数。哪怕只拿出其中一部分种蔗制糖，也非常有影响力了。

从自己尝试做糖，到向他人学习不断提升工艺，再到独立研发冰糖、白沙糖，糖业在中国繁荣发展，不断自我突破。到了宋朝时，中国蔗糖已经传入日本，并且远销大食、罗马（即阿拉伯帝国和罗马帝国），令人意想不到的是，还销售给昔日之师——印度。一直到了16世纪，西方世界的蔗糖业才终于觉醒并蓬勃发展，终结了中印独秀的两千年，进入群雄逐鹿的"新糖"时代。

新疆古墓里的
唐朝点心

中国人是将"民以食为天"贯彻得最为淋漓尽致的人。食是中国人生活的主旋律，甚至是中国人认知、了解和感悟世界的方式之一。酸甜苦辣咸既是缠绕舌尖的牵绊，也是人生中的跌宕起伏与五味杂陈。我们品尝的不仅仅是食物的滋味，更有生活的味道。

在新疆吐鲁番市区东南40公里处的戈壁沙丘之中，掩藏着密密麻麻的古代吐鲁番居民的长眠之所——阿斯塔那古墓群。自1959年开始考古发掘以来，考古学家们在这片方圆10多公里的土地内找到了无数的珍贵的历史宝藏，但最出人意料的是，居然还出土了一些来自遥远的唐朝的面食点心，虽然时代久远，但依旧色泽金黄，造型精美，包括和现代一模一样的月牙饺。

可爱的唐朝人们啊，你们到底爱吃些什么呢？

面脆油香的胡饼

名为"胡饼"，自然与"胡"有关，指的是从西域那边传来的饼。在当时西域传来的食物也被统称为"胡食"。胡饼在汉代时从西域传入，在唐朝时是非常流行的食品，粉丝超多。

在唐传奇《虬髯客传》中，还没发迹的唐初名将李靖在去往太原的路上，夜宿于旅店，遇到豪侠红胡子虬髯客，彼此攀谈，说话之间两个人拿出胡饼配着羊肉吃，好不痛快；我国第一位出海日本弘扬佛法的鉴真和尚从扬州出发时，船上带了"干胡饼二车"；安史之乱时，唐玄宗等仓皇逃离长安，一路上缺衣少食，一次大中午还没吃饭，宰相杨国忠亲自去集市上给皇上买胡饼；日本留学僧圆仁在《入唐求法巡礼行记》中记载了自己所见的情景："开成六年正月六日立春，命赐胡饼、寺粥。时行胡饼，俗家亦然。"说的就是唐武宗向百官百姓赐饼的场景。

除了上面说的素胡饼，肉胡饼和芝麻胡饼也非常出名。《唐语林》中说起过一种"古楼子"的肉胡饼，个大肉多，一张饼居然要用羊肉一斤，里面还有花椒、豆豉之类的香料，面上涂抹油脂再放进炉中一烤，外酥里嫩，香得人直掉口水。

而烤饼时洒了芝麻的则是著名的胡麻饼了，不但火遍全国，还有大诗人白居易为它作诗一首：

胡麻饼样学京都，面脆油香出新炉。
寄与饥馋杨大使，尝看得似辅兴无？

意思是我在外地也发现了好吃的胡饼，寄给你尝尝看，能不能比得上长安辅兴坊里的味道。

这种贵人吃、普通人吃、僧人也吃，什么地方都能买到的食物，可以说是当之无愧的国民食品了，那么在新疆阿斯塔那唐墓中找到一枚直径约20厘米的大胡饼也就不稀奇了。

杂果子

现在我们常说的点心一般指的是三餐之外的小零食，而唐朝时"点心"还是个动词，意思是先吃一点东西充饥，比如唐传奇故事《板桥三娘子》中就有"三娘子先起点灯，置新做烧饼于食床上，与客点心（让客人先简单吃点）"的句子。

那么在唐代时，人们怎么称呼小零食呢？

居然叫"果子"！当然不是水果的意思了，这个词在日本留学僧圆仁的书里也写了："众僧上堂，吃粥、馄饨、杂果子。"唐朝人吃果子不光讲究味道，还讲究造型好看。专业的果子师傅们要将面点或用手捏，或用模压，做成各种各样的形状：花朵形、叶子形、四棱形、九瓣式、千层式……

现在的日本依然沿用这个词语，管传统的精致日本小点心称作"和果子"。

饆饠

"饆饠"一词来自波斯，也就是现在的伊朗。关于"饆饠"存在很多争议，有人认为是煎饼一类的东西，有人认为是类似新疆手抓饭，众说纷纭。在南北朝时期成书的古代词典《玉篇》中这么介绍："饆饠，饼属。用面为之，中有馅。"看上去更类似今天的卷饼一类东西。此外，在晚唐段成式的《酉阳杂俎》中又说过，长安人非常喜欢吃这种东西，常有大胃王在长兴坊的饆饠店里一吃就是

阿斯塔纳出土唐代点心

二斤。馎饦有甜口的，像是樱桃馎饦；也有咸口的，像蟹黄馎饦、羊肝馎饦等。

关于馎饦的形状，唐《太平广记》写下了"形粗大"几个字，结合其他细节来看，可能就是用面粉先做出饼状，放上内馅儿后卷成管状，再用热油一炸，正是阿斯塔纳古墓中的面卷的模样。

饺子

饺子的历史十分长，至少汉代已经出现，不过还不叫饺子这个名字。北齐颜之推说"今之馄饨，形如偃月，天下通食也"。这里的月牙馄饨其实就是饺子，但那时大家都是蒸着吃。不知道什么时候起有了水煮和油煎的饺子。

这种起源内地的食物在新疆地区的古墓中出现，说明文化的交流往往是双向的，有胡食从西域来到大唐，也有饺子从大唐走向西方。

在现代考古学中有这样一句俗话——"干千年，湿万年，不干不湿就半年"。新疆地区气候干燥，因而我们幸运地看到了千年前唐代食物完整的样子，让我们对那时的饮食文化和面点工艺都可以有更加直接的了解。

人类学家、考古学家张光直曾说："达到一个文化核心的最佳途径之一，就是通过它的肚子。"看到这些食物，我们再一次看见大唐的文化内核——开放与融合，自信而无畏。唐朝的繁荣强盛给予了唐朝人民充分的自信，他们不再抱持所谓的中原正统，反而对异域文化充满包容和好奇心，尽情地享受着世界上一切自然而然的美好，这样的豁达和洒脱对于现代国人来说也是非常值得学习的。

百味杂陈，天下共享，方是人间正道。

第三章　住

走入隋唐
百姓家

　　对于很多人而言，在疲惫的时候最能带来安全感、舒适感的，莫过于自己那个装修得简单却又温馨的卧室。在生活当中，居室以及室内的生活用品都是不可或缺的。哪怕是现在流行的极简主义风格，也得配备几样基本的用具，否则就真成了"家徒四壁"。良好的家居陈设不仅能够给人带来舒适和便捷，还能令人心情愉悦。所以，从古至今，人们都会花很多心思来设计和制作家具、摆设等用品。

　　假如我们有幸进入一位普通的唐朝市民人家中参观，会看到什么样的场景呢？大诗人白居易被贬为江州司马的时候，曾经在庐山修过一座草堂，追求自然、简单、质朴，跟他的洛阳豪宅很不一样。据他的描述，这座草堂中的放置的东西是："堂中设木榻四，素屏二，漆琴一张，儒、道、佛书各两三卷。"这里的琴和各类书籍都不难理解，"榻"和"屏"对大多数人来说可能就有点陌生了。

床榻

榻是一种多用途的家具，既可以拿来坐，也可以躺上去休息，所以古人有时候床、榻不分，或者统称为床榻。早在先秦时期，床榻就出现了，只是早期的床榻没有腿，或者只有比较短的腿。到了隋唐时期，家具整体变高，床榻也不例外。

据《新唐书·孟浩然传》记载，有一次王维私自把孟浩然带进皇宫，唐玄宗碰巧过来了。慌乱之下，孟浩然找了张床钻到底下去。王维是个老实人，向玄宗承认了自己的错误。好在唐玄宗早就想见孟浩然，于是把他叫出来见面，并没有发火。能藏人的床榻，自然要有足够的高度。在唐代画家阎立本的《历代帝王图》中绘制有古代帝王坐在床榻上的姿态。虽然帝王是唐以前的，但家具可是照着唐代的样子画的。可以看出，这种床榻的足部已经相当高了，底下藏个人的确毫无问题。

唐　阎立本　《历代帝王图》

　　跟今天的床不一样，隋唐时候的床榻不只放在私密的卧室之中，也会放在客厅里供大家坐，其功能更接近现代的沙发。因为床榻经常出现在社交场合，所以也留下了不少相关的故事。比如唐代名将李靖年轻时曾经到隋朝宰相杨素的府上聊天，杨素对这个小伙子颇为赞赏，摸着自己的床榻说："卿终当坐此。"言下之意，你以后一定会做到我的位子上。显然，杨素说的不会是卧室里的床。再比如杜甫当年流落到四川，多亏他的老朋友剑南节度使严武的收留和帮助，才在成都住下。可是有一次杜甫喝多了，竟然蹦到严武的床榻上说："严挺之怎么生了你这么个儿子！"这话可够伤人的，不过严武也没在意。

屏风

　　比起床榻来，屏风就要更高级一些了。"屏"字本身有遮挡的含义，屏风最初的功能就是搁在屋里挡风御寒的。逐渐地，人们也赋予屏风更多的功能，比如通过在屏风上画画来增添它的装饰功能，或者利用屏风隔挡出比较私人的空间，等等。

　　屏风的出现非常早，战国时期已经比较常见，在湖北的望城、江陵等地的楚国墓葬当中都曾发现屏风实物。早期的屏风属于"座屏"，就是地上放着底座，在上面插一大块方形木板，结构比较简单。实际使用的时候，还可以用两三块座屏围成一个曲尺形的半封闭空间。唐代的时候除了座屏，还比较流行"联屏"。顾名思义，联屏是多块屏风板子连接起来的，相互之间有一定的角度，可以稳稳当当地竖起来。联屏少的有4块、6块板子，多的可以达到12块。常见的屏风主体以木材制成，还有些奢侈款用更贵重的材料，比如史书记载，隋唐时期高档的屏风有乌铜的、水晶的。

屏风作为一种家居陈设，使用的范围很广，宫廷、官府、普通人家里都可以用。如此常见又刚好幅面够大的屏风，也被书画家们视为很好的创作媒介，经常选择在上面挥毫泼墨，因此隋唐时期形成了一种非常特别的绘画形式——屏风画。

考古学家在新疆阿斯塔纳188号唐墓中发掘到一件唐代的屏风，一共由6幅固定在木框上的绢画组成，显然是一件联屏。在修复之后的绢画上可以看到牵马的人物，背后还有树木。绘画技艺相当高超，线条疏密有致，还使用了晕染技法，立体感较强。

阿斯塔纳出土唐代屏风

这几幅绢画的高度都有50多厘米，已经是实用的器具，可以摆在床榻的周围。在现实当中还有能够藏人的屏风。史书记载，唐朝有一位心胸狭隘而又位高权重的大臣，名叫卢杞。有一次，郭子仪（平定安史之乱的大功臣）生病，很多同事都来家里慰问。这天卢杞也来了，郭子仪赶紧让妻妾侍女们躲到屏风后面去，自己靠在床榻上迎接卢杞。家人自然很奇怪，郭子仪说，卢杞这个人相貌丑陌，你们看到他一定会忍不住笑，那他以后就会报复我们了。能让郭子仪这样的人物都感到害怕，可见卢杞之阴险。当然，从故事中我们也不难推测，郭子仪当时所用的屏风应当是尺寸较大的，不然哪藏得下一群女子呢。

铜镜和镜架

除了床榻和屏风，隋唐家居陈设中还有一种十分常见的用具，那就是铜镜和镜架。李白诗云"君不见，高堂明镜悲白发，朝如青丝暮成雪"，可知铜镜也是堂屋中的摆设。铜镜最基本的功能是照容，但唐代的铜镜更是一种艺术品。通常情况下，铜镜的正面会被仔细打磨，直到锃光瓦亮，照容的效果几乎不亚于玻璃镜。铜镜的背面则被铸造出各式各样的花纹，在正中间还有一个穿孔的半球形凸起，学名叫"镜钮"。唐代有一种著名的海兽葡萄镜，把镜钮做成神兽的样子，别出心裁。

使用铜镜有两个办法：第一是在镜钮中穿绳，可以通过它来把铜镜拿起来；第二是做一个专门的架子把铜镜固定住，形成一个固定的镜台。镜架出现得很早，在东晋顾恺之的《女史箴图》当中，就有女子对着镜架和铜镜梳妆打扮的场景。考古学家在河南偃师的一座唐墓里发现了铁质的镜架实物，它由两个铁框架组成，中间有轴，可以像马扎一样

唐代　海兽葡萄镜

《女史箴图》（局部）

打开撑住。铜镜就固定在铁框架最顶上。

　　通过以上的介绍，我们对隋唐时期的家居陈设就有了最基本的了解。不难看出，无论是家具还是用器，当时人们都在努力追求实用、美观和优雅。白居易这样描述庐山草堂带给自己的好处："我为是物主，物至致知，各以类至，又安得不外适内和，体宁心恬哉！"的确，如果家居陈设能够让人体宁心恬，那就再好不过了。

从跪到坐，
"步步高升"的隋唐人

天空很蓝，太阳很暖，这时就该来一场说野就野的野餐。著名的法国印象派画家莫奈在自己的作品《草地上的午餐》里描绘了人们在林间草地上午餐的怡然自得——一片片绿叶在阳光的照耀下显得格外透亮，白色的亚麻餐布上摆放着美食与美酒，绅士淑女们或围坐或斜倚或起身，享受着此刻的惬意和放松……你知道吗，这样的美好生活在唐朝就有了，而且热闹程度一点不比现代人逊色。

《宴饮图》中的奥秘——唐人的"坐具"

在西安市南郊的一座小型唐墓的墙壁上，考古学家发现了一幅"唐代野餐图"。画面的中部有一张短腿"大饭桌"，周围是三张红色的"大条凳"，凳子腿也比较短，与矮桌子刚好配套，名为"榻"。食案上整齐地摆放着碗、筷、杯、碟等现代家庭生活依然流行的餐具。盘子里盛放着丰盛的食物。

野餐会的主角是九位男士，他们身穿休闲便服分别坐在三张榻

西安南郊唐墓壁画 《宴饮图》

上。有的端起酒杯一饮而尽，有的在细细品味，还有的隔着饭桌谈
天说地。除了野餐的主角，宴席旁还站着两群被野餐吸引前来凑兴
观看的男女。画师对于人物轮廓、头发和衣物只是简单勾勒，着重
描绘的是他们丰富的表情和动作，看似粗糙的笔触却渲染出生动随
意的民间风趣。

《宴饮图》这幅随性到近乎涂鸦的作品，除了让我们看到了一
幅唐代普通大众的生活场景，还隐藏着很有意思的奥秘，这来自图
中的一个重要细节：除了个别人物外，参加宴会的大多数人物都盘
腿坐在矮榻上，和我们现在习以为常的"垂腿而坐"很不一样。这
是为什么呢？

坐姿与堂高的关系——不得已的跪坐

在史前时代，由于建筑技术简单落后，先民们还无法造出足够

高的房屋。因此，人们在室内活动的时候自然是选择坐下和躺着比较方便，免得不小心撞了脑袋。

到了先秦两汉时期，虽然建筑技术已经有了很大的进步，但屋檐的挑高还是很有限。据《周礼·考工记》记载："周人明堂，度九尺之筵、东西九筵、南北七筵，堂崇一筵。"所谓"堂崇一筵"是说明堂高度为"一筵"，大约是今天的两米。要知道，明堂是古代帝王所建的最为隆重的建筑物，这样一座用来朝会诸侯、发布政令、祭天并配祀祖先的殿堂内部总共也才高两米，其他的建筑能有多高呢？可想而知，大家伙儿多数时候还是得席地而坐。

中华礼仪之邦，讲究坐有坐相，合乎礼仪的坐法是"跪坐"，也就是人先跪下，再将屁股坐在脚跟上，上身挺直。汉墓出土的各种坐俑都是这个标准坐姿，不过维持这个姿势时间久了，人会因为血液不循环而导致腿麻、腿肿、腿抽筋，真是相当辛苦。但是为了规矩，人们还是坚持着这么坐，一直坐到了魏晋时期。

坐姿转变的前提——建筑业的飞跃

秦汉时，都城内的大部分面积都被皇家宫殿占了，建筑的设计理念、使用功能等也都优先向权贵阶级倾斜，老百姓们的住房面积和生活条件都不理想。而到了魏晋南北朝时，城市规划有了翻天覆地的变化，居住区的面积逐渐增加。唐代城市流行犹如棋盘的里坊制，宫殿或官府在城中只占有限的一块，城市的绝大部分都是百姓居住的宅院或者商业、宗教场所。此外，与秦汉时盛行的土木混合结构相比，魏晋时快速发展的木结构建筑不但能使房屋内挑高增加，也增大了屋内的面积，改善了采光，让人生活得更舒适。

在这样的背景下，百姓居住总面积不断增加，改善居住环境的需求也与日俱增，各种新的建筑技术应运而生。如果说从前人们坐着主要是因为房子太矮，那么魏晋之后屋子越来越高，越来越大，建筑技术越来越好，自然就为新式家具和新式坐姿的出现奠定了良好的基础。

新生力量的助推——外来文化的融合

魏晋以前的人不坐凳子、椅子，是因为一直没有吗？实际上，早在汉代，就有高腿的西域家具经过丝绸之路传了进来。不过中原文明一直以正统自居，高高在上，认为跪坐才是符合礼仪的唯一存在，所以椅子传到新疆就被迫停止东进了；唯一的漏网之鱼是"胡床"，也就是折叠凳，得以进入到中原腹地。不过，它只是被东汉皇帝和贵族们当作外国的稀罕物收藏起来，就这样还被一些正统卫道士骂为"服妖"（司马彪《续汉书》）。

可惜，傲慢终究还是要付出代价的。西晋灭亡后，大量少数民族涌入中原，纷纷建立割据政权，民族融合的大时代开始了。对于北方少数民族而言，无论坐下来让腿自然向前伸（蹲坐箕踞）、坐在椅子上腿自然下垂（垂足趺坐）还是盘腿而坐，都是他们习以为常的坐姿，上到王公贵族、下到黎民百姓都不像南方地区那么"端着"，一切以对得起自己的双腿为原则。以正统自居的南朝人对于这些姿势当然是相当的瞧不上，但是也没办法，谁让自己在战场上打不过人家呢。

于是，随着民族融合程度的不断加深，再加上佛教的传播也起到了很大的作用（在佛教的画像、雕塑中大量出现高圆凳、矮圆凳、方凳以及佛、菩萨座椅座凳的形象），终于使得新的坐具和坐姿流行全国。

在经历了长期的战乱和分裂后，隋唐一统江山，人们重新过上了稳定安宁的日子，充满对生活的热情。随着唐帝国达到鼎盛时期，繁荣和开放的社会环境吸引了越来越多的外来文化，外国人大量聚集在长安。这时候，唐朝人民开始以一种自信、包容的心态来面对新生事物，胡服、胡乐、胡床都是人们追求的潮流。不同高度、不同材质和外形的桌、椅、凳同时存在于唐朝人的生活中，各自焕发出光彩。

所以从唐代初期开始，来自西域胡人的轻松随性的坐姿成为唐人效仿的时尚，坐具也从汉代的席子变成了带短腿的榻，人们开始适应盘腿坐。开篇所提到的野餐场景，如果还要正襟危坐，就会失去很多的乐趣。唐代之后，坐榻越变越高，一直变成我们今天用的椅子，人们也就进入"垂腿而坐"的时代了。经过唐朝的蓬勃发展，高足家具扎根中华，从宋代起成为主流。

帝国之都，辉煌之城
——隋唐长安有何魅力

　　2008年，一首热情、真诚、大气的《北京欢迎你》火遍全国乃至全球。作为第29届奥运会的主办城市，首都北京焕发出举世瞩目的光彩。从古至今，首都一次般是国家的政治、经济和文化中心，通常情况下也是中央政府所在地，是最有代表性的城市。

　　长安作为隋唐两代的都城，以及当时世界上规模最大的城市，自然也不例外。开皇二年（582）六月，刚登基一年多的隋文帝杨坚发布了一道诏令，命左仆射高颎、将作大匠刘龙等人在关中的龙首原一带营建新都城，并希望借此实现自己"定鼎之基永固"的心愿。245年后，已是唐文宗大和元年（827），诗人白居易登上城南观音寺的高阁，俯视着这座伟大的隋唐都城，写下了"百千家似围棋局，十二街如种菜畦"的生动描述。

　　隋文帝为何急匆匆营建新都？白居易又看到了什么？

规模宏大的新都城

隋朝刚建立的时候，都城直接继承了它的前任——北周长安城，它实际上始建于西汉，到这个时候已经有将近800年的历史。虽然它曾经很辉煌，可是到隋初早已破败颓唐，而且在漫长的岁月中积攒了许多的垃圾、污染的地下水，不适合居住，更不适宜作为一个统一的大帝国的都城。隋朝万象更新，建设一座新都也是势在必行的。而龙首原地势高敞，水质清澈，一看就是个风水宝地，所以被选为新都所在地。这座城修好之后被命名为"大兴城"。从名字就可以看出来，隋朝皇帝希望自己的国家可以永远兴盛。讽刺的是，隋朝并没有真的大兴，反而像秦朝一样只历经两代就结束了。

唐朝将大兴城改名为长安，并进行了一些改建，但基本格局并没有改变。事实证明，"长安"确实更加长治久安。

隋唐长安城最突出的特点就是规模宏大。有多大呢？我们可以看一组数据：长安城最外面一圈城墙东西长9721米，南北宽8651.7米，整个一圈长36.7公里，城内的面积有87.27平方公里，相当于12000多个标准足球场的面积，是明清北京城面积的1.5倍。

第二个特点就是整齐。俯视长安城就会发现，城里的街道全都是正南正北或正东正西向布局，像一张网格一样，把长安城分成大大小小的方块，的确如白居易所说的"神似围棋盘"。在城里有东西向的主干道14条，南北向的11条。这些道路大多很宽敞，最中间的朱雀大街宽度竟然超过140米，比今天的北京长安街还要宽一些。

第三个特点是对称，长安城四四方方，基本上以朱雀大街为轴左右对称，东南角外凸，是因为这里有一大片水域——曲江池。东北角有后来扩建的大明宫，所以也向外伸出。

清晰有序的城市布局

关于古代城市的功能，《吴越春秋》里说道："筑城以卫君，造郭以守民。"一座完整的城有城和郭两部分。城在里面，君王居住；郭套在城的外面，供百姓居住。隋唐长安城也是按照这个思路设计的，而且比之前的城更复杂一些。

长安城最外面一圈是郭城的城墙，根据现在的考古发现可以知道，城墙是通过夯打黄土而筑成的，宽度为9～12米。黄土看上去似乎不结实，但经过反复夯打之后会变得致密牢固。在城墙外还有一圈护城河，可以增强防护的效果。

在城中心偏北的位置有一座独立的小城，名为皇城。里面有南北七街，东西五街，同样整整齐齐，白居易所说的"十二街如种菜畦"，指的就是皇城的街道。皇城里主要分布着重要的官署衙门和皇家的礼制建筑。

在皇城和郭城北墙之间，就是最重要的宫城了，宫城是皇帝日常起居以及处理政务的地方，也是整个大唐的权力枢纽。

巍巍宫墙高几许——长安城的宫

在长安宫城里，最重要的宫是太极宫。将它放在城的北部，既是出于安全防卫的考虑，也是受到当时的风水观念的影响。时人认为宫城对应着天上的紫微垣（北极星所在），它是天帝所居住的地方，人间也应把帝王宫殿放在北部。太极宫里面有太极殿、两仪殿、承庆殿等许多大型宫殿，地势最高的位置是北门玄武门，在这

考古发掘后复原的大明宫丹凤门

里可以俯视整座宫城，因此由禁军重点守卫。唐朝的好几次宫廷政变跟玄武门有关，因为只要拿下玄武门就有机会掌控皇帝，其中最有名的便是李世民发起的玄武门之变。

除了太极宫，长安城还有两座非常重要的宫：大明宫和兴庆宫。

贞观八年，唐太宗接受大臣马周的建议，在长安城的东北方另修新宫，这就是大明宫。修建大明宫主要目的是供太上皇李渊避暑，可是还没盖好李渊就去世了。到了唐高宗时期又重修，把它建设得比太极宫还要富丽堂皇，从此，皇室就迁入了大明宫。大明宫里有含元殿、宣政殿和紫宸殿。考古学家已经对它们进行了发掘，尽管宫殿主体都早已坍塌，但从留下的地基来看，确实是很了不起的建筑群。含元殿作为正殿，用于举办重大礼仪活动。"千官望长安，万国拜含元""九天阊阖开宫殿，万国衣冠拜冕旒"等诗句描写的就是这里的盛况。

唐玄宗李隆基登基以后，为了避圣讳而把自己原来的府邸所在地——东城隆庆坊改为兴庆坊，并且将兴庆坊扩建为宫，这就是兴庆宫。兴庆宫里既有宫殿，也有园林景观，可以说工作休闲两相宜，所以唐玄宗很喜欢，经常来这里居住办公。李白的传世名篇《清平调》中就提到过兴庆宫里的沉香亭：

> 云想衣裳花想容，春风拂槛露华浓。
>
> 若非群玉山头见，会向瑶台月下逢。
>
> 名花倾国两相欢，常得君王带笑看。
>
> 解释春风无限恨，沉香亭北倚栏杆。

长安城的里坊和市场

长安城里居民众多，他们都住哪儿呢？

除了皇城和宫城，城里大部分的面积都是住宅区，每个居住单元都叫"坊"，又名"里坊"，也就是那些被街道所分割出来的方块。全城共有110个坊（也有108、109等说法）。有点像今天的独立小区，每个坊都被一圈齐肩高的坊墙包围起来，居民的房屋分布在坊内。坊的名字很有意思，如"长兴""永乐""太平""亲仁"等，表达的都是美好的寓意。

不过，坊都有坊门，住在坊里就得严格遵守时间，并不十分自由。而且唐朝还规定，不准随便在坊墙上掏洞、开门，否则就会受到严厉惩罚。

如果想要购物，可以选择去城里的两大市场——东市和西市。它们分列于东城和西城，各自占据两个坊的面积，市场里被"井"字形的大街分为九块，店铺临街设置。据记载，东西两市都十分繁荣，卖衣服的、卖美食的、卖药的、卖首饰的，应有尽有。西市里胡商比较多，甚至还有一个特殊的波斯邸，是专门让波斯客商居住和存放货物的"驻京办"。

这就是等级森严、规划整齐、布局清晰而又充满了活力的长安城。在这里，我们既可以看到隋唐帝国的辉煌盛世，也能领略到那曾经迷倒无数文人墨客的文化魅力。它不仅影响到了东都洛阳以及其他唐代地方城市的修建，还是新罗都城以及日本的平城京、平安京的建设范本，对整个东亚都产生过深远的影响。

大诗人白居易的退老之地
——履道坊宅院

　　十亩之宅，五亩之园。有水一池，有竹千竿……优哉游哉，吾将终老乎其间。

——白居易《池上篇》

　　公元829年（唐文宗大和三年），57岁的白居易因出任太子宾客（太子东宫属官）再度回到东都洛阳。早在四年前，他就买下了洛阳城内履道坊的一处房子，这次回来更是投入大量时间金钱搞起了装修，为的既是隐居又是养老。

　　先简单回顾一下这位大诗人跌宕起伏的一生。白同学出生在河南新郑一个传统的小官僚家庭，他天资聪慧，而且不断勤学苦读，二十多岁时怀揣着"学而优则仕"的梦想前往首都长安应考，幸运的是他一举中第，由此开始了自己的公务员生涯：先在长安做官，后来被贬到过江州（写下名篇《琵琶行》）、忠州（重庆市忠县）、杭州等地，最后回到洛阳。后来，身心俱疲的

白居易

白老同志定居于此，安享晚年，并于75岁时病逝洛阳。

虽然白居易一生为官，但和现在不少青年才俊在北上广置业买房一样，他的买房路也走得十分艰辛。进士及第前，青年小白曾经拿着名帖诗稿拜谒前辈顾况，看到居易这个名字，大诗人顾况打趣道："近来长安米价很贵，只怕居住很不容易啊（长安米贵，居大不易）。"

结果，顾况一语成谶，考上公务员的小白在京城确实没能买房，只能长期栖身在长安各个不同的出租屋里。到了49岁的时候，中年老白从忠州返回长安，才买下了人生第一座宅院——长安朱雀门街东第五街。不过这宅子位置偏，地方小，也很老旧，就像现在常说的"老破小、上车盘"，只是因为价格低廉才入手。既然不是真心喜欢，也就难怪后来白居易找到心仪之地履道坊后，为修宅院倾尽心血，不仅搭上大半辈子的积蓄，就连设计和施工都亲力亲为，将那里打造成属于自己的隐逸天堂。

在当时的长安和洛阳，坊整齐排列，分布密集，酷似棋盘格，因此有"百千家似围棋局，十二街如种菜畦"之誉。顺便一提，这句也是诗人白居易的大作。东都洛阳共有一百零三坊，履道坊就是其中的一块。那白老爷子的宅子具体在哪呢？"都城风土水木之胜在东南偏，东南之胜在履道里，里之胜在西北隅，西闲北垣第一第，即白氏叟乐天退老之地。"简单来说，就是全洛阳城最好的地方——履道坊西北角第一间。

到底有多好？这地方有人造河流伊渠，还可以北看宫城，南望嵩山和少室山。整座宅院"地方十七亩，屋室三之一，水五之一，竹九之一"，共约九千平方米。主体建筑主要是宅院、南园和西园三大部分：宅院是工作生活区，南园是园林观赏区，西园是后来所建，进一步完善了园林风景。此外还有坊墙、伊水渠、水井、道路等遗迹，甚至包括一处酿酒遗迹。这样好的宅子，不怪老白一下班就在里面安心做宅男：扩建，修葺，种植，绿化……种花种树种竹子，有石有桥有池塘。

老白对这房子实在是沉迷，以至于《旧唐书·白居易列传》也将这件事儿收录了进去："初，居易罢杭州，归洛阳，于履道里得故散骑常侍杨凭宅，竹木池馆，有林泉之致。家妓樊素、蛮子者，能歌善舞。"意思是，这栋宅子原本是散骑常侍杨凭的，白居易买来，以竹木水池装点，打造成了闹市中的桃源，此外，还有能歌善舞的樊素、蛮子两位侍女服侍，啧啧，真是神仙般的日子啊！

白居易曾经写下一首《中隐》表达心意，开头提到"大隐住朝市，小隐入丘樊。丘樊太冷落，朝市太嚣喧。不如作中隐，隐在留司官"。在他看来，大隐太闹腾，小隐太寂寞，最舒服的就是在洛阳中隐——"不劳心与力，又免饥与寒。终岁无公事，随月有俸钱。君若好登临，城南有秋山。君若爱游荡，城东有春园"。有吃、有喝、有玩、有朋友，还不用被官府俗事累心，难怪白居易对这里爱得深沉。

最神奇的是，白居易的家不但见于书本记载，还直接被考古学家们挖了出来。

首先，经过多年来的考古调查和发掘，考古学家们也基本搞清楚了唐洛阳城的平面布局，履道坊的位置可以直接定位；其次，白居易自己清楚地交代了家的位置，即履道坊"西闲第一第"，经过一番研究，可以锁定这个宅子的位置大概率就在当今的洛阳市洛龙区安乐镇狮子桥村一带。

1992年，洛阳当地想要复建白居易的故居，并建立白居易纪念馆，为了配合这项工程，考古工作者在这里展开了发掘。这一动手，居然真找出来了！白居易住宅的西侧，果然紧邻着履道坊的坊墙，跟文献记载的"西闲第一第"相吻合。另外在《唐两京城坊考》这部书中，还记载说白居易宅的西墙下临伊水渠，也和考古发现相吻合。在庭院外的南部有一个大水池的遗址，白居易津津乐道的"有水一池，有竹千竿"，应当就是在这个位置。

最重要的证据是考古挖出来的石经幢，它出土于水池附近，原本应当是竖立在园子里的，已经残损不全。经幢呈六面体，残余的文字为《佛顶尊胜陀罗尼经》以及《大悲心陀罗尼经》。最难得的是，残留文字中竟然有"开国男白居易造此佛顶尊胜大悲"，说明这是白居易发愿制作的。说到这，我们也就可以盖棺定论了，这里正是大诗人白居易那个有庭院有园林的养老豪宅。

白居易一生写下了三千多篇诗文，其中跟租房、买房有关的不少。比如在江州当司马的时候，他写"住近湓江地低湿，黄芦苦竹绕宅生"；而后盖了庐山草堂，又写"庐宫山下州，湓浦沙边宅。宅北倚高冈，迢迢数千尺"；刚买下长安小房子的时候又说"莫羡升平元八宅，自思买用几多钱"（别羡慕元稹家房子，想想我这个才多少钱，毕竟一分钱一分货）……关于洛阳的宅子，同样也是他自己亲写《池上篇》及《池上篇并序》记录下来的。

在经历了少年流亡、青年入仕、中年贬谪、晚年归隐之后，公元846年（唐武宗会昌六年），白居易去世，葬在了龙门香山的琵琶峰上。他在人生最后的岁月里获得了宁静与快乐吗？应该是的。春有百花秋有月，夏有凉风冬有雪，若无闲事挂心头，便是人间好时节。这位老人家，终于在这里找到了属于自己的"颓然自适，不知其他"。

地下世界的模样

——隋唐探墓游

在隋唐时期的建筑当中，除了宫殿、楼阁、房舍等供人们日常居住活动的，还有一种极为特殊的建筑，那就是墓葬。今天我们看坟墓，难免会觉得有些阴森可怕，巴不得敬而远之。不过在古人眼中，死亡与其说可怕，不如说是一件严肃而庄重的事情。早在先秦时期，中国人已经有了"事死如事生"的观念，即认为人死之后也有灵魂存在，所以要像对待生者那样对待死者，要认真、隆重地为已故者准备身后事。所以，在古人看来，墓葬只不过是逝者在地下活动、休息的场所，也就是阴宅。

基于这样的背景，墓葬的修建自然也受到古人的特别关注，历代王公贵族纷纷不惜成本地为自己操办后事。比如众所周知的秦始皇陵，规模宏大，前后修了几十年，直到秦朝灭亡都没有正式竣工。再比如汉朝皇帝，居然拿出全国收入的三分之一来营建陵墓，里面埋藏的珍宝数不胜数。就连一些普通人家，有时候也冒着破产的风险来修墓。

那么，隋唐时期的墓葬又是什么样的呢？里面有什么奇珍异宝？现在，就让我们来一起"进墓探险"吧！

古墓有哪些结构，分什么等级

考古学家们发掘过的隋唐墓葬很多，其中既有帝王级别的，也有平民的，所以对于整个隋唐时期的墓葬风貌已经有了全面而深入的了解。一般来说，这个时代的墓葬大多是地下洞穴式的。假如我们要进入一座墓，首先会看到有一条长长的斜坡通向幽深的地下，就像滑梯一样，它的学名叫作墓道，是进入墓穴的必经之路。

沿着墓道往下走，会经过一段低矮的地下通道，称为"过道"。与墓道不同，过道有顶，当我们站在墓道里的时候，还能抬头看到天，可是过道就不行了。不过，有时候也会在过道里开挖一些通向地面的通道，称为天井。

墓道和过道的底部都是斜坡，再往前就变成了一段水平的隧道，名为"甬道"，甬道的尽头有砖头修砌或者用石头雕刻而成的墓门，只要再通过这道门，就能进入最神秘的墓室了。

墓室就像人们住的房子一样四四方方，只不过是在地下。隋唐时候的墓室往往像今天的窑洞一样，直接在土中掏挖出"地下室"，高级一些的，还会用砖在里面修砌一番。

考古发掘的唐代墓道和天井

前面说的都是墓葬的地下部分，在墓上还会有一个大土堆，名叫封土，它既能起到保护墓室的作用，也是墓主人身份等级的象征。

大家都知道，古人特别讲究身份等级的差别，墓葬也不例外，处处有差距。比方说，不同的人能用的封土高度就不一样，地位越高，封土越大；再比如说，墓道的长度和天井的数量也不一样，唐朝皇室成员的墓葬可以用6~7个天井，墓道长达几十米，级别再往下，就会依次缩短墓道并减少天井，如果是普通人，那就不用天井了；另外，就连墓室的大小和数量也有差别，高级的可以有前后两个墓室，分别象征日常生活中的客厅跟卧室，级别达不到的，就只能用一个"一居室"凑合一下了。

在所有的唐代墓葬当中，级别最高的当然是帝陵。唐代帝陵有两种形式，一是找一座大山，在山体里直接掏出墓穴来，比如唐太宗的昭陵和唐高宗乾陵；另一种是在平地挖洞修墓，而且在上方修筑高大的封土，比如唐高祖李渊的献陵。不管用哪种方式，帝陵都不仅仅是一座墓而已，完整的帝陵是有陵园的，陵园有围墙、道路、殿舍，还竖立着石碑以及作为仪仗的石人、石马等雕塑。这些东西，普通人自然无法享有。

懿德太子墓结构侧视图

墓葬壁画

唐朝有不少的著名画家，可惜由于时代太久远，大部分的唐代画作都没有保存至今。还好，我们还可以通过另一个渠道来欣赏那时候的绘画，这就是墓葬壁画。

隋唐时期，达官贵人们在修建陵墓时，往往会请能工巧匠、甚至是当时著名的画家在墓道两侧和墓室里绘制壁画。壁画的内容非常丰富，除了有一些象征着神仙世界的仙人、神兽外，大部分是墓主人生前的生活场景，有欢快的乐舞、隆重的出行队伍、美丽的宫女，甚至还有惬意的郊外野餐图。

比方说，陕西潼关一座隋朝墓葬里的壁画，图中的武士们头戴幞头，腰系蹀躞带，左手按着腰刀，右手握着长弓或旗帜，一个个器

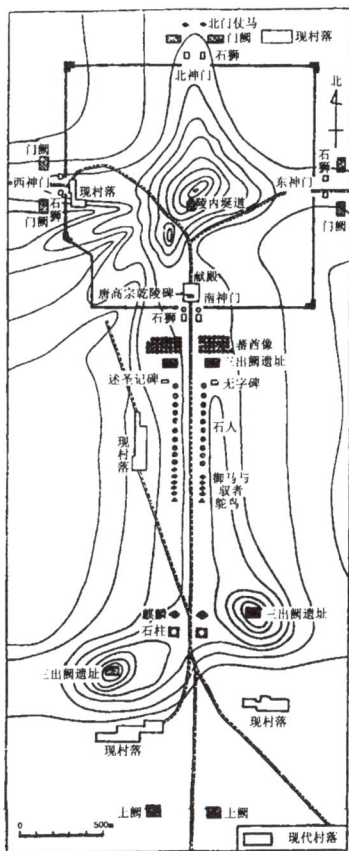

乾陵陵园及石刻

陕西潼关隋墓壁画

陕西礼泉县韦贵妃墓壁画

宇轩昂。他们是墓主人出行的仪仗团。

再比如，出土于陕西礼泉县唐代韦贵妃墓的壁画，画面中有一匹白马和两位胡人驯马师。右边的驯马师正在费力地按下马头，想要给它佩戴马具，但白马显然不太乐意配合，所以，左边的驯马师只能牢牢牵住缰绳，防止它反抗。

从这些作品来看，唐代画师的技巧已经相当高超，画面中的很多线条有一米多长，却能一挥而就，而且颇为传神，正所谓"笔才一二，象已应焉"。他们一定在生活中勤于观察和总结归纳，所以笔下的人物、动物一点也不呆板。

随葬的珍宝

隋唐墓葬里同样很重视随葬品，既然认为侍者有灵魂，那就要给他们准备一些在地下世界吃的用的。为了防止妖魔鬼怪的侵扰，还要放一些能够抵挡邪祟的，所以我们看到的隋唐随葬品五花八门，其中最有意思的莫过于镇墓兽和镇墓天王。

唐代的镇墓兽和天王俑

　　镇墓兽一般有一对儿，一只长着人面，一只长着兽面，分别叫作"祖明"和"地轴"。这哥俩有什么功能呢？主要是放在墓门口，吓唬那些想要进入墓室的妖怪。

　　镇墓天王俑也有一对儿，分别叫作"当圹""当野"，他们是以唐代武士为原型制成的，不过在他们的脚下往往会踩着一只小鬼。唐朝人认为，这种小鬼每隔3000年就想要找人替换自己，为了防止它害人，只好请天王来使劲踩住它。

　　镇墓兽和镇墓武士俑有些是陶质的，有些则是三彩的，高级一些的还要再在表面涂彩、描金，做得惟妙惟肖。毕竟其基本职责是吓唬妖怪，所以它们往往面目狰狞。

　　总之，隋唐时候的人们出于特殊的观念，在墓葬上也非常花心思，虽然在当时消耗了很多的人力物力，不过也给今天的我们留下了丰富的物质遗产。通过这些墓葬、壁画和随葬品，也能从别样的角度来观察那时候人的生活。

第四章 行

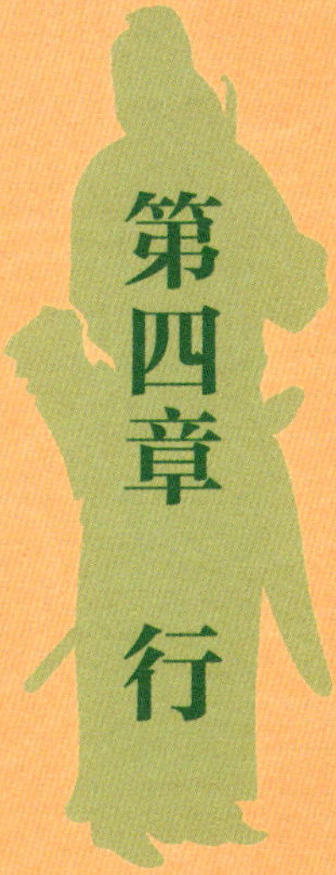

文明的十字路口
——隋唐丝路如何贯通东西

丝路的得名

"丝绸之路"这个词可能会让很多人觉得古老。可是，它并不是我国古人的发明，它的第一次出现是在1877年德国地理学家李希霍芬（Ferdinand von Richthofen）的著作《中国——亲身旅行的成果和以之为根据的研究》中。

虽然这条交通贸易之路用丝绸命名，但沿着它而交流的何止丝绸呢？茶叶、瓷器、马匹、其他奢侈品、香料等应有尽有，还有更重要的是科学技术、佛教文化等非物质文化。我们通常说的丝绸之路包括陆上丝绸之路和海上丝绸之路，其中前者又可细分为偏北的草原丝绸之路和偏南的沙漠丝绸之路。现在我们带领大家参观的就是最重要的沙漠丝绸之路。

丝路的历史

虽然听起来让人难以置信，但早在史前时代，中西方文明已经通过丝绸之路互通有无了。随着时间的推移，中原和西域之间的交流更加密切，例如在河南安阳殷墟遗址发现的商代晚期玉器中，有不少是用产于新疆的和田玉制作的，这是让考古学者们都很惊奇的现象。

汉武帝时期，被誉为"凿空"的张骞通西域（是指他开辟了一条通道的意思）让西北的少数民族政权第一次和中原王国互相认识，也吸引中原人不断探索西域。这件事的历史意义丝毫不亚于2001年中国加入世贸组织。

受到战乱的影响，魏晋南北朝的丝绸之路时断时续。好在北魏统一北方之后，草原丝绸之路相对畅通，所以今天有不少来自中亚、西亚甚至罗马的金币、玻璃器、金银器在中国被发现，比如固原北周李贤墓出土的银壶，腹部居然有一组希腊神话的人物形象，产于遥远的萨珊波斯帝国。

隋朝建立后锐意进取，积极与外国交流。隋炀帝派遣礼部侍郎裴矩前往西域，目的很单纯，就是打通丝绸之路。裴矩不负众望，他往来于敦煌、武威一带，与西域诸国友好往来，积极吸引"外商"们通商做生意，同时还在西域四处考察，写成了《西域图记》，并且附有精美插图。

在这部书中，裴矩记载了当时从敦煌到西海（有人认为西海就是今天的地中海）的重要的三条线路：北道从伊吾（今新疆哈密）、中道从高昌（今新疆吐鲁番市）、南道从鄯善（今吐鲁番鄯善县一带）。

李贤墓出土的外来银壶

假如我们摇身一变，成为隋朝的外交大臣，重走丝绸之路，沿途会经过哪些国家和地区呢？

具体说来，北线从敦煌出发，经过哈密到达新疆巴里坤湖，再到吉尔吉斯斯坦，最终到达当时的拂菻国（即东罗马帝国）君士坦丁堡，位于今天的土耳其伊斯坦布尔。

中线从敦煌出发，经过吐鲁番、焉耆、库车、喀什，到达今天的中国领土西境，在这里，就需要翻越白雪皑皑的"葱岭"（帕米尔高原），进入中亚的费尔干纳盆地。然后，一路西行，经过乌兹别克斯坦、土库曼斯坦等国，到达波斯，也就是今天的伊朗。

南线从敦煌出发，经过新疆和田、叶城、塔什库尔干，到达阿富汗乃至印度北部，著名的楼兰古国就位于这条线路上。

唐代的丝绸之路在总体格局上与隋朝相同，只是又在三条主干线上增辟了一些新的支线，可以自由地从北道到达中道，或从中道抵达南道，使得丝绸之路从相互独立的三条路变成更为便捷的道路网络。

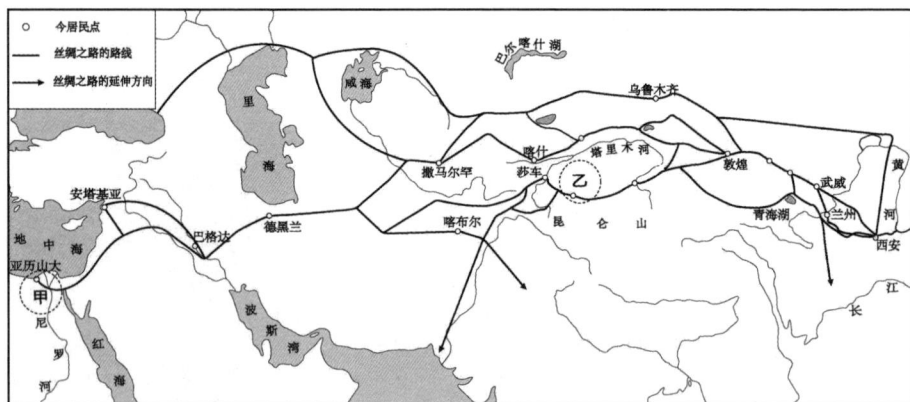

丝绸之路示意图

丝路的管理

大业五年（609）隋炀帝曾经率众西巡（他也是中国历史上唯一西巡如此遥远的皇帝），到达河西走廊。这次旅途并不顺利，穿越山谷时风雪大作，天寒地冻，他的姐姐杨丽华都不幸遇难。之所以如此艰难还要坚持完成西巡，并非只是出于个人的好大喜功，主要还是为了威慑当时的吐谷浑王国，保障丝绸之路的畅通。

在唐朝，政府更加重视丝绸之路，先后设立安西、北庭都护府，总领唐朝在西域的军政，维护丝路和平。下属还有河西四镇，即龟兹、于阗、碎叶、疏勒。当唐朝强盛时，丝路的和平还是很有保障的。

举个例子来看，在唐初时，高昌国不满于大唐亲近焉耆，直接侵略焉耆，明摆着跟唐朝叫板嘛。高昌国王哪里想得到，唐太宗也不是吃素的，直接派遣侯君集率领大军西征，消灭了高昌。为了一点小小的利益而导致国家被灭，高昌国王这笔买卖实在是亏大了。

在具体的操作层面，唐朝还在丝路沿线设置驿站、驿馆，给往来的人员提供食宿和交通工具的便利。此外，为了加强管理，还设置了过所制度，玄奘西行，就是因为没有过所而不得不一路提心吊胆。

在多重努力之下，盛唐时期丝绸之路呈现出一片繁荣景象，史书记载说："是时中国强盛，自安远门西尽唐境万二千里，闾阎相望，桑麻翳野。"安远门是长安城的北门，隋时名为开远门，这里是从长安出发去西域的起点。从这里到西域一万两千多里可以畅行无阻，只要你有身份证和护照。

三彩双峰驼

单峰驼

丝路上的重要伙伴

最后说说丝绸之路的交通工具，想必大家都会联想到骆驼。没错，在隋唐时期，骆驼是路上丝绸之路最重要的交通工具。唐诗"无数铃声遥过碛，应驮白练到安西"，描绘的就是驼队运载丝织品行走在大漠当中的景象。

根据出土的唐代文物可知，当时丝路上的这些沙漠之舟，既有常见的双峰驼，也有罕见的单峰驼。下面这件就是三彩双峰驼，出土于西安南郊的一座唐墓，它跪坐在地休息，抬头长嘶，似乎在缓解旅途疲劳，在骆驼背上有专门用来固定货物的驮架，可以看到有拧成麻花状的蓝色丝织物，还有大大的背囊，在背囊后面有一把异域风情浓厚的白色胡瓶。

还有一件是单峰驼，出土于咸阳契苾明的墓。它抬头迎颈，张着嘴仿佛在嘶鸣，唯一的驼峰微微隆起。要知道，当年只有阿拉伯使者来大唐时才带来了极少的几头单峰驼，十分珍稀。

隋唐丝绸之路的繁荣，既有军队、商人、驿站工作人员的共同维护，也离不开唐太宗的高瞻远瞩——他曾说过："自古皆贵中华，贱夷、狄，朕独爱之如一，故其种落皆依朕如父母。"孩子们串串门，多走动来往，感情和睦正是父母所期盼的吧。

条条大路通长安
——隋唐都城的交通路线

西方有一句谚语叫"条条大路通罗马"。为什么大家都想去罗马呢？因为当时罗马城就是整个欧洲的核心。罗马皇帝很重视道路建设，修建了以罗马城为中心的诸多大路，一直通向帝国的各个行省，有些路甚至在今天还能正常使用。隋唐时期，我国其实也有类似的情况。由于长安城是当之无愧的全国乃至世界中心，因此唐朝人也修建了从长安城向外辐射的错综复杂的道路网络，从而便于全国各地以及外国人来长安，要说"条条大路通长安"，是一点儿也不过分的。

长安十二关与十二大道

从地形上来看，长安城所处的环境是一个盆地，四面环山，在古代有一个专门的名称——关中。这个词由来已久，早在先秦时期，在它的东南西北四个方向上已经各有一处重要的关隘了，刚好都在地势险要的交通要道上，像四位天神一般把这里牢牢地保护起来，因此而得名。战国时，东方的国家经常联合起来攻打秦国，可是秦国的核心区域正在关中，只需要好好守住关隘，入侵之敌就一步也进不来，只能望关兴叹。

隋唐时，长安的重要性更加突出，周围的关隘早已不限于过去的四个，而是发展成了十二个，分别是：蓝田关、潼关、蒲津关、散关、大震关、陇山关、子午关、骆谷关、库谷关、龙门关、会宁关。以上的十二座关分别位于十二条大道上——这就是长安城周围道路网络的十二条主干线。其中最有名的有以下三条：

蓝田关道与韩愈的凄怆

在长安十二关里，蓝田关排名首位。蓝田位于长安的东南，当地多山多石，以产出美玉而著称，唐代诗人李商隐曾经写下"沧海月明珠有泪，蓝田日暖玉生烟"来称赞。当然，蓝田的重要性绝不限于产玉。古代如果想从长安出发去东南或者南方地区，一定会走蓝田关。当然反过来也是一样的，比如秦末时刘邦率军从东方进攻秦，也是偷偷越过蓝田的关隘而进入到关中腹地，一举攻下了秦的都城咸阳，迫使秦王子婴投降。

唐朝皇帝很重视蓝田，在这里重新开辟道路、修筑关隘，并设置了驿站。不过，毕竟蓝田的地形环境实在有些复杂，在崇山峻岭之间没法开凿很宽的道路，所以这条路有时候会不太好走。

元和十四年（819），韩愈因为上书反对唐宪宗铺张浪费迎接佛骨舍利，导致龙颜大怒，被贬谪到潮州（即广东潮州），而且当天就得走。想要去潮州，他同样得途经蓝田而南下。可是当时正值隆冬季节，大雪连天，以至于蓝田关的道路都被堵塞了。凄惶无比的韩愈在此写下了"云横秦岭家何在，雪拥蓝关马不前"的千古名句。

潼关道与盛唐的转折

潼关位于关中最东头，可以说是长安的东大门，如果要从长安出发去东部地区，比如洛阳、开封，那么走潼关是最为便捷的。

假如某位唐朝的旅行者要去洛阳城，他一般会从长安城的东门春明门出发，走着走着就到了——灞桥。灞桥位于灞河之上，两岸生长着许多柳树。古人远行，亲友送到这里往往会折下柳枝送给他，表达依依惜别的情谊，"折柳送别"也就成了一个典故。带上柳枝继续一路前进，就能走到潼关了。这里背靠黄土高坡，下临滚滚黄河，地势十分险要。从三国时代开始，潼关就是兵家必争之地。在唐代的潼关道上，最窄的地方只能一次通行一辆车。所以从军事角度来看，潼关易守难攻，假如敌人从东方进攻，那么守住潼关就不用担心长安的安全了。

可是，唐玄宗就偏不这么干。天宝十五年（756），安禄山的叛军进攻关中，被忠于大唐的哥舒翰抵挡在潼关，半年时间过去了都寸步难进。原本只需要继续防守，用不了多久叛军就会军心涣散，很容易击败。可是，年老昏聩的唐玄宗却误听了宰相杨国忠的错误建议，不断催促哥舒翰离开潼关主动进攻叛军。哥舒翰没有办法，大哭听命。果然，唐军主动出击后被叛军打得一败涂地，想要撤回潼关，又因为人多路窄而拥挤踩踏，很多将士们不幸坠入黄河的波涛之中。而叛军趁机乘胜追击，拿下潼关并俘虏了哥舒翰。从这里再到长安，那可就是一马平川毫无阻碍了。唐玄宗只能匆忙逃亡四川，长安就此陷落，曾经辉煌无比的盛唐也从此衰落。

子午关道与蜀道难

子午关位于长安以南的秦岭山中，与长安刚好南北相对。古代以子为北、午为南，因此而得名。我们今天把连接地球南北两极的经线称为子午线，也是这么来的。

当时在秦岭山中有不少能够穿越的道路，子午关道是其中常用的一条。如果从长安出发一路向南，经过崇山峻岭的子午关就可以抵达陕西南部的汉中盆地，然后还可进一步到达著名的天府之国四川以及被誉为锦官城的成都。所以，子午关道被视为蜀道的一部分。

大家一定读过李白的《蜀道难》吧，"蜀道之难，难于上青天"，蜀道最突出的特点就是险。其实李白也写过子午关道——"早行子午关，却登山路远。拂琴听霜猿，灭烛乃星饭。人烟无明异，鸟道绝往返。攀崖倒青天，下视白日晚。"从这些文字中，我们也能感受到子午关道之险。因为这里多悬崖峭壁，有的地段还设了栈道，所以真正走起来也是相当艰难的。

长安城周围的天然山川和诸多的关隘，是长安重要的"保护层"，但是从另一个角度来看，也造成了一定的闭塞。不过，大唐终究是大唐，有着自己的胸襟气魄，通过建设这些道路，把长安重新和外界联系了起来。这些道路不仅有利于人们的出行，也促进了文化、经济的交流。史书记载，在唐长安城的西门开远门外曾经立着一块碑，碑文是"西极道九千九百里"，是说从长安到西域的道路里程，不过九千九百里而已。没想到吧？唐朝人就是用这样的尺子来丈量世界的。

出门靠哪走？ 几点出门几点回？
——且看五花八门的唐代交规

古人出门，最隆重的莫过于帝王了。史书记载，"隋大业三年（607），炀帝北巡耀武，发河北十余郡丁男凿太行山。达于并州，以通驰道。"普通人出行没有路，只能绕路。"基建狂魔"隋炀帝不一样，人家直接现修。在发动河北十多个郡的男子们拼死拼活凿通太行山，给自己修出了一条直达山西太原的"高速公路"后，隋炀帝还是不满足。终其一朝，确实没少干举全国之力修路、挖河、筑长城之类的事，像那种"长三千里，广百步"的公路，在隋朝并不少见。有了这样的基础，再加上后期的发展修缮，我们可想而知唐代的道路系统有多发达。

通过对唐代的驿站数量和间距进行计算，可以知道当时的"高速路"总长度至少有7万里。而当考古学家们在隋唐长安城及洛阳城开展发掘时，发现像长安朱雀大街这种主干道居然有150多米宽，其余的道路也有35～65米、20多米、15米等各种各样的规格。路虽然又长又宽，但唐代的行人数量多，且来往频繁，所以城市道路上仍然经常发生拥堵。在这样的社会背景下，大唐诞生了中国最早的交通法——《仪制令》。那么，当时具体都有哪些交规呢？出了事故又会如何处理呢？

来左去右，避免拥堵

早在先秦时，《礼记·王制》中就有规定："道路，男子由右，妇人由左，车从中央。"意思是男子靠右边走，女子靠左边走，至于车马就从中间通过。看上去男女异路、人车分离，挺有规矩的。但当男女行进方向相对的时候，一个靠自己右侧，一个靠自

陕西礼泉阿史那忠墓壁画　《牛车图》

己左侧，不就正好面对面撞上了吗？可见这套规定只是为了从礼法上明确男女有别，并没什么交通上的现实意义。

到了唐朝，国家富裕强盛，不但本地人口众多，外来人口也不少。路上有车、有马、有驴子，有轿、有人、有牲口，而且不论出城入城，都需要携带各种证件供士兵检查。这时候如果随性乱走就很容易造成拥堵。试想在重要的城门道路上，一堵就是几千人，毫无秩序，从早排到晚可能还没过关入城，那该是多么糟心的事啊！因此，唐太宗时期特别颁布法令，规定以从内向外看的方向为准，出入宫门和城门必须"入由左，出由右"。这个规则既便于身份检查，也节约了所有人的时间，对后世影响深远。

不过，这个规则对皇帝并不适用，因为人家有自己的"专用道"和"专用门"。这些交规从现代考古发掘的唐代城门遗址中可以得到验证。比如长安城一共有9个城门，正门明德门有5个门道，其他的都是3个门道。在这些门道中，正中间的是皇帝专属，所以使用痕迹很少，而两端的门道都是有大量车辙的，说明是老百姓们日常行走的通道。

立法禁止闹市超速

在唐朝交规中，不但有出行规范，还有关于交通事故处理的规定。1973年，新疆阿斯塔纳古墓群中出土了一件记载唐代交通肇事罪的卷宗。通过解读，考古学家发现这场交通事故是这么回事儿：

公元762年，唐代宗李豫刚刚即位。在西域重要的交通枢纽高昌城发生了一起严重的交通事故。正值六月酷暑，一对年方八岁的男女儿童在商店门口玩耍，突然被失控的牛车撞成重伤。伤心又愤怒的父亲将肇事者告上官府，其中一位父亲写的状词如下："金儿（即小男孩）八岁，在张游鹤（店主人）店门前坐，乃被行客靳嗔奴家生活人（即肇事者）将车碾损，腰已下骨并碎破，今见困重，恐性命不存，请处分。谨牒。元年建未月日，百姓史拂（即金儿的父亲）牒。"从中可以看出，孩子腰部以下全部骨折，生命垂危，肇事者当然要负法律责任。

负责侦办本案的法官名叫"舒"，找来肇事者一问才知，他是30岁的大唐籍男子康失芬，平日靠在外地客商靳嗔奴的家里做长工。这次事故是因为康失芬明知自己驾驶技术不过关却借来牛车使用，结果牛在闹市奔跑时没控制住，以至于酿成大祸。唯一值得庆幸的是肇事者康失芬没有逃逸，认罪态度良好。他表示希望先申请保外，给孩子们请医生治疗，如果实在没能救回来再认罪服法，即"情愿保辜，将医药看待。如不差身死，请求准法科断"。舒同意了康失芬的方案，先释放康失芬和他的老板靳嗔奴，让他们去"保辜"五十天（将犯罪者保留罪名、允许他先去医治伤者），但不许离开高昌。

看来，这是一场因为车辆失控而导致的交通事故。唐朝律法明确规定："诸于城内街巷及人众中，无故走车马者笞五十，以故杀人者减斗杀伤一等。"就是说在闹市人多的地方，如果骑马或驾车太快，就要接受十分严厉的惩处。康失芬的这种情况哪怕侥幸没发生事故，也会被打五十大板，要是真的致人死亡，等待他的就是仅次于死刑的流放三千里，此外还要对受害者家属进行赔偿。

通过这个一千多年前的车祸案例，我们可以看到的唐朝在处理交通案件时是严格认真的，相关法律也很完备。

晨钟暮鼓——长安十二时辰不能随便活动

古人将每天24个小时划分为12个时辰。看过《长安十二时辰》的人可以从中感受长安城的管理状态。如果我们当时在唐长安城里生活，其实是不能随时外出的，因为夜晚会有宵禁，只能在家待着。平时出门和回家都得在规定的时间范围内才行。据《唐六典》记载，宫城"五更一点出开门"（现在的凌晨3点24分）；"日入前五刻出闭门"（下午5点48分）；京城城门开闭就更早一点了，"四更一点"（凌晨1点40分）开，"日入前十四刻"（下午3点38分24秒）关。不过这个时间也会常随着季节、天气或者政治形势的变化而有调整。

唐朝的一天是从晨鼓开始、从暮鼓结束的。早上鼓声一响，各城门以及坊门就会统一打开，不论是官员进宫上朝，商户做生意，还是百姓外出，都是这时候才能出门。到了晚上，鼓声一响，各种大门关闭，大家必须各回各家闭门不出，否则就会被巡夜的官兵抓起来。这种掌管大唐人生活节奏的鼓还有一个萌萌的名字——"鼟鼟鼓"。

其实，以上所有的交通政策法规都和一个人有关，他就是马周。马周是唐太宗非常看重和欣赏的一位重臣。他幼年时虽然家境贫寒且是孤儿，但凭着自己的努力和才智居然走到了宰相职位，并且充分发挥了自己的聪明才干。可以说，大唐与马周是彼此成就的关系，从唐朝的交通法律中就可见一斑。电视剧《贞观之治》中也特别讲述了马周设计交通法规的故事。

出门旅行难不难？
让"过所"告诉你

对于大多数现代人而言，护照、签证、身份证加飞机、轮船、高铁、汽车的各种组合，让一场说走就走的旅行变得不是什么难事。

不过千年之前的唐朝人就没有我们这样的好运了，他们出趟远门真是不容易，更不可能像有些没谱的影视剧编的那样潇潇洒洒。当时人们哪怕只是离开居住地去隔壁县市串个门，都需要复杂的手续。1959年，在新疆吐鲁番阿斯塔那古墓群中出土了一件属于唐代商人石染典的身份证明及通行证，充分体现出了唐朝政府对人口流动管理之严格，这就是著名的文物——《石染典过所》。

过所及获得指南

出门在外，不论古人今人，总得有个身份证明。早在先秦时期，官府便要求百姓出入关津时必须出示身份证明，便于查验时回答人生终极三大问——你是谁？从哪来？到哪去？

那时候流通的此类证明包括传、符、缮、过所等。它们有竹木做的，有金属做的，还有丝织品制成的，统称为通关文书。到了汉代末年，"过所"一词已经专指通关文书了，而在之后的魏晋时代，"过所"开始一枝独秀，出现在国家律令的记载里。

到了唐代，"过所"已经是普通百姓们离不开的东西了，《唐六典》记载："凡行人车马出入往来，必据过所以勘之。"也就是说，不管你是探访亲友、经营买卖，还是求医问药、旅游科考，只要出了自己家乡，就得随身携带这个集身份证、护照和签证于一体的东西，否则等待你的将是大唐法律的制裁。

那么问题来了，过所这么重要，怎么样才能搞到呢？

唐朝时，长安居民的过所由尚书省刑部负责颁发，地方上则由州府户曹司（类似现在的派出所户政科）负责颁发。假设现有某州某县王小二想要外出，他应该怎么做呢？

第一步，向本县提交书面申请，告知政府"我要出门啦"。

第二步，给自己找个担保人，担保自己是个正经在编居民，这趟出门合情合理，携带的马匹、仆从等都是合法所有，绝对没有拐带人口或者偷窃牲畜，最重要的是承诺自己会按时返回。

第三步，向居委会负责人"里正"说明自己出门的目的，以及自己出门在外时原本承担的官府的活由谁代劳。

第四步，由县衙门核实询问再呈交州府审批。

另外要注意，"过所"和今天的身份证一样，是有有效期的。如果超过了期限，就得拿着旧过所去当地州府补开各种证明，延长有效期。总而言之，出一趟门是真的不容易啊！

集齐以上所有手续，运气好的话，王小二可以收到州府发出的过所正本（一式两份，副本由政府留存，用于比对留档复查）

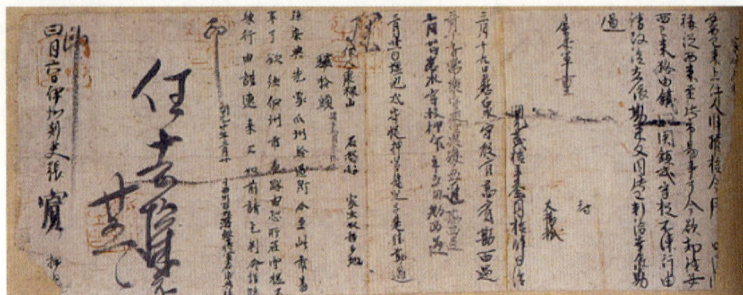

石染典过所

了，上面将注明：出行人姓名、年龄、籍贯、身份，外出原因，目的地，沿途所经过的关津名称；随行人员，仆人个人信息；行李明细；所骑驴马的性别、年龄和数量；签发日期和审批人签字等。

说到这儿，以《石染典过所》为例来看，这张过所由三张纸粘接而成，有部分残缺，但内容还算清楚。从过所上的二十四行文字里可以看出，这是安西商人石染典主仆三人带着驴十头、凭借着安西都护府颁发的过所：他从安西到瓜州经商，为返回安西又请求瓜州都督府发给回去的过所。他们中途经过了铁门关，还在悬泉、常乐、苦水、盐池等地被守卫查验过，留下了印记。

无证西行的玄奘

唐朝初年，边关局势未稳，唐王朝与吐蕃和北方突厥部落常有冲突，边境自然是被国家牢牢控制的，不允许百姓随意走动。可这时，虔诚的玄奘法师已许下宏愿，决心前往西方佛教发源之地取经。于是他向朝廷申请过所，不出意外地被拒绝了。然而，朝廷的"禁边令"也拦不住一心向佛的玄奘法师，他决定无证西行。

玄奘法师从都城长安出发，前往秦州（今甘肃东部），经兰州到达了凉州，很快被人举报说"有僧人从长安来，欲向西国，不知何意"。凉州都督李大亮派人找来玄奘，勒令他即刻调头。玄奘不为所动，昼伏夜出，继续向西前往位于河西走廊西端的瓜州。

要知道，那时候如果想要偷渡出境几乎是个不可能的任务，因为出境除了需要渡过西北大河布隆吉河，还需要顺利闯过玉门关。这就结束了吗？不不不，过关之后还有五个以烽火台为站点的边防要塞，守卫将士们日夜巡逻，而且烽火台各自相距一百多里，中途没有水源。就算侥幸连过五烽，没有饿死、渴死、累死或者被守卫发现杀掉，迎来的也绝非胜利曙光，而是又一个令人绝望的八百里沙漠。

我们无法想象玄奘法师是怀着怎样的坚定和无畏坚持了下来，步行13800余里走到了天竺。好在等他返回大唐之时，已是盛唐时期，关防放开，而唐太宗感于玄奘法师的壮举，赦免了他偷渡之罪，使其载誉而归。

偷渡出海的鉴真

我国不仅有历经九九八十一难西天取经的唐三藏，还有六度出海弘法日本的鉴真法师。盛唐时期，各国留学生和留学僧纷纷来到大唐学习，其中便有两位来自日本的僧人荣睿和普照。他们非常敬仰鉴真，因日本"虽有其法，而无传法人"，所以极力邀请鉴真法师前往日本传法，此时的鉴真已经五十多岁了。

玄奘走陆路通西域需要过所，鉴真走水路出国门同样需要。巧合的是，两位僧人不但在向佛的信念上十分相似，就连倒霉的运气也差不多，鉴真和他弟子同样没能搞到过所。这怎么办呢？只能跟

日本奈良唐招提寺的鉴真坐像

玄奘一样，偷渡吧。

说起来，鉴真也真是"点儿背"了，他的偷渡之旅充满意外。第一次，鉴真被人诬告勾结海盗，被抓了起来；第二次船只触礁沉没，鉴真一行爬上荒岛几乎饿死，好不容易才被渔民救回；第三次百姓们状告日本僧人诱骗高僧鉴真偷渡，导致荣睿被捕入狱几乎死掉；第四次福建"警方"抓获了鉴真及其弟子，将他们遣送回扬州；第五次，作为向导的荣睿染病圆寂，鉴真的大弟子坐化，而他本人也双目失明，但是这次依然以失败告终，只飘到了海南岛；第六次，六十六岁的老僧鉴真终于抵达了日本，这时距离出海已经过去十二年了。瞧瞧，就因为没有过所，鉴真出国遭了多少罪！

偷越国境放在历朝历代都是有罪的，唐代对违法出关的行为设有严厉的刑罚。根据《唐律疏议·卫禁律》的规定，没有过所而私自混出关的有罪，绕过关津自己偷偷越境的罪加一等，伪造过所有罪，行人所走路线和过所登记不符合的也有罪……

看来，过所虽小，却事关重大。透过这些古代的过所，我们可以窥知古代管理制度之严密。不过对于那些身在异国他乡的古人来说，一封封过所之上凝聚的又何尝不是跟故土的关联？"走马西来欲到天，辞家见月两回圆"，身处异域大漠的行者，看到过所上题写的大唐和写定的归期，想必也会加紧步伐吧。

海舶来天方
——唐代宝船驶往何地

大家一定在海盗题材的小说、电影中看到过不少有关海底沉船和珍宝的故事，那些探险家们一边躲避着鲨鱼，一边在幽暗的海底探寻着成箱的金银珠宝，惊险又刺激。欣赏之余，我们不禁会想，海底真的存在这么多的宝贝吗？其实，这并不是纯粹的艺术虚构，现实中真有这样的事。

黑石号沉船的宝藏

1998年，德国一家打捞公司在印度尼西亚的勿里洞岛海域发现了一艘海底古船，由于当地有一片黑色的大礁石，因此这艘船被命名为"黑石号"。从船体的外形看，这是一艘阿拉伯式的三桅帆船。潜水员从黑石号沉船上打捞上来六万多件文物！其中有金银器皿、银锭、铜器、钱币等，宝物一点儿也不比电影里的海底探宝少。

不过数量最多的还是各式瓷器，而且都是中国的产品。考古学家判断，它们来自中国的长沙窑、邢窑、越窑等多个窑口，种类主要是碗、罐、壶、盘等日用品，还有非常珍贵的"唐青花"产品，是目前所知的最早的青花瓷。在一件瓷碗上刻着"宝历二年七月十六日"的文字。宝历二年即公元826年，正值唐敬宗在位期间。也就是说，这艘唐代的阿拉伯船曾经运载着丰富的瓷器扬帆远航，却不幸沉没在了勿里洞岛海域的大黑石附近。

为何一艘外国船会满载中国瓷器呢？这就要说到著名的海上丝绸之路了。隋唐时期的丝绸之路除了从陆路走外，还有一条重要的海上路线。

"海上丝绸"的源头

出海航行，听上去很难，似乎是科技发展到一定程度才能做到的。不过考古资料表明，我国的先民们在史前时代就已经掌握了造船技术，并且能够驾船玩近海航行了。秦始皇在位时期，徐福曾经率领船队出海，寻找海外仙山和长生不老之药，据说最后到达了日本。

汉朝建立以后，不仅有张骞从陆上通西域，也有许多沿着海路开展的中外贸易。商人们一般从广东、广西的港口出发，携带黄金和丝织品沿着中南半岛的海岸线航行，到达今天的印度、泰国、马来西亚等国，最远能够抵达斯里兰卡。来而不往非礼也，看到汉帝国这么富庶、开化，许多海外国家也积极和汉朝通航。例如在东汉桓帝延熹九年（166），大秦国王安敦派遣使者携带象牙、犀牛角、玳瑁等宝贝来到中国，拜会汉朝皇帝。这位大秦王安敦，应当就是古罗马皇帝马可·安东尼。跟随使者们同来的自然也有古罗马的商人。

这些史书记载同样得到了考古材料的印证。在广东、广西的汉代墓葬里经常发现产于古罗马、古印度等地的玻璃器，跟中国本地生产的在样式、风格上都有明显差异，是典型的通过海路运输到中国的舶来品。

隋唐"海上丝绸"的繁盛

隋唐时期，政府同样很重视对海上丝绸之路的维护。隋王朝统一之后，积极开辟海路外交。史书记载，大业三年（607），隋炀帝派官员造访"赤土国"，建立外交关系。第二年，赤土国也派人来到大隋，贡献金芙蓉冠、龙脑香等名贵特产。今天的学者们考证后认为这个赤土国在马来半岛，当地土壤颜色发红，因此得名。

唐朝建立后，海上丝绸之路更加繁荣。从广州出发，可以一路经过越南、马来西亚、苏门答腊岛、马六甲海峡、斯里兰卡、印度等地，到达波斯湾，从这里还可以进一步航行到阿拉伯帝国的中心巴格达。这是当时世界上最长的海上航线！唐代地理学家贾耽在《皇华四达记》一书中详细记载了这条航线，将其称为"广州通海夷道"。除此之外，唐朝人驾船出海还可以到达东边的朝鲜半岛和日本。

唐朝时最繁荣的港口就是广州。在唐玄宗天宝年间的广州港口，有大量的婆罗门、波斯、昆仑等海外国家的船舶，运载着堆积如山的香料和其他珍宝。除了黄种人，还有许多的白人、黑人活动贸易，他们语言不通、信仰各异，但因贸易聚集，使得广州异常繁荣，跟现代的国际化大都市差不多了。由于外国商人实在太多，为了便于管理，唐高宗专门在广州设置了主管海路邦交外贸的部门——市舶使，他们不仅负责向"外商"收取贸易税，还会保障外商们的权益，维护市场秩序。

唐朝中后期，受到安史之乱的影响，国力衰退，陆上丝路时不时就被吐蕃等国家所阻断，已经没办法保证畅通了。可是，人们对"进口货"的热情并未降低。虽然大唐物产是非常丰富的，但是面对本土不产的东西时就无能为力了。所以，海上丝绸之路就更能派上用场。通过海丝输入的产品主要是香料、象牙以及其他的珍奇贵重的小玩意，而输出的则是中国最擅长的陶瓷器、丝绸。"黑石号"沉船正是这样的一艘贸易船。

海上丝绸之路的其他用途

除了用于贸易，海上丝绸之路也有其他的重要用途，比如我们在其他章节提到的遣唐使、留学生、留学僧们，就是乘船往来于本国和大唐的。我们都知道玄奘西行取经走的是陆上丝绸之路，而很少有人知道，唐朝还有一位走海路西行求法的和尚。他法名义净，很仰慕玄奘的壮举，在唐高宗咸亨二年（671）从广州乘船出发，一直航行到了天竺国，在玄奘待过的著名寺院那烂陀寺学习了十一年，到了武则天时期才重新从海路返回中国，带回了大量的佛经。义净堪称"海上玄奘"。

另外，海丝也有一定的军事价值。在陕西省泾阳县曾经发现了一座唐代石碑，名为《杨良瑶神道碑》，是原本竖立在杨良瑶墓葬前方的石碑。碑文内容显示，唐德宗贞元元年（785），杨良瑶曾经奉命从广州出海，出使黑衣大食，就是当时的阿拉伯帝国，也被称为"天方"。海上风浪很大，杨良瑶剪下头发祭祀海神，不断激励大家，终于成功抵达黑衣大食。

大唐和天方相隔十万八千里，原本很少有直接的来往。唐德宗为何要派遣杨良瑶去联络黑衣大食呢？这是因为那会儿唐朝和吐蕃的关系很紧张，而黑衣大食也在和吐蕃打仗，因此唐朝需要得到黑衣大食的帮助，共同对付吐蕃。

杨良瑶神道碑

在历史上，唐代的海上丝绸之路不但帮助中国提升了财政收入，更促进了沿线所有国家和地区的发展，最重要的是使中国始终与世界各国保持交流，为明代郑和开创航海新时代打下了坚实的基础。从这些意义上讲，海上丝绸之路的功劳一点也不比陆上丝绸之路低。

诗人岑参的账单
和唐代官方"快递"关系

古墓中的大诗人账单

在新疆吐鲁番市的郊区，有一大片从古代高昌国延续到唐代的墓地，被称为阿斯塔纳古墓群。新中国成立后，考古学家曾经在这里开展发掘。在编号为506的唐墓中出土一具用纸糊成的棺材。因为当地气候干燥，所以这些唐代的纸才能完好地保存下来。仔细一看，纸棺上还有密密麻麻的字。就像今天的废物利用一样，唐代人也挺环保，把用过的废纸收集起来重新利用，这不，就有人突发奇想，用纸糊了口棺材。

考虑到这些纸上的文字可能更具历史价值，所以考古学家决定"忍痛割爱"，小心翼翼地将纸棺重新拆开，然后辨认上面的文字。

果不其然，这些纸有很多都是过去的账本档案，其中一张写着"岑判官马柒匹共食青麦三豆（斗）伍胜（升）付健儿陈金"。翻译一下就是：姓岑的判官带人来到这里，有七匹马，一共吃了青麦三斗五升，把钱付给了陈金。

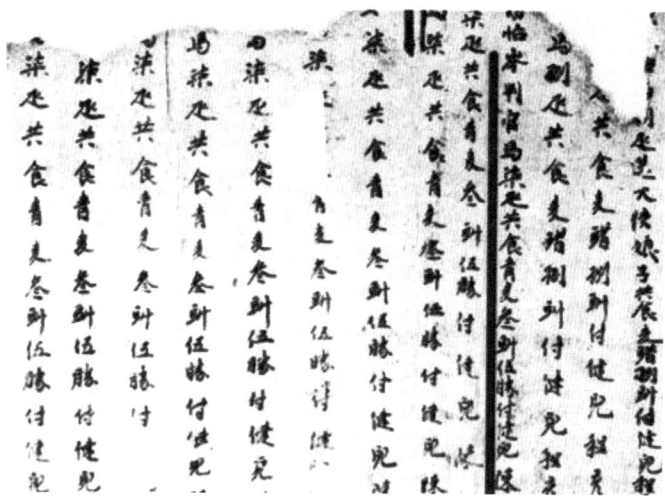

岑参马料账单

判官是唐代的一种官职。岑不是常见的姓氏，结合这座墓的年代以及史书记载的在西域做过判官的唐人，专家们断定，这位岑判官正是著名的边塞诗人——岑参！

岑参并不是全职诗人，他有官职，需要经常在西域奔波，处理军中事务，这张账单正是他经过一家驿站时留下的。驿站会给途经的官员提供住宿、饮食等服务，然后做一个详细的开支清单。也多亏当时某位不知名的"会计"认真负责，把岑判官的这笔支出记录下来，这才让我们在今天还能见到跟岑参直接相关的珍贵文物。

看到这儿，我们也会难免对一千多年前的隋唐驿站产生好奇心——当时的驿站是什么样子？为什么岑参这样的"公务员"也要自己支付马料钱呢？

隋唐驿站的设置和管理

在没有电话和网络的古代，最快的信息传递方式就是靠跑——在陆地上，可以骑马跑；在水里，可以乘坐快船；在一些地形复杂的地方，可能还得靠两条腿来跑。可是，再厉害的人、再快的马，跑不了半天也会人困马乏。那么，为了保证信息的迅捷，人们自然而然地想到能不能在半路上提前设置一些休息站呢？这样可以让人休息休息，马也可以换换。

就这样，驿站逐渐诞生了。从秦汉时候起，我国的驿站就比较成熟了。在甘肃嘉峪关一座魏晋墓出土的砖上绘制着一幅《驿使图》，图中的邮差正在骑着快马赶路——这幅图后来被印在中国邮政发行的纪念邮票和储蓄绿卡上，悄然成为中国邮政的"形象大使"。

隋唐都是统一的大帝国，幅员辽阔，人口众多，对驿站的重视程度同样非常高，这一时期的驿站水平也远远超过了前代。根据史书记载，唐朝在交通干线上每三十里就要设置一个驿站，如果是一些地势险要的地方，不到三十里就得设驿。在唐玄宗时期，全国的驿站已经达到了一千六百多所。

驿使图

在管理方面，唐朝的驿站隶属于六部当中的兵部下边的驾部司总管，具体的业务管理则由各地的州县来负责。在每一个驿站里，最高长官是驿长，管着若干名驿夫。一个驿站里一般会根据级别的不同养几匹到几十匹马。这些马最初是国家配给的，若有死亡，则由驿长赔偿。是不是够倒霉的？所以当时能够有资格当驿长的，都是各地的有钱人。

据统计，唐朝的时候，全国负责驿站事务的大小领导和员工，总数在两万人左右，而驿路的总里程有五万里之多！这里边既有设在陆路上的，也有设在水路上的。

驿站的职能

那么，驿站的业务范围都有哪些呢？

最重要的，当然是递送军情了。对于一个国家来说，安全总是第一位的。《孙子兵法》提出"兵贵神速"，我们可以想象，当边塞出现了紧急军情时，头等大事就是赶紧想办法汇报给朝廷，好让皇帝和百官们及时做出反应，要么抵抗要么谈和，总要有人拿个主意对不对？这就是大家在电视剧中经常能看到所谓的"八百里加急"。隋唐时跟这个差不多，送信的使者到了驿站，可以更换马匹，同时吃顿饭，然后继续赶路。为了保证速度，唐朝法律特地规定，到了驿站不换马还不行，会被责打八十大棍呢。

其次，官员上任或者有事中途回家也会用到驿站。这些事毕竟也算公务，有时候上任的地方远在天涯海角，通过驿站给他们一些帮助，是比较人性化的。

另外，外地的考生进京参加科举离不开驿站。毕竟，隋唐时期还是秉持着"学而优则仕"的基本原则，今天的考生可能就是未来的国之栋梁，所以也要通过驿站在"高考"路上提供食宿方便，从而更好地为国家选拔人才。

最后，地方给朝廷送贺表或者礼物时，驿站也能发挥作用。每当国家有什么喜事儿的时候，地方政府就要给朝廷写一些祝贺的词，即贺表。贺表当然需要尽快送到，否则的话事儿都过去几个月了，你的贺表才到，那还有什么意义呢？

关于送礼物，大家一定都听过"一骑红尘妃子笑，无人知是荔枝来"的诗句。荔枝原产于岭南，远在长安的杨贵妃却很喜欢吃。可是荔枝这种水果很容易变质。为了哄杨贵妃开心，唐玄宗不惜动用驿站来"送快递"。

回到一开始的问题，既然驿站属于"国家单位"，为什么作为官员的岑参还要付钱？其实啊，唐朝法律在这方面也规定的很细致。如果是有明确公务的使臣、使者经过驿站，那么驿站就要给他们提供食宿、马匹以及草料，这是不需要额外付钱的。除此之外，其他的官员如果没有公务也可以在驿站休息，但就不能享受"公务餐"和免费的马料了。由此看来，岑参那次很可能是因为私事途经驿站，所以很自觉地付了账。

岑参在出发前往西域时曾经写道："一驿过一驿，驿骑如星流。平明发咸阳，暮及陇山头。"清晨从咸阳出发，傍晚就到了陕西和甘肃之间的陇山，这个速度还是相当快的，之所以如此，自然离不开一个个驿站的帮助了。驿站是维系整个国家正常运转的重要信息通道。因为有了驿站的保障，远在万里之外的唐人们也能有机会跟家中保持联系，这不能不说是一个奇迹。

唐代的"劳斯莱斯"和"爱马士"配件
——骏马和马具

在美国宾夕法尼亚大学的考古与人类学博物馆中有两件很特别的藏品：两匹刻在石头上的骏马，其中一马的前方还站立着携带弓箭的威风凛凛的武士。两匹马都装配了马具，仔细看去，甚至还能看到它们身上插着几根羽箭——显然，它们都是战马。这两匹战马还有专门的名字，分别是飒露紫和拳毛䯄（guā）。它们的故乡本不在美国，而是在中国的陕西省礼泉县。

昭陵六骏之飒露紫、拳毛䯄

　　埋葬着唐太宗李世民和长孙皇后的唐昭陵正坐落在陕西礼泉县的九嵕（zōng）山上。李世民戎马一生，对那些曾经伴随自己征战沙场的马儿们有很深的感情。所以特地让人把其中最重要的六匹以浅浮雕的形式雕刻在大石板上，然后矗立在昭陵旁边，让它们在另一个世界陪伴自己，这就是著名的"昭陵六骏"。

　　既然如此，飒露紫和拳毛䯄怎么又出现在美国呢？实际上，千百年来六骏石刻一直陪伴着唐太宗的陵寝，直到20世纪初被不法的文物贩子盯上了。那些强盗为了将六骏盗走，不惜砸碎石刻装箱搬运，幸亏被中国人民发现，才抢救下来4件，而飒露紫和拳毛䯄还是不幸被倒卖到了美国。

雄俊唐马从何而来

　　大唐建国，离不开骑兵的征战。史书记载，李世民本人就精通骑射，经常亲自骑马冲锋陷阵，锐不可当。他手下有一支称为"玄甲军"的骑兵队伍，虽然人物只有数千，战斗力却是极为强悍的，常常能够扭转战场局势，属于李家父子手中的特种部队。当然，这些骑兵之所以能够屡立战功，至少有一半功劳都应归给他们的坐骑。

　　除了昭陵六骏，我们在许多唐代文物中都能看到骏马的形象，最典型的莫过于唐三彩。这些马大多体态雄健，头部短小干练，四肢长而有力，一看就是擅长奔跑、跳跃的良马，跟唐代以前的马有很大不同。

　　为何会出现这么多的骏马？这跟唐朝的马政密不可分。因为中原和南方地区的马种不够好，所以唐朝统治者一直很注意引进北方

草原和西域的优良马种。史书
记载，李渊和李世民起兵打天
下的时候就从突厥人那里借到
了2000匹马。在昭陵六骏中，
还有一匹名为"特勤骠"，是
李世民征讨刘武周势力时所乘
骑的。据学者研究，特勤是突
厥语中的词汇。另有一匹名为
"什伐赤"，很可能是波斯语
的"马"的意思。由此可见，

唐三彩马

突厥马和波斯马对唐朝的影响。在人们积极的干预下，唐代的骏马
品质优良，能够满足战争和交通的需要。良马的价格可达数百金之
多，真是"劳斯莱斯"一般的存在。

　　另外，唐朝还在全国因地制宜，设置了不少专门养马的牧场，
到了唐高宗时代，全国的马的总数已经达到了70万之多！

人靠衣服马靠鞍

　　俗话说，人靠衣服马靠鞍，光马好是不够的，还得配上好看、
好用的马具才行。而唐朝的马具正是如此，不仅轻便稳固，还往往
带有华丽的装饰，从而更好地衬托出唐马的超凡气质。

　　一套完整的唐代马具主要包含这么几大部分：

　　第一，辔头。辔头装配在马的头部，是用来控制马的前进、停
止和转向的，相当于现代汽车上的方向盘、油门和刹车。唐代的辔
头主要有马衔、马镳以及各种复杂的带具。有时为了美观，还会在

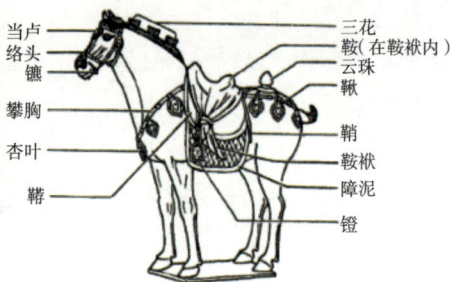

唐代马具全貌

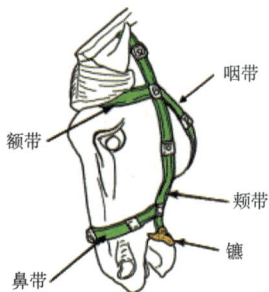

唐代马具的辔头

额头上加一些精美的金属装饰物。

第二，鞍具。鞍具是骑马时必不可少的装备。唐代的鞍具尤其复杂，不仅有木头制成的马鞍，还有用织物、皮革等制成的鞍鞯、障泥等配件，它们衬垫在马鞍下部，起到缓冲和挡泥的作用。

唐代诗人岑参在描写马具时曾提到"玉鞍锦鞯黄金勒"，形容马具之华贵。锦是所有丝织品中最昂贵的，用锦来做马鞯，是不是太奢侈了些？其实岑参还真没有瞎吹。在日本奈良正仓院中收藏有唐代的马具实物，可以清晰地看到这些组成部分，其中鞍鞯上有刺

正仓院所藏"唐鞍"

新疆出土彩绘泥塑马

绣图案。在新疆出土的唐代彩绘泥塑马上也能看到描绘着模仿华丽丝织品的马鞯。除此之外，还有用兽皮做马鞯的。史书记载，唐太宗曾经设置了一支号称"百骑"的骑兵队伍，日常陪伴自己出行，还特地赏赐他们用猛兽皮制成的马鞯。在出土的唐代骑马俑上刚好能够看到有用虎皮马鞯的，跟史书记载相吻合。

第三，马镫。马镫是悬挂在马鞍两侧的金属环，骑马的时候踩踏着马镫才能更好地保持平衡。马镫最早出现在中国，后来才逐渐转到中亚、西亚和欧洲，给世界文明都带来了巨大的影响。唐代的马镫大多以铁或铜制成，高级一些的还要在表面鎏金。

第四，各式带具。为了将鞍具更好地固定在马背上，必须用到很多皮带，比如有挂在前胸部位的"攀胸"，也有从马屁股绕

文物中的虎皮马鞯

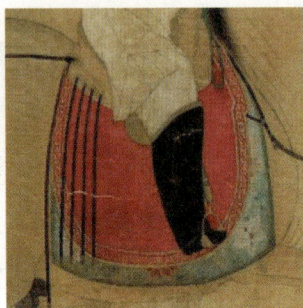

唐代马镫

过的"鞯带"。为了美观，这些带具上同样经常悬挂各种装饰品，最常见的就是树叶状的金属片，上面有各式各样的花草、鸟兽等图案，被称为"杏叶"。

看了这一整套的马具，是不是很佩服唐朝的"爱马士"们？虽然马本质上只是一种作为交通工具的动物，但是唐朝的马却被主人精心爱护，不惜用最昂贵的材料、最复杂的工艺来制作马具。

带具上的"杏叶"

唐朝的马不仅拥有精致的马具，甚至还会做发型呢。李白在《将进酒》中曾经写道："五花马，千金裘，呼儿将出换美酒"，尽显豪放不羁之意。从这句诗中我们也能看出，五花马应当是当时的一种比较名贵的马。否则的话，假如它只是跟驴一样的普通牲口，李白也不好意思写出来对不对？

昭陵六骏之特勤骠

那么，五花马究竟长什么样子呢？过去有人认为，五花指的是马毛自然形成的图案。不过在观察了众多的唐代文物后，我们认为五花更可能指马的"发型"，也就是鬃毛的形态。

在今天，爱美的女士、男士常常会专门做发型，也会给自己的爱犬做各种发型。在唐朝，马也是这样的。当然，马并不会自己剪发，而是被主人在鬃毛上做各种装饰。岑参的诗中还有一句，"紫髯胡雏金剪刀，平明剪出三鬃高"，听上去似乎是用剪刀修剪马鬃，留出三撮比较高的。这个猜想在昭陵六骏石刻上得到了证实，它们无一例外都有这种奇特的马鬃造型，被古人称为"三花马"。由此我们可以大胆推测，所谓的五花马与三花马类似，都是指马鬃的造型。

大诗人杜甫曾经描绘一匹来自西域大宛国的好马：

胡马大宛名，锋棱瘦骨成。

> 竹批双耳峻，风入四蹄轻。
>
> 所向无空阔，真堪托死生。
>
> 骁腾有如此，万里可横行。

的确，当我们回顾唐朝的建立和繁荣，会发现其背后都有这些不会说话的小伙伴所立的汗马功劳。唐朝人无论远赴绝域求经，还是驰骋疆场征战，都必须借助骏马的力量。在此，我们也希望飒露紫和拳毛騧能够有朝一日回到祖国，重现昭陵六骏的光彩。

除了马，唐朝还有什么
出行四脚兽

　　"春风得意马蹄疾，一日看尽长安花""月色登山满帝都，香车宝马隘通衢""良人玉勒乘骢马，侍女金盘脍鲤鱼"……在唐诗之中随处可见马和马车的身影，因为在唐朝，马是最受欢迎的交通工具，上至皇帝下至百姓，只要不差钱都会购置马匹，从而方便出行。得益于开放而包容的社会风气，女子穿胡装甚至男装骑马出行更是大唐独有的一道靓丽风景线。

　　不过，马毕竟还是比较贵的牲口，不是人人都买得起；而且马身躯高大、速度快，也未必人人都喜欢骑乘。那么，唐朝人是不是无马不欢呢？其实也不是，除了马之外，驴和牛也是唐朝最常见的出行工具。

接地气的驴

　　大唐不缺马背上的诗人，更不缺驴背上的诗人。曾经，驴背上悠然自得、兴致满满的孟浩然给诗人唐彦谦留下了深刻印象。小唐在《忆孟浩然》中写道："郊外凌兢西复东，雪晴驴背兴无穷。句搜明月梨花内，趣入春风柳絮中。"瞧这样子，孟浩然哪里是骑驴出行啊，简直是骑驴采风，连他本人也认为驴背上自有一番天地。某次风雪中骑着小毛驴找梅花，孟浩然不禁感叹道："吾诗思在灞桥风雪中驴背上。"这场景，是真名士风流。

还有苦吟诗人贾岛，因为在骑驴时醉心思考走了神，结果一不小心误入官道撞上了权京兆尹（相当于代理市长）韩愈的保安队。韩愈让侍从把贾岛带来一问，才知道他在纠结诗中到底该写"僧敲月下门"还是"僧推月下门"。惜才且大度的韩愈没有责怪贾岛，反而替他定下一个"推"字，促成了"推敲"这个千古佳话。

再说资深骑驴客杜甫。杜甫曾经在长安城中写下"骑驴十三载，旅食京华春，朝扣富儿门，暮随肥马尘。残杯与冷炙，到处潜悲辛"的诗句。就像今日北漂的年轻人，怀揣着梦想而来却被现实狠狠虐打，在繁华的都市里苦苦挣扎想给自己找个位置，真是闻者落泪。

此外，还有"骑驴到京国，欲和熏风琴"的孟郊，"日暮独归愁未尽，泥深同出借驴骑"的白居易……乍一看还以为要成为优秀诗人先得学会骑驴呢。事实上，贾岛、孟郊、杜甫一辈子都苦苦挣扎，孟浩然没能当官，白居易发达之后才得以骑马买房，好不痛快。所以大家都是在混得不如意、出不了头时才不得不骑驴的。

除了贫寒，唐朝人骑驴还有可能是因为"贱"，也就是地位低。古人将社会阶层的高低排为"士农工商"，身处鄙视链底端的工商阶层，就算有钱也没法骑马，因为国家不允许。唐高宗乾封二年（667），"禁工商不得乘马"，到了唐文宗太和六年（832），宰相王涯上奏，建议除了商人之外，平民百姓和僧人道士（除了长安名寺高僧）也全都不准骑马，这下更显得骑马尊贵无比了。《旧唐书·冯宿传》里有个故事：冯宿的弟弟、谏议大夫冯定和于頔是贫贱时相交的好友，后来于頔当了大官，冯定骑着一头驴去上门祝贺，结果被狗眼看人低的家丁刁难，最后连朋友的面都没见上就走了。

唐诗有言："他人骑大马，我独跨驴子。回顾担柴汉，心下较些子。"比起步行劳作的，骑驴也算是比上不足比下有余。既然少数人骑马，多数人骑驴，唐朝各地就都有了售驴、租驴的业务，跟现在的租车或者共享单车的商业模式类似。据文献记载，当时到处都有租驴的地方，招待行人的酒店也都提供租驴服务。顾客可以短租，"驴一头行廿里，功钱五十文"。骑一头驴，行二十里，需要五十文钱；也可以制服押金签合同之后长租，这就是一千多年前的共享经济啊！

其实，作为骑乘工具，驴速度比牛快，耐力比马好，而且价格便宜好养活，再加上行走不挑路况（各种崎岖不平的地方都能走），性情也温顺，堪称当时的性价比之王。唐朝人自然也发现了这一点，于是给驴也弄到了编制，政府部门的驴专管驿站，负责送快递、送官员、送行李，军队的

陕西西安出土的蓝釉陶驴

驴专管运粮草和运伤员。这种到处发光发热，为大唐扛起了半壁江山的动物，居然被蔑称为"劣乘"，让人瞧不起，真是不公啊！不仅如此，在出土的唐代动物类艺术品中，最常见的也是驴。陕西西安曾经出土了一件蓝釉陶驴，它身上鞍鞯俱全，向前伸直了脖子，十分生动，是极为罕见的唐代驴子的形象。

骑牛傍山去

一说骑牛，人们往往第一个想到的就是牧童，不是"牧童敲火牛砺角"，就是"牧童寒笛倚牛吹"。其实，骑牛不是牧童的专利，喜欢骑牛的还有隐士。

隋末文学家王绩见天下大乱，于是弃官回了老家，没事就骑着一头慢吞吞的牛满世界走。走哪算哪，见着酒馆就停下，喝喝酒，休息一下，毫无目的性，如闲云野鹤般自由自在。

隋末李密年幼时经常骑着一头黄牛，把《汉书》挂在牛角上，一边行路一边看书。一次越国公杨素偶然见到了，便骑着马悄悄跟在后面，然后问道："是哪家的书生这么勤奋啊？"就冲着这个好印象，后来隋末杨素的儿子杨玄感举兵的时候，赶紧把李密接了过来委以重任。《旧唐书》中是这么描写李密骑牛看书的："乘一黄牛，被以蒲鞯（垫在牛背上的蒲草垫子），仍将《汉书》一帙挂于角上，一手捉牛靷（缰绳），一手翻卷书读之"，确实悠闲又有情致。

唐高宗时，有个名叫史德义的人隐居苏州虎丘山，经常骑着他的牛出没在山野之间。后来被当地官员发现并推荐给朝廷，高宗专门把他召到洛阳，封为朝散大夫。在唐朝，某些略有才华又心

思活络的读书人
经常假意隐居，
既可以打造隐士
高人、不慕荣华
富贵的人设，又
有机会绕过超级
难的进士科考当
官，可谓寻到了

唐
韩
滉
《五牛图》卷（局部）

"保送"的妙招。看来，偶尔骑牛到处走走，争取偶遇个"贵人"
也是个不错的晋身门路呢。

　　为什么骑牛给人感觉特别飘逸脱俗呢？这就跟唐朝以前的魏晋
名士有关啦。那时候的贵族养尊处优，重文轻武，加上喝酒嗑药，
体质羸弱。他们终日散漫，无所事事，不需要能快速行走的马，反
而是那些稳重的牛或者车厢宽敞高大的牛车更受喜欢。这个审美观
念一直延续到了唐中期。在唐代，牛车又称为"犊车"，官员和贵
族妇女都会乘坐，车厢上往往"饰以金翠，间以珠玉，一车之费，
不下数十万贯"，极尽奢华。

　　唐朝的盛世之景背后有马的功劳，更有驴、牛、骡子和骆驼的
努力。其实无论哪朝哪代都是这样，华丽的背后除了高端大气上档
次的少部分，还有踏实干活的大多数。

拖垮隋朝的大工程
是如何修建的

2014年6月22日，联合国教科文组织在卡塔尔多哈召开了第38届世界遗产委员会会议，将中国的"大运河"项目列入《世界遗产名录》。会议认为大运河是世界上最长的、最古老的人工水道，也是工业革命前规模最大、范围最广的工程项目。它促进了中国南北物资的交流和领土的统一管辖，反映出中国人民高超的智慧、决心和勇气，以及东方文明在水利技术和管理能力方面的杰出成就……

在这个"大运河"的世界文化遗产项目中，有一个重要组成部分，叫作"隋唐大运河"，通航总长度有2700公里。哪怕放在今天，它在全世界的人工运河里也是最长的。实际上，隋唐大运河可以被视为京杭大运河的前身，曾经发挥过非常重要的作用。可以说，如果没有隋唐大运河，就没有唐朝的繁盛局面。

隋朝之前的运河利用

所谓运河，顾名思义，就是用于运输的河流，不过运河与天然的江河不同，它是人工开凿的水利工程。在历史上，我国人民对运河的使用非常早。春秋时期，吴王夫差发动百姓在长江和淮河之间修了一道运河，名为"邗沟"。汉朝的时候，也在都城长安附近修了好几条运河。

为什么古代帝王都这么重视运河呢？首先是因为运河通航方便，而且成本低。用船舶来运输货物，比用牛车马车运输便宜得多。当然，运河除了运货，还可以用来运兵。一旦发生战争，这个功能就很有价值了。吴王夫差修邗沟就是为了便于北上争霸。其次，运河可顺便对两岸的农田进行灌溉，发洪水的时候还可以起到排洪分流的作用。

不过，在隋朝之前，我国的运河普遍都是地区性的，没有跨区域的大运河，所以作用还比较有限。在南北朝的大分裂时代，各个国家彼此为敌，巴不得把邻国当作大水坑，把自己的洪水都排出去，更是没有机会修大运河了。

隋炀帝的大气魄

隋朝建立后，东西南北重归一个版图，皇帝也很快地重新考虑了修运河的问题。其实，隋文帝杨坚在位时就已经开始修运河了。只是他的手笔还不那么大，只修了一条广通渠，把都城长安和黄河连接起来，主要是为了给长安输送粮食。广通渠长只有300里，还没出今天的陕西省范围。

到了隋炀帝能够当家做主的时候，那就大不一样了。他可不像老爹那么"抠门儿"，不干则已，要干就是大手笔。他的着眼点压根不在长安城，而是全国。起先，他为了减轻长安城的粮食压力，已经命人将洛阳城应建成"东都",经常住在洛阳。虽然如此,隋炀帝还是不满足,他又想到了当时的花花世界——江南。

那时候,江南的经济文化都迅速发展,在一些方面甚至超过了北方。隋炀帝作为一个喜欢享乐的帝王,自然也对江南颇感兴趣。想要经常去江南,最方便的还是乘船。更重要的是,江南物产丰富,粮食多得吃不完。如果能够把江南的大米运到北方来,就能极大地解决粮食不够吃的问题,岂不美哉?于是,轰轰烈烈的隋唐大运河项目拉开了序幕。

大运河的组成和修建过程

隋唐大运河很长,不可能在短期内修好。它的主体分为四段,也是按照先后顺序修建的,我们一一来看:

第一段,通济渠。史书记载,大业元年(605),隋炀帝"发河南诸郡男女百余万,开通济渠,自西苑引谷、洛水达于河,自板渚引河通于淮"。有了通济渠,就可以从洛阳乘船一直从黄河到达淮河了。

第二段,山阳渎。严格来说,山阳渎并不是新开的运河,而是重新疏浚了春秋时的邗沟。当年夫差修邗沟的时候匆匆忙忙,没有太费力,所以修成的运河很窄,不能行驶大船。隋炀帝命人沿着旧河道重新挖,并且拓宽。于是,淮河和长江也被重新连接起来。

第三段,永济渠。大业四年(608),隋炀帝"发河北诸郡男女百余万开永济渠,引沁水南达于河,北通涿县"。沿着永济渠,可以从洛阳乘船到今天的北京。

第四段,江南河。大业六年(610),隋炀帝疏通江南河,"自京口至余杭，八百余里，广十余丈"。与山阳渎相似，江南河的前身也是春秋吴国的一条运河，隋朝重新进行疏浚，从而把长江跟钱塘江以及富饶的太湖地区沟通起来。

就这样，隋唐大运河的主体完成了，看上去很像一个倾斜的"人"字。有了它，就可以很方便地从洛阳北上或者南下。若想要从江南跑到北京，也比以往方便了许多。

隋炀帝的真实目的

对皇帝来说，修运河似乎只是在地图上画几条线，然后发布几条命令。可是对老百姓来说，这可是实实在在的大工程。从史书记载也能看出，为了挖运河，动不动就要发动一百多万人，劳师动

隋朝大运河

众，也很花钱。

那么隋炀帝真的不明白这些吗？他为什么一定要修运河呢？

隋炀帝虽然急躁，有时候还暴虐，但他从来不是一个愚蠢的皇帝。之所以费这么大力气修建大运河，主要有三个目的：

第一，运粮。这一点我们已经做了介绍。有了大运河，长安和洛阳就可以收到来自江南的源源不断的粮食，史书记载"隋氏资储

明 张居正 《帝鉴图说·游幸江都》

遍于天下，人俗康阜"，大运河功不可没。

第二，防卫边疆。如果只是为了运粮，那么修建通济渠、山阳渎和江南河就够了，何必还要往北方修永济渠呢？这是因为在隋朝的时候，东北边疆并不稳定，契丹和高句丽时不时入侵。所以，隋炀帝谋划着一场大规模的军事活动。果然，在运河修好之后，大业六年（610），隋炀帝就发兵征讨高句丽。

第三，享乐。尽管隋炀帝有很多高远的计划和目标，但毕竟也有个人的享乐追求。他特别喜欢江都（即扬州），曾经前后三次去江都游玩，走的都是通济渠。史书记载，他"偕皇后、嫔妃、贵戚、官僚、僧尼、道士等，分乘龙舟、杂船五千二百余艘巡幸江都"。龙舟巨大，因此需要八万多人在岸上拉纤。这些举动给沿途百姓带来了沉重的负担。

无论如何，大运河还是修好了，也开始发挥作用。到了唐朝，皇帝很珍视隋炀帝留下的这份遗产，多次派人维护和疏浚，保证大运河的畅通。毕竟，李家皇帝也要仰仗江南的大米呢。

晚唐诗人皮日休游览大运河时，写下了这么一首诗：

尽道隋亡为此河，至今千里赖通波。
若无水殿龙舟事，共禹论功不较多。

这可以说是很客观的评价了，隋朝的灭亡跟劳民伤财修建大工程不无关系，但唐朝却从中得利，直到今天，大运河的一些河道还在正常运转，造福新时代。

赵州桥何以成为
隋唐桥梁的巅峰

我们国家幅员辽阔，地形多样，人们如果出远门，难免会遇到江河阻隔。这时候有两个办法，一是乘船渡过，二就是从桥上过，当然，前提是河面上刚好有桥。

隋唐时我国的造桥技术已经相当成熟了，在许多重要的河流上都有桥，但若要评选出最有名的一座，毫无疑问是闻名遐迩的赵州桥。

赵州桥的修建和维修史

赵州桥位于河北省石家庄市赵县城南的洨河之上，距今已经有1400年的历史了。最初，它的名字叫赵郡河石桥，北宋时被改名为安济桥，因为赵县古名赵州，所以又被称为赵州桥。

隋朝的时候，赵县刚好处于中原和华北地区之家的交通枢纽位置。什么意思呢？说白了就是南来的北往的人们都要从这儿路过。可是这里的洨河给大伙儿出行造成了不小的阻碍。假如只有出门旅行的人还好办，无非是带着点随身行李，坐船就能过河。可是，事

赵州桥

实上需要过河的多是商人，他们往往带着大批货物，过河是真麻烦。万一赶上了发洪水就彻底没办法了。有需求就会有"市场"，在洨河上修一座桥成为各界人士的共同渴望。有一位名叫李春的工匠接受了这个任务，他实地考察之后做了设计，最后在洨河上修建了一座大石桥，这就是赵州桥。

实事求是地说，赵州桥修好之后，并不是原模原样沿用到了今天，因为洨河洪水的冲击以及桥梁构件的自然腐朽和磨损，桥梁上难免会出现一些小问题，就像人也会时不时生点小病一样。因此在隋朝之后，比如说宋代和明清时期，人们还对它进行过好几次维修。新中国成立后，也于1958年对赵州桥进行了一次较大规模的测量和修复工作。虽然修修补补的，但从来没人想拆了它重建一座桥，足以见得历朝历代的人们都很喜爱和珍视赵州桥。

赵州桥的精巧设计

为什么大家都称赞赵州桥呢?

第一是大。赵州桥很长,不仅在隋唐时期是全国首屈一指的桥梁,放在今天,也是我国现存最大的石拱桥,全世界现存的最古老的、跨度最长的单孔敞肩圆弧拱桥,全长64.40米,相当于半个足球场的长度,桥下的跨径为37.02米。

第二是结构精巧。赵州桥的主体是用石块修砌而成的,一共用了1000多块重达1吨的大石块,可是从远处看,整座桥一点也不显得笨重。我们看到其他的小型石拱桥,大多在中部高高隆起,像骆驼的驼峰一样;但赵州桥似乎是个例外——它的桥面看上去只是有一个比较微小的弧度。假如我们把赵州桥的下半部分视为一段圆弧,它的跨度为37.02米,可是高度只有7.23米,二者的比例差不多是5:1,这就保证了赵州桥在跨越较宽的河面的同时,"脊背"还不

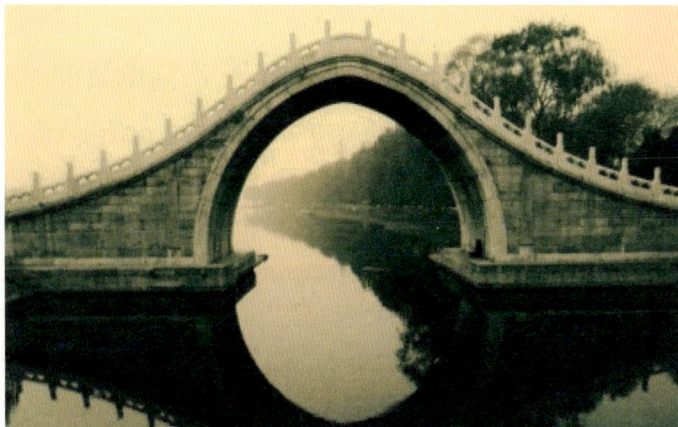

普通的石拱桥

会那么高，桥面也就比较平缓了。有了这个设计，人们过桥的时候就不会觉得太累，尤其是商人们推着车、赶着马的时候，一定会感谢聪明而又体贴的李春。

第三是抗洪能力强。据统计，赵州桥自从建成到现在，至少经历了10次比较大的水灾，可是它的主体结构并没有受损。这仍然得益于李春的绝妙设计。赵州桥还有一个很大的特点，就是没有桥墩，整座桥像一条彩虹一样从河面跨过，下面完全是空的。所以当洪水规模不大的时候，根本冲不到桥，自然也就不会损坏了。

那假如洪水来势汹涌怎么办呢？别担心，我们往两边看，在赵州桥的"两肩"上各有两个桥洞，它们的学名叫"敞肩拱"。别看洞不大，但作用绝对不可替代。它们不仅能节省石料，减轻桥的重量，还能在发生大洪水的时候起到排水作用，避免洪水的力量全部冲击到桥身上。

石拱桥的技术源头

看了前面的分析，让人对李春和其他的赵州桥建设者们心生敬佩。那么，他们又是如何产生这样的奇思妙想呢？

其实，一方面是因为他们因地制宜，充分发挥自己的聪明才智，另一方面也来自我国当时已有的石拱桥的建设经验。早在赵州桥出现的几百年前，我国就有石拱桥了。根据《水经注》的记载，公元282年，也就是西晋太康三年，人们在都城洛阳城东修建了一座名为"旅人桥"的石拱桥，这是历史书中能找到的最早的石拱桥的证据，石拱桥的实际出现年代可能还要更早一些。

石拱桥最大的特点就在于"拱"，也称拱券，是一种特殊的建

西安朱雀门

古罗马的高架水渠

汉代砖室墓

筑技术。假如我们想要把许多石块或者砖块水平地拼接起来，不借助其他设备是做不到的；但如果让它们组成一个弧形，就可以稳稳地架住了。在古代建筑里拱券技术的应用很多，有一些在今天还能看到，比如在一些古城的城门洞顶部就是把砖头砌成了拱券结构。

这么厉害的拱券技术是我国最先发明的吗？还真不是，公元前3000多年，在西亚两河流域就出现了拱券技术的建筑，后来这个技术又传入欧洲，有许多古罗马的精美建筑都用到了拱券。目前我国史前到先秦时期还没有发现拱券的证据。直到西汉时，拱券才出现，因此有不少学者认为我国的拱券技术是通过丝绸之路从西域传入的。

令人意外的是，一开始

拱券技术的应用领域还很狭窄，主要"舞台"居然是墓葬。汉代人掌握了这个技术后，首先想的就是给逝去的长辈用，由此也可见我国古代孝文化的根深蒂固。人们利用拱券技术可以在地下用砖头或者石块砌成小房子一样的墓室。可是在现实生活中很少会用到拱券。

后来人们终于觉醒了，发现如果只拿来修墓，简直太浪费这个技术。从此，拱券的应用越来越多，不仅用于修建排水渠、城门洞，还被用在桥梁领域，并最终促生了赵州桥这样的杰作，也可谓"无心插柳柳成荫"了吧！

第五章　工

学成文武艺，货与帝王家
——唐代公务员百态

俗语说："人往高处走，水往低处流。"自古以来，人们都渴望拥有更多的学识、名望以及财富，希望体验更精彩的人生。不过在隋唐时期，一个人想要获得成功，远没有现代这么多样化的选择，摆在眼前的只有四条路：士、农、工、商。

身为一个农业大国，古代中国长时间重农抑商，而工匠的职业也远谈不上体面。在唐朝时，工商子弟甚至连参加科举考试的资格都没有。再看剩下的士与农，虽然农业作为国之基础颇受重视，但在没有农耕机械化的年代里，靠天吃饭是件极为辛苦的事。旱灾、洪涝、虫害哪个好对付呢？数来数去，有俸禄、有荣誉还有可能影响整个国家，甚至改变历史的"公务员"，绝对是那个时代最好的职业选择，没有之一。不过，就算同朝为官，他们的职责、地位以及生活也是完全不同的。接下来，我们就来看看形形色色的唐代官员。

三省六部的官员和运作

在基本的官职格局中，唐继承隋制，中央权力集中于中书、门下和尚书三省。这里的省不同于今天的行政区划，而是部门。三省分工明确，各司其职，可以说是隋唐时期最高级的官职。其中，中书省负责起草诏令，最高长官是两名中书令；门下省掌管封驳审议，有审批权和驳回权，最高长官为两名侍中；尚书省统辖六部，分别是吏部、户部、礼部、兵部、刑部、工部，这六部专管执行政策。

尚书省下属衙门最多，人数也最多，它的最高长官也挺有意思。原本，尚书省里最大的是尚书令，但尚书令位高权重，很少有人能够担任，隋朝时仅有杨素一人被封为尚书令，后来他儿子造反了，不是什么体面事儿。再加上唐太宗李世民未登基时曾经干过这个岗位，于是，干脆从此将尚书令之职虚设，由副官也就是左、右仆射来担任实际的最高长官。

关于中书和门下的地位，有个故事很能说明情况。武则天以太后身份执政时，有位名臣刘祎之本来很受重用，后来因为不赞同太后临朝，希望她交出权力退居后宫，一下子惹恼了武则天。武后派人罗织了不少罪名，把他抓进监狱。刘祎之在接受审讯时居然对着手持武后诏书的官员说了一句非常有分量的话——"不经凤阁鸾台，何名为敕？"（凤阁和鸾台是武则天时代对中书省和门下省的称呼）。当时，诏书都是由武后绕过三省直接颁发，因此，刘祎之的意思就是，不经中书、门下发出的诏书不合法，我不承认这个审判的合法性。这下武则天被彻底激怒了，将他直接赐死。

面斥佞臣　唐太宗与宇文士及

　　按理来说，唐朝三省的长官都可以被称作宰相，但从上边这个故事中可知，中书和门下的权力原本是足以制衡皇权的，因此，唐朝人更倾向于把中书令和门下侍中当成宰相。在史书中，能走到三省的人，基本上都能留下名字，再加上所有的六部官员，共同组成了唐朝社会金字塔的顶端。

不入流的吏

　　有官员就会有品级，唐朝官员品级划分特别细致，一共分为九品三十级。前三品只有正从之分，如正一品、从一品；自四品到九品既有正从之分，也有上下之分，如正四品上、正四品下、从四品上、从四品下，依次类推，加起来整好三十级。以上这些人被称为流内官，而从九品下还有大量基层官员，负责担任各个部门的具体办事员，既被称为胥吏，也被称作流外官，这些"不入流"的人才是沉默的大多数。

　　唐朝的小吏很受歧视。虽然理论上，流外官有通过长达数年的考核观察而升成流内官的资格，但能做到的很少，就算升了也不过是八九品的芝麻官。不仅如此，虽然在唐朝有几位胜天半子的人真的以小吏出身走向高位，但他们受到的歧视和压力大得难以想象。

　　例如，唐初名臣张玄素，在隋末的时候曾经担任过景城县县吏，后来因为才能出众被唐太宗看上并被封为从三品的银青光禄大夫。看上去多么励志啊！可是，当他面圣时被太宗问到从前的履历，张玄素深以为耻，就像现在的大学教授就职当天被戳穿学历造假一样。待到出宫时他已经面如死灰，全身无力，几乎无法太平公主联合李隆基全部诛杀，斜封官的风气才慢慢被遏制，撕开的口子慢慢闭合，但是已经得到任命的一部分斜封官还是能在职位上白吃白喝。

除了这些，唐朝也有从军建功封官和靠祖宗功绩得官的，但这样的毕竟是少数派，只有身家清白、进士出身达到一定品级的流内官们才能体面地享受当官的乐趣。

谁是大唐的
坚实捍卫者

生死存亡之际的崛起

武德九年（626），建立不久的大唐发生了一场重大事件——玄武门之变。同年八月，已扫清所有障碍的秦王李世民正式登基，这就是唐太宗。然而，新帝即位的喜悦很快就被突厥20万人兵临境的危机冲散了。短短几天，突厥颉利可汗的先头部队就聚集在离都城不远的渭水北岸，剑指长安。

在这个危急存亡的时刻，唐太宗亲率六骑来到渭水边，隔河喊话，责怪颉利可汗违背契约。如此过人的胆色，再加上用了疑兵之计，使得颉利可汗上当，不敢贸然进攻。最后，双方杀白马立下"便桥之盟"，一起退兵。

虽然侥幸化险为夷，但唐太宗知道，他一定要尽快建立一支强大的军队，否则下次再遇到外敌入侵又该如何抵挡呢？到了九月，李世民命令将士们每天在显德殿庭前操练，训话道："自古以来，我们就饱受周边的戎狄侵扰。值得忧虑的是，每次边境稍微安宁，行走。由此可见，再优秀的人才都会因为卑贱的出身而自卑。

还有武则天时代的官员张衡，本也是小吏出身，好不容易熬到四品，而且快要升职了。因为退朝时在街边小吃摊上买了个刚出锅的蒸饼，并在马背上吃掉，就被御史参了一本，背上了败坏朝廷官员形象的罪名。武则天也很嫌弃张衡自降身份的做法，斥责他"流外出身，不许入三品"。不过，这两位虽然在官场上受了很多委屈，却算不得多委屈。还有很多小吏即便有才，一辈子也没机会走入真正的官场，甚至平日里和人同席饮宴都会受到官员的侮辱。

歪门邪道的斜封官

流外官虽然上不得台面，但好歹也是国家正式的公务员，当时还有种更让人们鄙夷的官员，这就是斜封官。

本来唐代官员的任免都是要经过正式流程的——首先吏部提申请给中书省和门下省审核，通过后由皇帝完成最后一道审核，才能正式任命。在唐中宗后期，以韦后和安乐公主为首的势力集团仗着皇帝宠爱，公开卖官鬻爵。不论何等出身、有无才干，只要给钱就能封官。一年新增的官员竟多达几万名！现有的官位不够了，就临时编出些官名。当了这种官，虽然没有实权，但是名字也挂在编制内，可以照拿俸禄。一时间，安乐公主等人靠着这个无本买卖赚得盆满钵满，以至于"王侯宰相多出其门"。她们还妄想培养自己的政治势力，日后登基当女皇。

这种官员任命状是斜封的，只能从侧门交付中书省办理，而且上面所书的"敕"字用的是黑色墨笔，与中书省黄纸朱笔正封的敕命状完全不同，"斜封官"由此得名。直到韦后、安乐公主等人被君主就放逸游荡，忘记战争的威胁，因而一旦敌人来犯则难以抵御。现在朕不让你们修池榭、筑宫苑，而是专门熟习射箭。闲居无事时，朕就当你们的老师，一旦突厥入侵，朕就做你们的将领。这样，中原的百姓或许能过上安宁的日子！"

从此，唐太宗化身教练，经常带领数百人在宫殿庭院里教习，并亲自测试，对表现优异的将士给予奖励。许多大臣劝谏太宗，认为这样太过危险，万一有狂徒袭击就会伤及龙体。但太宗表示："真正的君主视四海如同一家，大唐辖境之内都是朕的忠实臣民。我对每个人都能推心置腹，以诚相待，为何要对保卫朕的将士横加猜忌呢？"众将士听了这话，备受鼓舞，从此人人想着自强自励，为国立功。在短短几年之间，他们都成为精锐之士。仅三年后，唐灭东突厥，俘虏了不可一世的颉利可汗，一雪前耻。

这个巨大的胜利的背后，当然不只是太宗和殿前数百将士的功劳，而是大唐整个军事系统的共同努力。那么，作为大唐的捍卫者——唐朝的军队是以什么样的制度运转的呢？

府兵制的由来

从初唐到盛唐，唐朝军队的重要组成部分是"府兵"。府兵制这个词可能不大常见，但是在历史上的作用是不可磨灭的，它是西魏宇文泰创立的一种兵役制度。

与兵源只来自世袭军户的世兵制不同（军户家祖祖辈辈都必须、也只能当兵），府兵制把兵源扩大到了有土地的普通百姓。简单说来就是让年纪在二十至六十岁的农民担任府兵。他们平时大部分时间耕田种地，然后轮流到各宫和哨所宿卫，战时则当兵保家卫国。真可谓"一手拿锄头，一手拿刀枪"。在这个制度下，军人除了自己保留军籍、隶属军府管理外，全家人在户籍上都可以编入普通民户，实行"兵农合一"。如此一来，他们不仅能够维持日常生活，而且不再被视为低贱者，获得了足够的尊严，出门都倍儿有面子。在敦煌石室发现的唐代沙洲户籍残卷上，考古学家们发现府兵家庭的户籍资料和一般民户完全相同，只是家中当兵的丁男名字上会有个"卫士"的注明而已，与史书的记载相符。

这套制度一直延续到隋唐，中央设立十二卫（相当于现在的军区），每卫都有大将军和将军各一人，十二卫大将军归皇帝直接管辖。贞观十年（636），唐太宗把全国军府的名字由隋炀帝时的鹰扬府改为折冲府，规定折冲府正副长官为折冲都尉、果毅都尉。数量最多的时候，全国共有634个折冲府，全部划归十二卫统率。打仗的时候，将军们带着府兵们出征；战争结束后，将军们回到朝廷，府兵们还回各军府辖区，兵、将之间无法直接来往，防止有人培养私人武装，以此保证皇权的稳固。

自置装备的府兵

在我们的印象中，当兵打仗只要出人就行了。身上的穿戴、手里的兵器肯定都是国家提供的。但府兵最特别的就是要自带装备，这就难怪北朝《木兰辞》中的木兰决定替父从军后要"东市买骏马，西市买鞍鞯，南市买辔头，北市买长鞭"了。

《新唐书》中对府兵需要自备的装备记载得很详细，让我们看看都要什么东西？有布幕、铁马盂（一种盛食品的容具，有木的也有铁的，能保温）、铲子、凿子、箩筐、斧头、钳子、甲床等各

日本正仓院所藏的唐代横刀

两件；锅子、火钻、盐袋、碓（用来春没脱皮的米）等各一件，马
缰绳三件；一张弓、三十支箭及胡禄（箭囊），横刀一把（就是腰
刀，日本正仓院有留存至今的唐代横刀）；此外还有磨刀石、毡
帽、毡装、绑腿、行李箱以及麦饭九斗、米二斗。

如此看来，吃的、穿的、住的、用的、随身武器，什么都有，
算是武装到牙齿了。据《唐律疏议》记载，如果府兵没有严格按照
规定把东西都带齐，是会受到惩罚的，缺一样打一百下（"一事不
充，即杖一百"）。当然，唐政府也不是什么都不管，高级军械类
的，如盔甲、长枪、盾、大量的箭（不能指望每个士兵上战场了只
用三十支）和弩等，大部分还是得由国家发放。另外，士兵的好伙
伴战马，国家也是按户来补贴买马费用的。

府兵的没落

当兵还要自费准备那么多东西，穷人岂不是完全没法当兵了？
因此，《唐律疏议》中明确了挑选士兵的标准："财均者取强，
力均者取富，财力又均，先取多丁。"说白了，先考虑有钱的，再
考虑力气大身体壮的，最后考虑家里男丁多的。对于普通人而言，
成为府兵之后可以免除其他赋税免徭役（家属不免），加上平时从
事劳作生产攒下一些钱，还是能买得起府兵专用套装的。尤其天下

太平时，装备没什么耗损，还可以从父亲传给儿子，就省了一大笔钱。

不过考虑到贫富差距，内府三卫的卫士，还是全部由品官的子弟担任；外府的拣点，据《旧唐书·职官志》说："皆取六品以下子孙及白丁无职役者点充。"也就是说，负责宿卫宫廷的内府士兵当然需要有钱，穿戴得体面一些，毕竟宫里还是要面子的嘛。

到唐玄宗前期为止，府兵的服役期按照规定都为三年，但随着安史之乱的爆发，朝廷连年用兵，兵役年限也不断延长。再加上吏治腐败，官员大量侵吞军饷，再也没人愿意当府兵了。到天宝八年时（749），折冲府已经无兵可用。杜甫笔下的《兵车行》《石壕吏》等，反映的就是官府强行拉百姓当兵的情况。此后，唐政府只能改成募兵制，由国家征兵，供给衣食，免征赋役，士兵成为一种正式职业。

笔走龙蛇，墨分五色
——唐代伟大的艺术家们

　　艺术可能是高深莫测的，是奢侈华丽的，甚至是稀奇古怪的，而艺术家们更是超凡脱俗、特立独行的。艺术、艺术家似乎跟普通人的生活相去甚远。

　　其实，这更多的是人们的臆想，真正的艺术描绘的是人类的精神世界。将那些看到的、听到的、感受到的，用音乐、舞蹈、绘画、雕塑、电影、戏剧、书写等各种各样的形式表达出来，就是艺术创造。而艺术家们就是一群已经觉醒的人，他们不断地观察世界，探索人性，思考人与世界的关系等。

　　艺术起源于史前，探索精神世界是人类与生俱来的本能。在唐朝时，物质成果不可谓不繁盛，而精神成就同样令人震撼。因此，在这个伟大的时代诞生了数不胜数的艺术家，本篇就让我们去认识其中最有名的几位吧！

恣意奔放的书法家

书法一般分为"篆隶楷行草"五大书体，热爱草书的人一定知道一个词——"颠张醉素"，这说的是盛唐时两位以草书闻名天下的书法大家——张旭和怀素。

张旭出生在一个士族家庭，因为曾经担任左率府长史、金吾长史被世人称为"张长史"。他酷爱饮酒，每逢大醉就会大声嚎叫狂奔，然后开始挥笔或者干脆给头发蘸上墨汁搞创作。这样癫狂又洒脱的做派、肆意放纵的书法作品使他闻名于世，成为各种偶像团体的成员——首先是与贺知章、张若虚（《春江花月夜》的作者）、包融（唐才子）并称"吴中四士"；又因为"脱帽露顶王公前，挥毫落纸如云烟"和李白等人并称"酒中八仙人"；不仅如此，张旭的草书、李白的诗歌和裴旻的剑舞还合称三绝；由此可见张长史在人才辈出的唐朝有着多么重要的江湖地位。

"醉僧"怀素十岁时就自愿出家，一边参禅一边练书法。寺庙中的生活格外清苦，怀素没有钱买大量的纸来练习，于是就种了一万多株芭蕉，用芭蕉叶子写字，因为芭蕉种得太多，干脆把寺庙改名叫作"绿天庵"。除此之外，他还给木盘和木板涂上漆，当作砚台和练字板。由于天天磨墨，天天写，日积月累地居然把木盘和木板都磨穿了。除了爱喝酒之外，怀素与张旭这样的天赋型选手相比还有个很大的不同：他的成功更多地来自数十年如一日的努力练习和自我要求。怀素一生四处走访名家，潜心学习，终于练出笔力精妙、飘逸自然的书法，被世人誉为"草圣"。

2019年，台北故宫博物院所藏的唐代国宝书法作品《祭侄文稿》赴日本展览，引起舆论的轩然大波。虽然名家作品走出去可以向全世界展示中国书法的魅力，但对于《祭侄文稿》这种对保存、运输条件要求极端苛刻且具有超高艺术性的珍稀文物来说，显然是不适合远距离外出展示的。谁是《祭侄文稿》的作者呢？他就是另一位大书法家颜真卿。颜真卿是盛唐至中唐时人，历经玄宗、肃宗、代宗、德宗四朝天子，历任监察御史、吏部尚书、太子太师等高等官职。他秉性正直，对大唐忠心不二，最终死于叛军之手。他的书法最初学于褚遂良（初唐四大家之一），后来由张旭指点过，和怀素切磋过，可谓习得各位高手的"真气"。不过颜真卿不是草书大家，最出名的当属正楷，作品端庄雄壮，气势磅礴，他的《多宝塔碑》对于学书法的人来说是永远都绕不开的。

妙手丹青的画家

俗话说："书画不分家。"这话在古代也适用。有一个贫苦的唐朝少年曾跟随张旭、贺知章学习书法，不过后来"墙内开花墙外香"，反而在绘画界千古留名，他就是画圣吴道子。

吴道子不满二十岁的时候，在画坛已经很有名气了，因此被玄宗召入宫廷成为御用画师。有一次玄宗突然想起四川嘉陵江的秀美风景，就派吴道子专门去当地采风，谁知道他回长安复命的时候连一张草稿都没带，只说了一句"臣无粉本，并记在心"。玄宗命他在大殿墙壁上作画，不料一日之间，嘉陵江三百里好风光跃然而出，遥遥领先于大画家李思训同一题材用了几个月才画成的记录。看来吴道子并没有说大话，他只靠观察和记忆就能够把嘉陵江的实况"刻录"在大脑中，而后挥毫泼墨将其重新"打印"出来。

除了山水，这位吴天才在人物和动物画上也是极为精妙的。

唐　吴道子　《八十七神仙卷》

据《宣和画谱》记载，吴道子曾经画龙，那些龙鳞片仿佛都在动，甚至一到下雨天就烟雾弥漫好像龙就要从画中飞出来了。而他画人物时无需用色，只靠简单的白描就能让人物的衣带和衣褶出现迎风摇曳的感觉，分外飘逸和洒脱，这种绘画风格也被称作"吴带当风"。

还有一位贫苦少年，年少时不过是在酒店里干杂活的，一次机缘巧合下被大诗人王维挖掘，并受王维资助学画十余年，最后成了宫廷画师，他就是最擅长画马的韩干。

韩干入宫后，一反宫中只临摹不写生的做法，经常跑到马厩

唐　韩干　《牧马图》

里细心观察。他认为自己既然要学习画马，那么马厩里所有的马都是他的老师。久而久之，韩干画马成为一绝，给当时宫中和各王府所有的名马都画了肖像。传说中，韩干的名声还传到了阴间，有鬼差找上门请他画匹好马呢，这也难怪后世之人夸他"唐朝画马第一名"。不知道他的伯乐王维有多么欣慰和得意啊！

唐朝是艺术的王国，艺术创作的数量之多、题材之多样、风格之丰富，都是前所罕见的，而唐朝的艺术家更是不胜枚举。除了那些青史留名的，还有很多不为人所知的能工巧匠，比如负责皇家墓葬壁画的画师、烧制陶俑的工匠、敦煌莫高窟奇迹的创造者们……这些唐代的匠人们用自己高超的技艺在各自的领域中给后代留下了珍贵宝藏，也留下了自己的智慧和创造精神，这些何尝不是盛唐风华的另一种体现呢？

"茶博士"与茶博士
——从弃儿到茶圣的传奇人生

博士，是目前世界上最高级别的学位，拥有它意味着你已经拥有原创一个理论的能力，也意味着你有机会改变人类对于某个领域的认知，这正是博士受人尊敬的原因。1983年5月27日，我国首批博士诞生，一共18个人，这些精英中的精英，是多么稀有的存在啊!

追溯起来，博士起源于先秦的一个官职，负责掌管图书，而且必须非常博学多识，以备皇帝随时提问。这一点也算是和现代的博士十分相似了。不过现在要介绍的是一个被唐德宗尊称为"茶博士"的人，和一种被称为"博士"的服务行业，他们之间存在什么样的联系呢?

弃儿成长记

在唐代，有一个身世非常坎坷的男孩，从小被父母抛弃，多亏杭州龙盖寺的智积禅师从水边收养了他。长大一点后，他给自己取了名字——陆羽，字鸿渐，意思是像鸿雁一样逐渐高飞。从中可以看出，这小子很是有点志气呢！

陆羽虽然从小寄居庙中，但偏偏与佛无缘，反而更加崇拜孔孟之道，经常读儒经这种"课外书"，为此也没少挨师父的责骂。不过小陆羽做到了"威武不能屈"，他一边在寺里干粗重活，一边找机会继续学习圣人之言，想要考取功名以实现自己的理想。但天不遂人愿，他参加科举考试屡战屡败，终于心灰意冷。

二十岁出头时，陆羽终于遇到了一位贵人崔国辅，和他成为忘年交。崔国辅不仅教他诗书，还赠他白驴、乌犎（fēng）牛等坐骑，供游历或隐居时使用。陆羽生活的时代正是"安史之乱"前后，社会比较动荡，因此常常带着他的驴和牛四处漂泊。按照今天的标准看，他成了一名旅途中的文艺青年。

"茶圣"诞生记

读书之余，陆羽有一个很大的爱好——茶。一心好茶的他在多年的漂泊生活中四处考察茶区，常常和当地人讨论与茶相关的事并做记录，经过多年的积累和整理，在公元780年前后，《茶经》这部巨作终于面世了。这是世界上现存最早、最全面、最科学介绍茶的作品，被誉为"茶叶百科全书"。

《茶经》一共三卷十节，详细介绍了与茶有关的一切内容，读完这本书，你会对茶叶的历史、茶树的种植、各地水质的好坏、煮茶的器具、饮茶的方式、茶叶的评选等问题获得非常清楚的认识。凭着这部作品，陆羽一战封神，被奉为"茶圣"与"茶神"。后来卖茶的店家纷纷把他的陶像或瓷像放在店里供奉起来，生意好时用茶祭祀，生意不好就用开水浇烫。不仅如此，只要客人们在店里购

陆羽

像岡東陸

买茶器到一定的数量，店家就会赠送一尊陆羽像。

在中国国家博物馆中，有一套五代时期的白瓷茶具明器（即陪葬用的模型）及人像。这件白瓷人像手捧长卷，装束打扮都与当时的普通人不同，但也不像佛家的菩萨或道教的神仙。专家们推测，它应该就是茶神陆羽的瓷像，手中捧着的正是大名鼎鼎的《茶经》。人们不仅在现实生活中供奉陆羽，还专门制造陆羽像来随葬，可见茶圣的名声有多响亮，对当世的影响有多巨大。

茶馆里的茶博士

历史上的陆羽有两次当面被叫"茶博士"的经历，一次为尊，一次为卑。因为他在茶这个领域取得的巨大成就，唐德宗曾当面尊称他为"茶博士"，这是很高的荣誉。不过另一次就比较悲催了。当时有一位御史李季卿前往江南公干，请陆羽讲茶。这个李御史自命不凡，席间挑剔陆羽的穿着不合礼数，就在表演结束后"命奴子取钱三十文，酬煎茶博士"。堂堂茶圣竟然被用30个铜钱打发了！受到这样的打赏侮辱，陆羽当然十分愤慨。不过"煎茶博士"这个词倒是从此流传了下来，成为唐代和后世的一种职业。

唐代以前压根没什么正规的茶具，煮茶就像煮蔬菜汤一样，用做菜的锅随便煮煮，再用喝酒的杯子一装就行。直到陆羽《茶经》中明确列出了二十八种专门的茶具与用法，不差钱的人才开始把整套器具购置齐全，而普通百姓则会量力而行去配置。

1987年，陕西省法门寺地宫出土了大量的唐朝宫廷文物，包括一套流光溢彩的宫廷茶具。其中既有熠熠生辉的金银茶具，也有珍稀的秘色瓷茶碗，还有琉璃茶托茶盏……这套茶具是晚唐僖宗（874—888）时期的御用珍宝，也是现存古茶具中最名贵和最具震撼力的。

唐代茶具名称

种　类	名　称
生火用具	风炉、灰承、筥、炭檛、火夹
煮茶用具	鍑、交床
烤、碾、量茶用具	夹、纸囊、碾、拂末、罗合、则
水具	水方、漉水囊、瓢、竹夹、熟盂
监具	鹾簋、揭
饮茶用具	碗、札
清洁用具	涤方、滓方、巾
收藏陈列用具	畚、具列、都篮

想要好好喝茶，除了要搞清楚上述茶具是干什么的，还得知道怎么使用，真是不容易。因此，王公贵族们喝茶时就需要懂茶艺的仆从来伺候。古书记载："富家宴会，犹有专供茶事之人，谓之茶博士"；而去茶店喝茶的客人们，也需要专门端茶倒水的伙计，这些熟悉烹茶技艺的服务员也被叫作茶博士。

另外，旧时茶馆也是消息集散地。伺候客人的茶艺伙计们从早听到晚，上到国家大事，下到奇闻怪谈，什么都能说出点来（神似北京的出租车师傅们），堪称"八卦达人"。哪怕是普通的寻人问路，找他们也更方便，所以人们也会看他们见多识广的面子上雅称一句"茶博士"。

回顾陆羽的一生，没有良好的家世，没有美好的外表（他在自传中说自己面容丑陋且口吃），没能求得功名，但靠着对茶的研究和坚持不懈的探索，最终流芳百世。而看似不起眼的职业——茶博士，却靠着中国人对茶的热爱，流传至今，保存着中国特有的茶文化。顺便一提，现在想成为茶博士的人，去农林类大学研究茶树茶业获得博士学位，这样也是个名副其实的茶博士了。

在皇家乐舞团上班是什么体验

——唐代的教坊

在电视和网络上听歌、看演出，或者去演唱会现场为"爱豆"加油呐喊，早就不是什么稀罕事儿了。不过在古代，乐舞演出并不像今天这样普及，普通人可能一辈子也没什么机会欣赏。尽管如此，乐舞在古代的重要性可一点不比今天弱，唐朝还出现了高级的皇家乐舞团——教坊。白居易《琵琶行》中提到的那位琵琶女年少成名——"十三学得琵琶成，名属教坊第一部"。

古代音乐的重要性

在西周时期，法律还不够健全，需要用所谓的礼乐制度来维持统治。礼自不必说，乐包括音乐和舞蹈，除了供贵族们享受，也用于教化百姓以及缓解社会矛盾。

乐如此重要，因此有了专门的音乐舞蹈机构，这是一支完整的"教职工队伍"——乐师为歌舞总教习、总指挥；大胥为乐工总监督；大师、小师负责训练乐工及指挥合奏；典同则掌管了乐器的制造、修理和调音……这些人都受长官大司乐的管辖。之后的每个朝代都像周代一样设立了主管乐舞的机构，只是名称各有不同。

从春秋战国至秦朝战争不断，直到西汉王朝稳定下来才真正实现了天下太平，有钱有闲，那也该重新捡起礼乐了。汉朝由太常掌管宗庙礼仪，而下面的属官太乐专门负责乐舞。不过他们管的是帝王接受朝贺、国家祭祀或者大型庆典所用的乐曲，也就是雅乐。雅乐虽然庄严辉宏，却十分教条，不易唤起普通人的共鸣。于是，俗乐（民间乐曲）也就应运而生了。官方同样设立了机构来收集、整理一些民间优秀作品，像汉代的乐府、魏晋的清商署就是干这个活的。后来，又经过南北朝激烈的文化冲突与融合，胡乐（西域音乐）、西域百戏（杂技之类）逐渐流入了中原大地。

隋朝时，因为重新统一天下而聚集了全国各地的乐工。之后，朝廷给他们在都城附近专门修建了住宅区——坊，这就是唐朝教坊的雏形了。

教坊是什么

由于唐代继承了前朝丰富的艺术遗产和乐舞制度，同时吸引了世界各地的优秀文化进入中国，因此唐朝的乐舞种类繁多，令人眼花缭乱，又好听又好看，还很贴近日常生活，不但百姓喜欢，就连贵族们也喜欢，所以俗乐的地位日益提升。

开元二年（714），著名音乐爱好者、乐器达人唐玄宗正式建立了教坊，其中大明宫里有内教坊（专管雅乐），长安、洛阳有左右教坊，同时各个地方也有自己的教坊。这些教坊不但培养乐工，还有舞者、百戏人等诸多艺人，甚至负责安排演出。从教学到管理再到演出，简直是一条龙服务。

教坊的节目有多少呢?

先说乐。仅仅是崔令钦《教坊记》一书中所记载的乐曲就有324首，可想而知整个唐代的乐曲数量得有多庞大。这些曲子有的歌唱秀丽江山、五湖四海；有的歌唱个人情感、生活故事；有的就是纯乐器演奏；有的则是伴奏加演唱。当然也有需要配上舞蹈的歌舞曲目，像《秦王破阵乐》就需要120人身披银甲、手执武器，边唱边跳；而专给皇帝贺寿的《圣寿舞》需要140个人一边歌颂、一边用舞蹈队型排出16个字——"圣超千古，道泰百王，皇帝万岁，宝祚弥昌"。

再说舞，在唐代教坊舞蹈中，既有刚劲有力、令人血脉偾张的《柘枝》《剑器》《大渭州》，也有柔美轻灵、让人宁神放松的《垂手罗》《乌夜啼》《苏合香》等；此外还有百戏，比如绳艺、竿艺、吞刀吐火、飞刀等。另外还包括中国戏曲的萌芽——歌舞戏，演员们需要根据剧情着装、化妆，还得通过歌唱舞蹈展现故事情节，甚至连台词和旁白都出现了。

怎样才能去教坊上班

既然能表演这么多节目，教坊的总人数肯定少不了。《新唐书·百官志》里提到，整个教坊里一共有一万多人。队伍虽然庞大，可毕竟也是有档次的歌舞团，所以需要一定的选拔方式。根据史书记载，教坊的成员都是经过筛选的，并有严格的培训管理要求。

熙載風流清
為天官侍郎以
循為時論所誚

可能跟大家想的不太一样，它的第一大来源为乐户。乐户可不是今天的大明星，在唐代还是一种世袭的贱籍。如果一个人的祖上是给官家唱歌跳舞演戏的，那么他和他的孩子也只能从事这个职业，连良民都算不上，更别提参军或参加读书、参加科考了。另外，如果是罪人的后代被罚入乐户，则称作官奴婢，属于乐户中的底层，还会更惨一些。

除此之外就是民间选秀了，朝廷会定期发榜昭告天下海选，官员或者友邦为表诚意也会进献优秀艺人，也有皇帝出巡偶然发掘的人才被直接带入宫中。这些人最差也能享受国家津贴，成为正式成员，运气好的时候甚至可能被皇帝选为妃嫔，飞上枝头变凤凰。

被选中加入皇家乐团、歌舞团只是一个开始，一万多人怎么都能分出三六九等。其中最优的叫作"内人"，也叫"前头人"（因为能够常在皇帝跟前表演），一年四季都有俸禄，过生日的时候还能和家人团聚。内人中最受恩宠的被封为"十家"，相当于国家一级演员的职称，个个都是精英中的精英。此外，还有负责当背景板或者伴奏的"宫人"，一般是长得不错的平民女子，选进来之后再学习各项乐器，不过水平跟"内人"是完全没法比的。

教坊的员工们不但要负责在皇室宴会酒席上表演，供皇帝和后宫日常娱乐，有时候也得出差陪伴皇上，等待随时传召。在不出席的日子里，老师要定期考试，艺人也要定期考核评级，压力还是很大的。

乐人们的结局

虽然吃皇粮，但在教坊工作并不是一个铁饭碗，有因为年长退休的，也有因为经费缩减被辞退的，还有因为动乱而被迫解散、逃亡的。不论哪种原因，对乐人而言都不容易，最好的结果也不过是回到民间为富贵人家表演或者当街卖艺。虽然能勉强糊口，但跟从前在宫中当值的时候相比，落差无疑很大。如果不幸遇到战乱或者灾年，连民间也无心欣赏舞乐了，这些人哪里有其他的一技之长呢？可能只能乞讨了。更惨的是，当安禄山率领的叛军攻破长安与洛阳后，强迫乐人们为自己表演助兴，乐人们惊恐万分相拥而泣，有骨气的甚至把乐器砸了拒绝服务，因此被肢解示众，格外悲壮。古人云，覆巢之下，永无完卵，正是唐代乐工的真实写照。

不看广告看疗效

——隋唐的中兽医

从史前时代开始，野生动物就被驯化，走入人类的生活。人生病了有医生治疗，动物生病了该怎么办呢？

在今天，我们遇到这样的情况可以选择去专门的动物医院。笔者曾经看到医生居然对生病的小狗施以针灸，不过是在心愈穴和肺愈穴扎了几下，生病的狗狗就很快停止了咳嗽，这一幕实在让人啧啧称奇。万万没想到，动物也能用传统中医的手段来治疗啊！这种特殊的医生有个专业名称，叫中兽医。那么这个职业是不是今天的创举呢？其实和传统中医一样，中兽医在我国也有着相当悠久的历史。

中兽医从何而来

传说中，黄帝身边有位奇人叫马师皇，十分熟悉马的身体构造，只需看一眼就能诊断出马的疾病，甭管什么疑难杂症，他都能治好。这位奇人不但是兽医祖宗，还是位不可多得的神医。这样的故事虽然不能完全当真，但通过历史记载我们可以发现，几千年前人们已经开始研究如何用中药、针灸、拔罐、按摩、推拿等方式来治疗动物，这是不争的事实。

在殷商时期的甲骨文中，考古学家们已发现了关于马生疫病的字句。到了周朝时，王室设立了专门的兽医，负责给家畜治病，从灌药、手术到术后护理，再到营养餐，医疗理念相当先进。而且，每隔一段时间朝廷还会统计兽医的治愈率，如果某位兽医手中抢救无效死亡的牲畜多了，就会得到差评并被扣工资。

从先秦到汉代，中兽医继续飞速发展，关于牛、马的大量常见疾病都被记录下来。那个时代几乎所有的著名医书，比如《黄帝内经》《神农本草经》，都保留了关于动物的一席之地，逐渐出现了给马做的药丸、给动物针灸的铁针，以及怎么给牛穿鼻环、给马削蹄子（马掌就像人类的指甲，需要定期适当修剪）的技术理论……总之，中兽医渐渐形成了完善的体系。

隋唐先进的兽医院

魏晋南北朝之时，优秀的兽医专著终于出现，为隋唐打下了坚实的基础。到了隋代，了不起的兽医们已经针对兽病的治疗、药物和针灸等问题分门别类地出书了。当时民间的兽医多是父亲教给儿子，师傅传给徒弟；但官方兽医不能这样啊，总得有个系统吧？于是隋朝的太仆寺（主管养马业）在民间搜寻了众多有知名度的兽医，连推荐带选拔，最后组成了世界上最早的专业兽医学院，还招收学员。就这个举措已经领先其他国家1000多年。

唐朝在这方面继承了隋朝的制度，神龙年间（705—707），尚

唐　韩滉　《五牛图》

乘局（专管皇家坐骑的部门）中有兽医70名，太仆寺中共有兽医学教授4名，合格兽医600名，另有100名学生在这学习。这些学生都来自普通的平民家庭，学习后经过考试，成绩合格者就可以当兽医了，成绩特优的有机会留校任教，成为兽医博士。虽然也是个"博士"，但跟唐朝大学教授——国子博士、太学博士比起来，差得不是一点半点，既没有官阶，也没有尊崇的社会地位。但不能否认的是，这个人微言轻的职业曾经起过重要的作用，在人类文明史上都有着自己的光芒。

唐代兽医的巨大工作量

从贞观年间起，官方就在陕西北部和甘肃一带大量牧马，40年后，马匹数量已经超过70万匹。唐玄宗登基后，继续推行他爷爷和太爷爷的畜牧政策，使全国的牛、马、羊等牲畜数量达到顶峰。这还只是在外放牧的部分，加上皇室的车马队里的、各地驿站中饲养的，总数非常庞大。自然，所有的这些牲口一旦病了、伤了、残了

都需要兽医，想想都觉得医生们压力山大啊！

此外，如果遇到战事，行军打仗也要带上兽医。兽医们要根据马匹的数量预备对应的药品和器械，以备不时之需。除了给动物治病，这些兽医也研究如何优化养殖业。正是因为战马、耕牛以及羊、猪等都受到了良好的照顾和培育，唐朝的经济和军事实力才能不断上升。

唐代兽医的丰硕成果

以最受重视的马为例，唐朝时，国家所有马匹也像居民一样有自己的档案，品种好不好、毛色怎么样、年龄怎么样，一查就知道。基于对马匹很深的了解，唐代兽医们给农业部门贡献了科学养马的指南，明确提出各种饲养标准和条件，指明如何预防疾病。此外，他们还总结出了马常患的病症，写明每种病的发病原因以及相应的治疗方法。

更厉害的是针对马的针灸术和外科手术。就像中医讲究在人体不同穴位上针刺治疗一样，唐兽医探明的马穴位有70多处，记录下的有效针刺点更有100多，这都可以看作是早期的"畜体解剖学"。对于马患的一些较为严重的疾病，唐代兽医还能进行手术。比如"取槽结（马腺疫）法"，可以摘除马化脓的淋巴结，整个过程跟现代兽医已经十分接近了。

既有足够的实验对象（几十万匹马），又有足够的实验数据，兽医们不发个文章、出个专著岂不可惜？别担心，唐朝可以说是兽医文献井喷的时代，《相良马经》《伯乐针经》《玉良百一歌》《看马五脏变动形相七十二大病》等文章相继面世。唐末人李石撰写的《司牧安骥集》收录了当时所有的跟马病有关的优秀文章，这也是中国最早的一部兽医教科书。

这么卓越的成就，各国遣唐使肯定不会视而不见的，贞元年间，日本留学生中就有兽医的身影。他们不但学习了医术，还把唐朝的马籍制度搬了回去。

18世纪之后，世界上终于出现了以西医为基础的兽医科，由于临床试验和药品质量的可控性更高，所以发展更完善，也成为主流选择。不过，在中国最权威的动物医学院里依然保留着中兽医相关的课程，也有中兽医的门诊，期待未来中兽医这门集结着老祖宗丰富的经验、技能的手艺能有机会发扬光大。

"歪果仁"在大唐能做啥
——意想不到的唐朝"怪职业"

从南北朝到隋唐，中国从漫长的分裂重新走向统一，国家的整体实力一直在提升，而中华文化的影响力也随之扩大，在唐朝终于达到了巅峰。盛唐之景如此让人怀念，正是因为在内四海升平、安居乐业，在外万国来朝、四方臣服。歌照唱，马照跑，这边风景格外好。

自然而然地，这么好的地方很快就让外国人发现了，大量的"老外"涌入大唐，有经商的、学习的、朝拜的，甚至还有干脆停下不走长期居住的。那些留下来的外国人迅速本土化，最终成为"新唐朝人"。好玩的是，就在"新唐朝人"中还产生了两种让人意想不到的职业。

中亚来客的首领——萨保

"萨保"是一个外来语，意思是首领。那么，谁来担任"萨保"这个职务，又具体负责些什么呢？这就要从神奇的粟特人开始说起了。

粟特人世代散居在中亚的阿姆河和锡尔河地区。注意，我们这里说的是散居而不是集中居住。他们之所以不集结起来建立一个庞大的粟特国，是因为沙漠里的绿洲和水源很少，彼此之间也有距离，所以倚靠绿洲生存的粟特人就这样一小撮一小撮地聚集着，形成了几十个大大小小的国家。在那样的恶劣生存环境下，大家还是各过各的更为方便。

后来，这几十个国家稍微合并了一些，但仍分为康、安、曹、石、米、何、火寻、戊地、史九大姓氏，以昭武为标识（据说源自他们在汉朝时的故乡——祁连山北昭武城），因此被中国的史书称为"昭武九姓"。我们熟悉的安史之乱的两大罪魁祸首安禄山和史思明正是粟特人的后代。

粟特人虽然没有兴趣建立一个大一统的粟特帝国，但他们有着自己独特的民族性格——随遇而安，适应性强。他们身处丝绸之路的十字路口上，往南可去印度，往北可去突厥，往东就是大唐，往西又是波斯和罗马。于是灵活机动的粟特人们找到了最适合自己的职业——商人。就像犹太人或者温州商人一样，粟特人最大的爱好是四处奔走，跟不同的国家、地区做生意，从而互通有无，同时也不断赚钱。

不过，这种中间商的买卖也不是那么好做的。要知道，在沙漠瀚海中带着货物走长途对个人而言非常危险。为了克服恶劣的自然环境，也为了彼此照应，防止被打劫，粟特人一般都会结成百人级别的商队，而这种商队的头儿就是"萨保"。萨保作为最高领导者不但要管理商队的成员与行程，还要处理外交类事务，比如跟所经地的政府官员搞搞关系、攀攀交情，更重要的是，萨保还是粟特人信奉的宗教——琐罗亚斯德教（也就是我们常说的祆（xiān）教、拜火教）的领袖。这样政务、教务一把抓的角色，当然是粟特人里最有地位和威望的存在了。

而后，粟特人在中国越来越多，中央政府为了更好地约束、管理这些异族客商，便顺水推舟地把"萨保"纳入本地的官僚体系了。从那时起，萨保不再只是粟特商队的首领，更是被中国政府认可的官员，专门负责约束、管理、汇报粟特人的相关事务。

历史上"萨保"最早作为一个官职出现，是在北朝时期，那时候不但有京都的总萨保，如所谓的"九州摩诃大萨保"（见于《唐元敬墓志》），还有各州的萨保，如雍州萨保、凉州萨保和甘州萨保等。萨保们可以有自己官邸——萨保府。

这套制度在隋唐得到了继承和进一步发展，萨保府内还有祆正、祆祝、长史、果毅、府率等各种各样的官职，可以帮助萨保处理宗教和行政上的各种事情。他们各有品级，跟本土的汉人官吏没什么差别，只不过专管粟特人，在辖区内实行自治。在唐代时，很多粟特人的户籍已经和汉人一样被编入各个地区政府，需要尽公民义务（交税、服役），最终成为正式的大唐居民。

当基督教遇到大唐——外国传教士们

粟特人的拜火教因崇拜火而得名。拜火教本来是古代波斯帝国的国教，也曾是西亚最有影响力的宗教。不过，这不是唯一的外来西方宗教，景教（属于基督教的一支）在唐朝时也来中国安营扎寨了。

景教源于大秦（古罗马帝国），是基督教内部教派对立的产物。在针锋相对中，神父聂斯脱利失势，随后被革职驱逐，他的追随者们只得一路向东逃亡。自从听说东土大唐的君王秉持着对外来文化兼收并蓄（"示存异方之教"）的好政策，饱受迫害的聂斯脱利派教徒们便心生向往，跋山涉水地来到了长安。

贞观九年（635）的一天，在长安城西郊，宰相房玄龄率领仪仗队等待着什么人的到来。原来等来的是来自西亚的景教传教士，为首的是主教阿罗本。这些传教士被迎入皇宫大内，受到唐太宗的亲自接待和问询，随后得到了官方认可（详情见《大秦景教流行中国碑》）。就这样，景教在中国扎了根。

景教在中国的命运可谓跌宕起伏。

在得到官方的传教许可后，景教在长安义宁坊建了第一间寺，之后成功传播，短短几年内就出现了上百城有景教寺院、人人都信景教的景象。不过好景不长，女帝武则天上台了，这可是位独尊佛教的铁腕人物，景教的日子变得越来越艰难；熬了好一阵子，景教终于等到了希望的曙光——唐玄宗。玄宗一改排斥打压景教的政策。天宝三年（744），大秦新景教传教士吉和来到长安，代表景教重新得到了皇帝亲见的殊荣。第二年，唐玄宗为景教寺院赐名题匾，大大提升了景教的地位。

公元781年，一位名叫伊思的波斯传教士出钱，请人刻石立碑，详细记载了景教进入中国的经历和教义，这就是鼎鼎大名的《大秦景教流行中国碑》（现藏于陕西西安碑林博物馆）。唐末发生了武宗灭佛事件，原本不相干的景教也被波及，因此这块石碑又被虔诚的景教徒们埋在地下保护起来，直到几百年后的明朝，才重新被挖

大秦景教流行中国碑（局部）

出。在这块碑上清晰地刻着中国教父、修士和牧师等的名字，也是唐朝人民接纳并帮助景教传教的最好证明。

　　回顾历史，萨保一职代代相传，安史之乱后，唐王朝自顾不暇，关于萨保的记载也就慢慢消失了。相比之下，神父们的职业生涯显然长久很多，自《大秦景教流行中国碑》之后，景教仍然持续传播了大概120年。无论萨保还是景教传教士，他们的存在也是唐朝文化开放、包容的最佳注脚。

第六章　学

隋唐的娃娃是
怎么样读书的

近代思想家、教育家梁启超先生在《少年中国说》中说："少年智则国智，少年富则国富，少年强则国强，少年独立则国独立，少年自由则国自由，少年进步则国进步……"众所周知，少年是一个国家的未来，但未来这张纸上会出现什么样的图画，绝大部分取决于他受到了怎样的教育。隋唐两代创造了许多中国历史上绝无仅有的成就，这是无数人才共同努力的结果。那么，这些人在幼年时是接受了怎样的教育呢？

唐朝的官方学校招生时要求必须是14岁以上的青少年，只有极少数情况下才招童子（童子科相当于现在的少年班）。而且，就算有小天才被破格录取，也得和普通人一样接受为科举考试量身定制的课程，难度相当大。

14岁以前的儿童开蒙怎么办？这可不归官学管，也就是说那时候的幼儿园、学前班、小学和初中阶段，全都得自己想办法搞定。面对这种情况，当时的家长们可谓"八仙过海各显神通"，用各种办法来完成启蒙教育。

自家娃儿自己教——在家启蒙

唐代的儿童教育很依赖家学。所谓家学，就是家里自己教，主要是"父亲传业子女，亲友教授晚辈，母亲训诲子弟"。从小全家齐上阵，让孩子识字、阅读、背诵，先学习一些简单的启蒙作品，再接触四书五经等儒家经典。我们来看几位"学习标兵"。

玄宗时，河中宝鼎（现在的山西省万荣县）有个叫薛播的孤儿，带着兄弟们投奔伯父伯母。他的伯母林氏可不是一般人，博学多才，对五经（《诗经》《尚书》《礼记》《周易》《春秋》）研究颇深，擅长写文章。薛播的伯父也去世之后，成为寡妇的林氏十分坚强，不但撑起了整个家，还坚持教自己的四个儿子以及薛播三兄弟读书。她严格训导，直到孩子们参加科考。没想到从开元到天宝的二十余年里，这七个男孩先后考中进士，苦尽甘来，满门荣耀。这正是林氏家庭教育的成功典范。

德宗时，有个著名的文人名叫宋庭芬，祖先正是大名鼎鼎的文学家宋之问。不过传到他这一代的时候，宋家已经比较没落了，而且只有五个女儿。在那个时候，女子不论多优秀都只能结婚嫁人，无法参加科举。但宋庭芬丝毫不介意，反而尽心尽力地教导，把五个女儿培养得知书达理、精通诗文。随着五姐妹名气越来越大，有官员向皇帝举荐了她们，后来姐妹几人受到皇室的礼遇，经常进宫给贵人们讲学，还曾掌管过宫务。在男尊女卑的年代，宋氏五姐妹没有选择传统的相夫教子之路，反正通过家庭教育成为以学问闻名天下的"少数人"，实在难得。

要想教出这样的孩子，除了作为老师的长辈们自身的文化修养优势外，严谨的家风家规也是必不可少的。在唐朝，若说起家法严明，那就莫过于河东柳氏了。柳公绰一门显贵，与其弟柳公权、其子柳仲郢、其孙柳璧、柳玭等皆至高官，并有著作传世，但这都不是靠着祖荫继承来的，而是用功苦读才达成的。据说柳家有一种用苦参、黄连和熊胆做成的苦药丸，孩子们晚上熬夜学习时，如果困了就会含一颗清醒一下，继续学习。除此之外，生活中柳家也非常注重培养孩子们吃苦耐劳、勤俭节约的精神，极力避免好逸恶劳、攀附权贵的行为。后来，柳玭总结了家传文化，写下了《诫子弟书》和《柳氏叙训》。

还有三字经中提到的，"窦燕山，有义方。教五子，名俱扬"，虽然是五代时的故事，也是家教家学的典范。

延请名师来授课——私塾求学

那些能在家读书的孩子是因为本身就出生在书香门第，如果是普通人家的孩子，父母自身水平都有限，自然难有这样的机会。另外，随着唐朝中后期科举考试难度的不断增加，为了增加中选概率，哪怕是具有文化底蕴的大家族，往往也会请外姓的名师来家里授课。一开始可能只专门给自己家的孩子讲，后来亲朋好友的子弟都会一起学习，"独乐乐不如众乐乐"，这种也就是家塾了。

家塾毕竟还是有些财力的家庭才能承担的，一般老百姓家的孩子父母大多目不识丁，而且终日忙于劳作谋生，既没有能力也没有时间教养孩子，他们怎么办呢？还好，唐代是非常鼓励私立学校存在的，比如一个村子共同凑钱来聘请先生办村学；退休文官发挥余热自己开班授课聚徒讲学；另外还有些开在幽静地方的书院等；都是官方允许的形式。这些私立学校的出现，打破了从前门阀世家垄

南宋　刘松年　《唐五学士图》

断教育资源的局面，让乡村的孩子们也有机会读书，参加科举考试改变命运。

隋唐童书有什么

给儿童启蒙，总不能一上来就让人望而生畏，净打击积极性。这时候，《千字文》《咏史诗》一类少儿教材的重要性就体现出来了。

在敦煌莫高窟的藏经洞中，考古学家们找到了唐朝启蒙的课文，叫《开蒙要训》。全文不过一千多个字，和《千字文》一样每句四个字，都是单词，内容包含了生活中吃的喝的穿的用的天上飞的水里游的。什么日月光明、虎豹豺狼、麝香麋鹿、胭脂黛黛、梳钏钗只……好些字是我们今天早已不流行的，感觉听写的时候一定很要命。这篇《开蒙要训》应该是当时非常流行的必修课程，因为敦煌藏经洞里一共发现了近80份，不过有人写得工工整整，有人写得一塌糊涂，看来"学霸"和"学渣"的差别是哪朝哪代都有的。

唐玄宗曾让学富五车的重臣徐坚给他的皇子们编了一套叫《初学记》的书，有点像现代的百科全书，目的是方便皇子们学诗作文时引用典故和检查事类。这套书中含有对很多当时房屋、器物、服饰、食物的记载，可以了解唐代生活，而且它丰富的知识性即使放在现在也不过时。

在今天看来，唐朝的教育方式还是具有许多闪光点的，整个社会对于知识和教育都有相当强烈的向往和尊崇。而大唐盛世之所以被后世称赞，与唐代的教育制度不无关系。当大部分国民都受过良好教育，发自内心认可应该为国效力时，国家怎么会不更加富强呢？

在隋唐如何
上大学？

好好读书、将来考大学是很多人的学习目标。教育是国之根本，人才是国家的核心竞争力，这个道理古人也很早就明白。《礼记》有云："王子命之教，然后为学。小学在公宫南之左，大学在郊，天子曰辟雍，诸侯曰頖（pàn）宫（这里说的小学、大学与现代的概念不同，主要按照年龄分为不同的学习阶段）。"由这段记载可知，早在周朝，男性贵族们从小就要先去城里的"小学"，之后再去城郊的"大学"，学习君子所必须掌握的四书五经六艺。不过，辟雍和頖宫都还不是纯粹的学校——那时候物质条件有限，盖的宫殿少，所以它们还需要兼有宴会厅、祭祀台等功能。虽然简陋，但总算是有了高等学校的萌芽了。那么，这样的"原始大学"是如何发展壮大的？

古代"大学"如何发展壮大

汉武帝元朔五年（前124），中国历史上第一个正式的公立高等教育机构——太学终于出现了。最初只有五个科目的老师（被称为五经博士）和弟子五十人，简直"寒酸"得可怜。后来科目及人数才越来越多。汉元帝时博士弟子已经有千余人，到了王莽篡政后居然达到了前所未有的上万人。在今天，一所大学有上万名学生早已不足为奇。可是在汉代这个规模还是相当惊人的。为了让博士弟子安心学习，国家还免了他们的赋税和徭役，福利保障的力度很大。哪怕汉末三国之时，天下大乱，各自鼎立的魏、蜀、吴政权都还是努力维持着教育系统的运转。

晋武帝咸宁二年（276），国家又设立了另一个高等学府——国子学，与太学并立。它们有什么差别呢？一般认为，国子学只招收当时的高官或贵族子弟（三品以上及国公子孙、从二品以上曾孙），也就是俗话说的"拼爹"。

从此，这套新的教育系统一直延续了下去。太学、国子学都以经学（诗、书、礼、易、春秋）作为唯一的课程，可选择的空间很有限。直到南朝刘宋政权时，首次突破了这个传统，创立了分科，为隋唐专科学校的发展奠定了基础。换句话说，从这时起，古代大学里终于有了不同的系。

隋朝的教育改革与隋文帝的"任性"

隋朝是个在中国的教育史上留下了浓墨重彩一笔的朝代，既因为科举制度的创立，也因为沿袭北齐国子寺而设立了"教育部"——国子监。在国子监里，最高官员为"祭酒"，等同于现在的国家教育部部长，他的手下负责管理学生们的行政事务，如学籍、成绩一类。

当时的"大学"中，有特供贵族高官子弟学习的国子学，有专门招收中等官僚子弟的太学，也有寒门子弟可读的四门学。此外，还有专修书法的书学院，培养天文历法、财务水利等专业方向的算学院和大理寺下属的法律系，跟现在的综合性大学比起来也毫不逊色。

从隋朝建立之时，隋文帝就在有识之士的建议下坚定地执行"兴学治国"的方针，因此投入了巨大的成本招募各地著名学者来当"大学老师"，同时征集典籍，扩大"大学图书馆"的藏书量。花了这么多时间精力，自然对于人才的产出报以很高的期望。令人意想不到的是，官学的教育质量却没有跟上去。气鼓鼓的隋文帝不但屡次下诏责备国子监的官员，还关闭了不少学院，弄到最后全国只剩下七十个学生。虽然不少官员、学者上书劝说，但隋文帝一直倔强地坚持"重质不重量"。直到隋炀帝即位后，才重新明确了大学里老师的数量、职级和学生们的入学指标。

唐朝"大学"面面观

隋两代而终，战乱之时教育系统难免受到冲击，所以唐高祖李渊即位之始就重新恢复了太学，之后的皇帝们也大多十分重视官办学校的发展，唐高宗又在东都洛阳另设一监，扩大了教育规模。唐代的教育体制基本与隋朝相同，由位于"教育部"国子监统领国子学、太学、四门学、律学、书学、算学等六学，不过也实现了很多新突破。接下来，我们就从方方面面了解一下唐代大学生的学习状况：

教材：经学一直是古代高等教育中最重要的学科，不过每个

明　张居正　《帝鉴图说·召试县令》

朝代选用的官方教材都不一样。这可是个很大的问题，如果老师们各有各的书，学生到底学哪本？最后怎么参加统一的"公务员考试"？于是从唐太宗时代开始，政府就出面请各地名儒组成"教材课题组"，修订五经官方教科书——《五经定本》。光有教科书还不算，要是对课本的解读不统一也会是不小的麻烦，所以得有与教科书配套的官方注释书籍——《五经正义》，垄断一下解释权。

老师：行完初次见面时的拜师礼，学生们就要正式接受老师的教导了。国子监上上下下的学官，不论是国子祭酒、司业，还是太学博士、助教，都是精挑细选的饱学之士。像我们所熟悉的唐宋八大家之一韩愈，就曾担任国子祭酒。他上任前，学生们欢呼雀跃，都说"韩公来为祭酒，国子监不寂寞矣"。在学校的日常教学中，都是由老师先大致讲解，然后学生们自己诵读、研究、思考，再由老师们进一步解释答疑。这样以自学为主，讲解为辅，并且鼓励学生切磋、辩论的教学方式，与现代大学的教学方式其实是不谋而合的，在那个时代更显得先进科学。

招生：在"拼爹"的时代，出身于什么样的家庭直接决定了能进什么学院学习。如果是高官或贵族家庭出身，那就可以进最好的国子学；如果是三品到五品官员的子弟则能进太学（各国留学生们也在太学）；剩下的寒门学子只能去四门学、算学、书学和律学。所以看一个人在哪读书，就知道他的出身是什么水平。在科举进士都是长安、洛阳二监出身的年代，没有国子监的学习背景就很难走到官场，而国子监学生们的同窗之谊也是日后重要的政治资本，有点类似"混圈子"。

考试：当学生哪有不考试的，国家投入这么多人力物力就是为了培养人才。怎么把人才筛选出来呢？还得靠考试。跟今天的考试相比，唐代考试一点都不简单。当时有旬考、月考、抽查考和年度大考。其中旬考（十天一考，考完放一天假）有三道大题，答对两道才算合格，不合格就要挨罚了；年考更可怕，一整年的学习内容都是出题范围，有题十道，对了八个算优秀，对了六个算合格，五个及以下就是不及格了。不及格就得留级重修，要是学了九年还没长进，那就只能退学另谋生路了。最难的莫过于毕业统考了，如果合格才有资格参加科举省试。

看了这些，是不是觉得唐朝的"大学"也是有模有样的呢？其实，一个国家的教育与时局的稳定是紧密相关的，唐朝中后期藩镇割据，战争频发，大家渐渐无心学习。另外，太学及国子学的学生本就出生贵胄之家，多的是骄纵懒惰之人，当学官不受朝廷重视时，一群有钱的官二代聚在学校吃喝玩乐，欺负老师的事儿也不算少见。学风不正，学校也渐渐凋零，在唐朝晚期竟沦落到了馆舍荒芜、如同虚设的地步，可悲可叹啊。

朝为田舍郎，暮登天子堂
——隋唐高考带来的新希望

现代学生当中有一句长久流传的俏皮话，"考考考老师的法宝，分分分学生的命根"，几乎没有人喜欢考试。可是在中国历史上，考试对于读书人而言曾经是来之不易的机会。"学成文武艺，货与帝王家"，这是元杂剧《马陵道》中的经典台词。在封建社会，大多数有识之士若能当官，就意味着既能找到一个合适的平台发挥自己的才干，又能获得尊崇的地位和财富，还能为国效力青史留名，这就是最好的出路。孔子所说的"沽之哉，沽之哉！我待贾者也"，描写的也是读书人渴望被赏识重用的急切心情。

不过，除了战国时期短暂的"养士之风"，让一些出身寒微的贤才有机会登上历史舞台外，在隋唐之前的绝大多数时间里，这些事儿基本上跟平民子弟没有太大关系。无论是先秦入仕的"世卿世禄"还是魏晋选官的"九品中正制"，都只展示了一个残酷的现实：学得好不如生得好。在绝对的阶级壁垒面前，才华是不被尊重的，只有出生在垄断了教育资源的贵族家庭才可能拥有锦绣前程。

到了隋唐时期，平民阶层的年轻人终于有了更多的机会，而这个转变正好跟考试有关。

隋朝科举的诞生

高门显贵的孩子一定优于普通人家的孩子吗？显然不是这样。隋文帝杨坚上台后，很快提出了自己选拔人才的政策——"今之选举者，当不限资荫，唯在得人"，也就是不看出身，只重才学。他下令各地推举人才参加朝廷举办的考试，以成绩作为录取标准。不过，隋初的考试制度比较粗糙，多久考一次不定，考试方法也不完备，考题内容和范围同样比较随机——估计那时候的考生也是相当抓狂的，但我们必须承认，这个"以考取人"的方针是中国历史上的一次重大进步。隋炀帝正式设置了进士科，主要考核参选者对时事政治的看法。自此，科举制度首次出现，到清光绪三十一年（1905）举行最后一科进士考试为止，前后经历一千三百余年。

在本就不长的隋朝中，一共也就举行过四五次科举考试，所有中选的秀才（除了文采斐然还要精通治国方略，难上加难）、进士加一起不过十二人。这十二个人绝对都是精英中的精英，可惜还没来得及在隋朝发挥什么作用，就全部便宜接手江山的唐朝了，后来的唐代名臣房玄龄、杨纂、杜正伦、许敬宗等人都出身于隋朝科举。

唐代科举的发展

唐朝国运绵长，大多数时候社会稳定，因而有足够的时间让朝廷研究怎么完善考试制度，以选出最多最好的人才为国效力，因此科举制度在唐朝得以蓬勃发展。

　　先来说说谁有资格参加考试。唐代参加科举的应试生源主要有二，即"生徒"和"乡贡"。生徒是官方学校上学的学生，而乡贡是在民间私塾读书或者自学成才的有志青年。这些人加起来不是个小数目，所以也不是所有的生徒和乡贡都有资格去长安参加省考。

　　生徒得先通过校内考核；乡贡更麻烦点，需要携带自己的"简历"和"身份证"去所在的州、县统考，合格后才能在每年十月赴朝廷参加大考。这个流程称为"发解"，州县预试的第一名称为"解元"。这个套路就像现代娱乐圈选秀的海选赛制一样，先设置点关卡，把不太符合的直接淘汰，优中择优，减少麻烦。

　　每逢考试，大家最关心的还是具体考什么。唐代常设的科目种类繁多，有秀才、明经、俊士、进士、明法、明字、明算、一史、三史、开元礼、道举等，让人眼花缭乱。好在，当时的考生不用全考，只选一科自己擅长的就行。其中，秀才科和隋朝一样，考试难度太大，没什么人敢报考，所以没办多久就废止了；明法科选拔法律人才；明字科选拔书法人才；明算科选拔天文、水利、工程类人才……最受重视的当属明经科和进士科，明经科专考儒家经典著作，要求也不是太高，能熟读背诵经文和官方注释就行，考生不一定理解得很深刻，算是个记忆力考试；进士科就难了，要求不但能默写经典里的内容，还能作诗赋、写铭文，还能针对时政问题提出真知灼见，能通过的绝对都有真本事。

　　正因为难易程度截然不同，所以民间有"三十老明经，五十少进士"的说法，意思是明经科的录取率高，含金量一般，三十岁考上已经算老的了；而进士科每次千余人参加仅约三十人中选，得到

明 仇英 《帝王道统万年图》（局部）

社会的广泛认可，五十岁能中选都算年轻的呢。

多年寒窗苦读，一朝金榜题名，怎么能不好好热闹下？诗人孟郊说过，"春风得意马蹄疾，一日看尽长安花"。原来，每逢进士发榜，新科进士们就会在杏园聚会。宴会中大家会推选两名年轻英俊的当"探花使"，派他们骑马遍游城内各大名园，摘回好看的花供大家玩乐。唐中宗神龙年间，进士张莒游慈恩寺，一时兴起，将名字题在大雁塔下。后来，新科进士们纷纷模仿，白居易27岁一举中第后，也是在那儿留下了"慈恩塔下题名处，十七人中最少年"的得意。

新兴的武举与童子科

在唐代，除了传统的文科举，还有武举与童子科。武则天时代首开"武举"，通过骑马射箭、平地射箭、马上枪法、负重摔跤等科目选拔将才。要说唐代最著名的武状元，当然是几乎以一己之力逆天平定安史之乱，单骑退回纥的郭子仪啦。

文才武将都被大唐收罗走了，天才儿童也不能放过，毕竟秦朝时就有甘罗十二岁拜上卿的先例，对这些人，唐代专门设置童子科选拔。于是，天赋异禀的小可爱们和成年人同场竞技的神奇景象出现了。《旧唐书》中也不乏"神童举，拜校书郎，为崇文馆学士，时年十岁""上元二年或三年中第，年龄约为十二三"之类的记载。

自科举制度确立，天下人尽可安心读书，因为他们知道只要努力，就有改变自己和家族命运的希望。有一次，唐太宗在宫城上看着又一批新进士列队而出，非常得意地感慨"天下英雄尽入我彀（gòu，指圈套、牢笼）中"。是啊，当一个国家拥有充裕的人才储备，一支高质量的官僚队伍，离盛世又怎么会远呢？

读书、写诗、做官，
大唐才女样样都争先

在今天男女平等的社会，男女都有受教育的权力，不会因为性别差异而有所区别。可是在古代，男尊女卑的思想几乎贯穿了上下五千年，女孩子们很难有机会上学读书，更不用说参加科举考试了。即使这样，在历史的长河中，仍然涌现出许多天资聪颖、满腹才情的女子。可惜，由于缺乏参与公共事务、行走天下的权力，才女们或屈服于封建道德，以维护女子本分的姿态获得男性的认可，比如写出《女诫》、让女人们听话懂事守规矩、自认矮男子一头的班昭（汉代名将班超的妹妹）；或虽精于琴棋书画、诗词曲赋，才华明明不输男子，但诗文中总有莫名的自怜和哀怨，失了更大的格局。在机会面前，男女明显是不公的。

相对而言，唐朝是中国历史上给予女子最多自由的朝代，在这样的土壤里十分难得地出现了一批更接近学者的女性，留下的成就并不输于须眉男儿。

扫眉才子薛涛

薛涛，长安人士，本是个官员家庭的独生女。父亲薛郧学识渊博，丝毫不嫌弃薛涛是女儿，从小就教导她读书写诗。一日，薛郧在庭院中的梧桐树下歇凉，忽然吟诵道："庭除一古桐，耸干入云中。"薛涛随口接上了后两句："枝迎南北鸟，叶送往来风。"又工整又雅致。而那一年，她不过八九岁！薛郧又喜又惊，喜的是女儿天分很高将来必是才女，惊的是联句中隐隐透出迎来送往的意思，对女子而言恐怕不是吉兆。

没过多久，薛郧因为得罪了当朝权贵被贬谪四川，于是一家人搬往成都。虽然俸禄少了，环境也和繁华的京城比不了，但还是过了几年和睦日子。薛涛十四岁那年，薛郧在出使南诏（现在的云南）的路上染病去世，只剩下孤儿寡母相依为命。为了生计，薛涛不得已加入乐籍。与其他单纯靠姿色的姑娘不同，薛涛不但姿容美丽，还"通音律，善辩慧，工诗赋"，因此很快脱颖而出，又因一首意境高远、毫无少女之气的《谒巫山庙》而被剑南西川节度使韦皋垂青。

薛涛长期陪侍在韦皋身边，越来越多地展现出自己的才华，逐渐获得韦皋的信赖。一次，韦皋试着让她做秘书工作，帮忙处理案牍。没想到这些公文根本难不倒薛涛，她总是做得又快又好，让人不敢小瞧。到底有多好呢？好到韦皋要破例向朝廷申请授给薛涛"秘书省校书郎"的官职。校书郎主要负责撰写公文和典校藏书，虽然只是个末流的从九品，但也是进士出身的人才能担任的（白居易、王昌龄、李商隐、杜牧等人都是从这个位置做起的）。由于历史上从没有女子担任"校书郎"的先例，这个申请没能成功，但给

西安中堡村唐墓出土三彩女俑

薛涛留下了"女校书"的美名。

薛涛和唐代许多著名诗人都有诗词唱和来往。像元稹、白居易、张籍、王建、刘禹锡、杜牧、张祜等人都曾真诚地赞赏过她的才华，被时人称为"文妖"。当时蜀中的信纸都是大纸张，而且质地普通。常常需要以诗会友的薛涛干脆发明了类似现代的涂布加工工艺，并用这个技术制造出一种小面积的深红色含花瓣诗笺，在文化圈里一炮而红。这款创于1000多年前的文创产品，让后人看到了薛涛的蕙质兰心，也留下了很多故事。

诗人王建曾经称赞薛涛道："万里桥边女校书，枇杷花里闭门居。扫眉才子知多少，管领春风总不如。"薛涛受到很多男子的追捧，不过她后来脱了贱籍，仍然选择终身不嫁，定居在浣花溪，安静地过完了后半辈子，传世的90余首诗作收录于《锦江集》。

如果薛涛有参加科考的机会，如果她能四处旅行，如果她能经营自己的文创品牌……她的成就肯定远超那个只能当乐伎的自己。

称量天下士的上官婉儿

2013年9月，考古学家们在西安咸阳机场附近发现了一座唐墓，并通过墓志确认了墓主人的身份——大唐女诗人、政治家、武则天的机要秘书上官婉儿。

麟德元年（664），上官仪因替高宗起草废皇后（武则天）的诏书而被武则天所杀，而且连累全族获罪，他的儿媳郑氏以及还在襁褓中的孙女上官婉儿被罚为官奴并被带入宫中。虽然上官婉儿带着罪人的身份在宫中长大，但被母亲教养得很好：熟读诗书、才华横溢。在一个偶然的机会下，少女上官婉儿被武则天发现，在现场考核中以文才深深打动了惜才的武则天，得以免除奴婢身份。据墓志记载，上官婉儿十三岁被封为才人，可能正是武则天为了抬举她而赐予的名分。

之后，上官婉儿一直近身伺候着武则天。武后称帝之后，宫中的诏敕（皇帝命令，发言稿）大多都是她写。因为掌管草拟诏书多年，所以被大家称为"巾帼宰相"。上官婉儿不仅是诗人、秘书，也是有政治眼光的女官。唐中宗时，她被封为昭容，虽然有了皇妃的身份，但仍然更多地履行自己的文官职责，并参与政事。

传说中，婉儿出生前，她的母亲曾梦见一个巨人送来一杆秤，说是将来"持此称量天下士"的。没想到几十年后，炙手可热的上官婉儿真的利用自己的影响力设立昭文馆，广泛召集学士，并且多次在这里开展写诗赛诗的文化活动，亲做裁判，点评作品。

上官婉儿的文风深受祖父上官仪影响，厌恶无病呻吟，推崇豪放情怀。《全唐诗》中收录了32首她的诗。要知道，以女子之身影响唐朝文坛的风向，为朝廷挖掘大量人才；并以女子之身撰写皇帝诏令，参与核心政治，这在历史上都是绝无仅有的。

虽然上官婉儿曾拼死劝谏唐中宗不要立安乐公主为皇太女，但公元710年，临淄王李隆基发动政变时仍然没有接受她的投诚，将她与韦后一党通通剿灭，一代才女香消玉殒。她的墓志是这么写的——"诗书为苑囿，撷拾得其菁华；翰墨为机杼，组织成其锦绣"，何其惋惜。

从薛涛和上官婉儿的传奇中，我们发现当有才华的女性也能拥有一方天地自由挥洒时，取得的成就将不亚于男子，而且天地越大，成就越多。当今社会，女孩子们已经早已拥有相对平等的受教育权和工作权力，抛弃了传统文化中"女子无才便是德"的糟粕思想，奋勇向前，在各个领域创造出属于自己的精彩。

"爱书狂魔"隋炀帝父子
与隋唐的书

　　唐高祖武德五年（622），大唐建立不久，当时还是秦王的李世民攻克了军阀王世充统治之下的古都洛阳。在这里，他不仅收获了大量的人口和物资，还发现了一笔意料之外的财富——堆积如山的隋朝藏书，总共有八万多卷。知识就是力量，李世民敏锐地意识到这批图书的重要价值，因此专门派官员将书籍打包好，用船装载从黄河逆流而上，打算运往都城长安。

　　原本一切都很顺利，可是走到今天的河南三门峡时，又出了大事故，运书的船也不幸触礁沉没了。史书记载说："多被漂没，其所存者，十不一二。"也就是说，这八万多卷图书被从河里抢救下来的，只有十分之一二而已，实在太可惜了！两千多年来，我国古代的图书典籍曾经遭遇过好几次大的毁灭性灾难，古人称之为"书厄"，大家最熟悉的秦始皇焚书即其中之一（但实际上当时焚毁的书有限），而唐朝初年的这次黄河翻船事故属于一场更严重的书厄。

隋朝搜书的狂热

洛阳城里之所以能够保存数量如此巨大的图书，跟隋文帝、隋炀帝父子俩大力搜书密不可分。隋朝建立之前，中国历史上刚经历了漫长的魏晋南北朝，战火频繁、社会动荡，给文化发展带来了灭顶之灾，很多珍贵的图书毁于战争，比方说，公元555年，南朝的梁元帝萧绎在国家灭亡前夕，竟然不顾一切地将14万卷藏书全部焚毁！

隋朝建立之初百废待兴，可惜朝廷的藏书非常少，比较尴尬。因此，很快就有官员提出应该重新恢复官方藏书馆藏。隋文帝也很支持。由于朝廷和官员手里都没什么书了，只能专门向民间求书。官府都没书，民间能有吗？还真有，即使在战乱年代，总还是会有

隋文帝像

一些爱书如命的人把书拼命保存下来。

为了鼓励老百姓献书，隋文帝发布命令，说只要谁捐献一卷图书，就能得到一匹绢的奖励。不光如此，这书朝廷也不拿走，只是借来抄写，抄完了以后图书原物还会归还给主人。上哪儿找这么贴心的政策呢？当时的老百姓也这么觉得，简直是只赚不赔的买卖啊，而且是双赢。重赏之下，必有好书，许多民间的珍贵藏书重新被聚集在一起。

如果只是搜书，还不算什么，隋文帝是真心爱书之人，他发现从南方获得的南朝旧书往往因为时间久远而字迹模糊，而且破破烂烂的，于是他从天下召集书法好的人，让他们专门负责抄书，然后收藏在宫廷图书馆里。

隋炀帝即位以后，隋朝的图书事业依然蓬勃发展。我们今天提到隋炀帝，可能首先会想到他的荒淫无道、不恤民力，实际上他的优点还是很多的，最起码从小天资聪颖，文化水平很高，不信请来看一首诗：

> 寒鸦飞数点，流水绕孤村。
> 斜阳欲落处，一望黯消魂。

正因为隋炀帝也有着不错的文化修养，所以他也丝毫没有放松对图书的搜集和修缮工作，不仅继续求书搜书，还派遣专人编书，据说最鼎盛的时候，隋朝的藏书达到了37万卷之多。

只可惜，在隋末的战争中，大部分图书又重新烟消云散，好不容易藏在洛阳躲过战火的，又覆没在黄河的滚滚波涛之中，让千年后的我们都感觉分外心痛。还好，幸存下来的隋朝图书目录仍然对唐朝的图书事业起了很大的帮助，唐人在此基础上重新搜集编排，最终正式形成了沿用一千多年的"经史子集"四部分类之法。

隋唐书籍长什么样

今天大多数书籍的装订方式都差不多——在一页页的纸上印刷文字和图像，在书脊上固定，读的时候看完一页翻到下一页，非常方便。可是，隋唐时期的书籍跟今天有很大的不同。

细心的读者可能已经注意到了，我们提到隋朝的藏书量时，用的单位是"卷"，而不是册或者本。没错，这个单位跟隋唐书籍的装订样式有直接关系，因为最常见的图书就是一卷一卷的，称之为卷轴装。在最早的时候，人们通常用竹简来抄书，不看的时候就像卷帘子一样把竹简卷起来收存。卷轴装受到竹简的影响，只不过它的书写材料是丝织品或者纸张，尾端有轴，收存的时候从轴开始卷，卷好以后用细绳捆绑。假如要读，便重新打开，刚好是从篇目的开头开始逐渐展开。

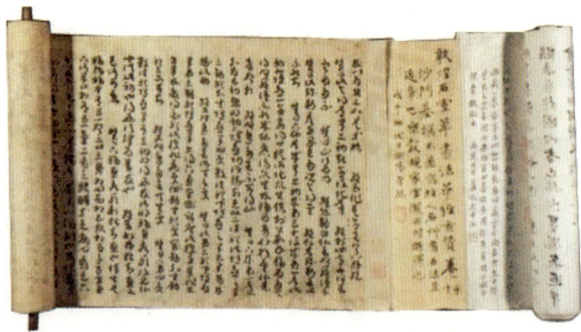

敦煌石窟卷轴装

卷轴装有比较简单的，就是一张纸，端头粘接一根长轴；也有非常高档的。史书记载，隋炀帝专门让人给宫廷所藏的珍贵图书抄写50部副本，并且把它们根据质量好坏分为上中下三等，上等用红色琉璃来做卷轴，中等的用绀（即深蓝色）色的琉璃，下等用漆木轴。这还是普通的书卷吗？简直是艺术品啊！

与之相比，唐朝皇帝有过之而无不及。前面提到，唐朝已经正式按照经史子集来给图书分类。在宫廷藏书中，经部的用钿白象牙轴，史部的用钿青象牙轴，子部用紫檀轴，集部用绿色象牙轴，而且不同部类图书用的衬底丝织品也有区别，堪称装帧豪华。

当然，在日常生活中，普通人也用不起这样的高级书，大多数的书还是抄在纸上的。20世纪最重要的考古发现之一——莫高窟藏经中就有不少的唐代纸质书，这些书正是写在长长的纸上然后再卷起来的。

卷轴装虽然做起来很方便，只需要一张纸、一根圆棍即可，可是阅读起来并不十分方便，尤其是在需要查阅某部分特定内容的时候，假如要查询的内容刚好在某一篇文章的最后一部分，为了找到它，就不得不把整个卷子打开，一行行找，读完了还得费劲重新卷起来。因此，人们也在积极探索其他的形式。除了卷轴装，唐代也出现了一些其他的装帧方式，比如经折装，它的书写材料仍然是纸张，可是写好以后不再卷起来，而是反复折叠，就像大家在古装剧中看到的奏折一样。这样一来就不用非要从头打开，而是可以"跳读"了。

隋唐时期，绝大多数的图书还要靠手工抄写，所以每本都不完全一样。到了唐代晚期，雕版印刷书逐渐普及，终于解放了抄书匠们，也给我国文化的繁荣发展注入了新的力量。

唐代的文具

——纸笔的故事

俗话说："工欲善其事，必先利其器。"对于文化人来说，最重要的工具就是文具啦。在灿若星河的隋唐文化中涌现过数不胜数的文人墨客，他们当然离不开由笔墨纸砚组成的"文房四宝"。别看是一千多年前，当时的文具可一点也不简陋，不仅产量高、质量好，还出现过一些名扬天下的高端产品。那么，唐代的文具究竟长啥样？关于它们又有过哪些动人的故事呢？

弹性十足的毛笔

过去曾有一种说法，认为毛笔是秦代的将军蒙恬发明的。实际上，毛笔的出现远远早于秦代。考古学家认为，史前时代的一些彩陶器上的图案应当就是用毛笔之类的工具所描绘的。最迟到了商代，已经有了比较好用的毛笔。秦汉到魏晋南北朝时，毛笔的制作技术进一步发展，笔已经成为文人必需品，同时还诞生了一批书法家，比如汉末的蔡邕、钟繇等。当时最常见的就是用细兔毛做的兔毫笔，此外还有鼠须笔，即用老鼠的细胡须制成的，据说大书法家王羲之就曾经用过。

隋唐时候的毛笔制作技术比起前代来又攀高峰，已经出现了名牌毛笔。比如有一种紫毫笔，是用老兔子背部的一小撮毛为原料制成的。这种毛颜色发紫，弹性很好，做成的笔尖刚劲有力。白居易曾经写诗称赞紫毫笔说"尖如锥兮利如刀"，可见其特色。

再如鸡距笔。鸡距是雄鸡的后爪，又短又尖。鸡距笔可不是用公鸡脚制成的，而是说它的笔头形似鸡距。在日本奈良正仓院刚好保留有十几支唐代毛笔，其中就有鸡距笔。它们的笔头果然和今天常见的毛笔不一样，根部比较粗，往前突然收缩，形成非常尖锐的笔尖。这是如何做成的呢？假如我们把鸡距笔的笔头切开就会看到，最内部是羊毛做成的芯，叫作"笔柱"，在它的外面缠裹着好几层麻纸，裹出锥形来，最外面一层才是用于蘸墨书写的笔毫。因为这个结构，所以鸡距笔又被称为缠纸笔。白居易也曾称赞鸡距笔说："足之健兮有鸡足，毛之劲兮有兔毛"，说明鸡距笔的特点也是弹性十足。

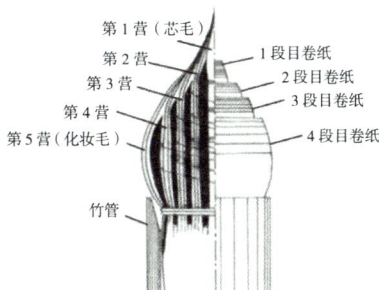

第1营（芯毛）
第2营
第3营
第4营
第5营（化妆毛）
竹管
1段目卷纸
2段目卷纸
3段目卷纸
4段目卷纸

正仓院的唐代毛笔

看上去，唐朝人追捧的好毛笔都是这种弹性好的。这跟当时的书写习惯有很大关系。唐代以前，人们日常书写无论用竹简还是纸张，通常都没有书桌，而是一只手把竹简和纸卷悬空拿着，另一只手持笔书写。竹简和纸张已经悬空无法受力，如果毛笔头还软趴趴的，写出来的字一定不好看，所以大家就喜欢用比较硬的毛笔。到了唐代，虽然家具逐渐变化，已经可以把纸放在案几上写字了，但这个习惯一时还没改过来。

唐朝时，虽然全国各地都能制作毛笔，但最好的制笔中心在宣州（安徽宣城），这里生产的毛笔可以作为贡品送入宫廷。当地最有名的制笔匠人姓陈，有一次大书法家柳公权向他求笔，没想到陈师傅只给了两支，还说"用得好了再来拿"，真是够傲娇的。

唐朝日常用笔最多的，莫过于读书人和考生。科举考试之前，考生等待入场，就有一些商人抓紧时机向他们兜售优质毛笔，只是价格也超出平时的十倍。看在马上要考试的分上，考生往往也不在乎差价了，只求这些好笔能帮助自己在考场上妙笔生花。精明的文具商人在卖笔的时候顺便还把考生的姓名记下来，等人家考中了进士，便寻到家里索要红包讨个彩头，同时也给自家产品打一波广告。这生意头脑是不是超级厉害？

轻如羽、白如云的纸张

关于古代的纸，过去也曾认为是东汉蔡伦发明了造纸术，实际上蔡伦只是改进了造纸术。在西汉早期，我国人民就发明出了纸。考古学家在甘肃天水的一座古墓中发现了一块西汉时期的地图，是画在纸张上的。

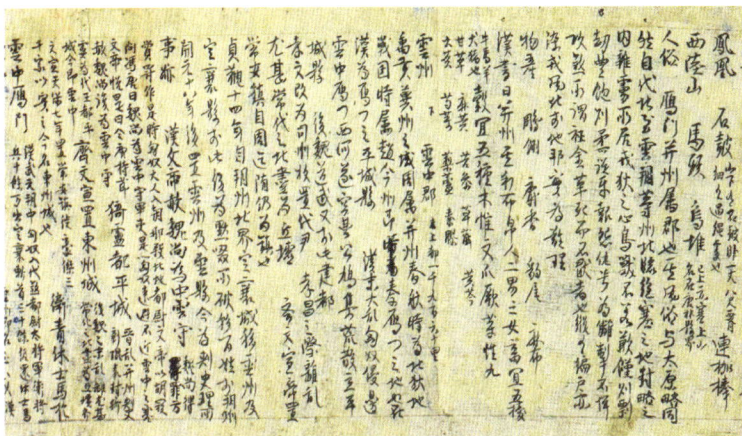

敦煌卷子 唐代行书作品

因为相比于更早的竹简和布帛，纸张又好用、又便宜，作为书写材料有很大的优势，所以在蔡伦之后也有许多人在继续改进造纸术。

到了唐代，造纸术已经相当先进，像毛笔一样，纸也形成了几大品牌，我们选其中最有名的宣纸和蜀纸来看：

1. 宣纸。宣纸今天还在用，画国画、练书法都离不开它。其实宣纸的"宣"，同样是指宣州，这里不但生产高级的毛笔，也生产名牌纸，可谓文房重镇。宣纸是以青檀树的树皮为原料，经过十多道程序制作完成的，更高级的一些还会在纸里掺入蚕丝，做成的"蚕茧纸"又白又轻，带有丝绸光泽。从唐代开始，宣纸已经成为书画家们习惯用的纸张品类。

2. 蜀纸。蜀纸也是唐代的宫廷贡品，产于成都。蜀纸当中，既有以麻为原料的麻纸、以桑树皮为原料的皮纸，还有一种很特别的

甘肃天水出土西汉纸地图

竹纸，原料是四川地区盛产的竹子。竹纸光滑细腻，而且抗拉能力强，不容易变形。关于蜀纸，也有一个跟柳公权有关的故事，说的是有一次皇帝跟一位宫女生气，柳公权见状不忍心，替她求情。皇帝手头刚好有一些蜀纸，就让柳公权在蜀纸上立马写首诗，写出来就饶了宫女。柳公权像曹植写《七步诗》一样，很快就写了出来：不分前时忤主恩，已甘寂寞守长门。今朝却得君王顾，重入椒房拭泪痕。皇帝读了很开心，不仅饶了宫女，还赐给柳公权蜀纸和锦缎。

在唐朝同时期的西方，造纸术还比较落后，经常用羊皮、树皮、纸莎草等作为书写材料。丝绸之路畅通后，中国的纸张也被商人们带到阿拉伯，受到巨大的欢迎。不过我们可以想象，经过层层倒手之后，纸张在那边的售价一定是很高的。

唐玄宗天宝十年（751），唐朝军队与大食国军队在怛罗斯（在今天的哈萨克斯坦）发生了一场战争，结果唐军战败，很多士兵成为俘虏，被带回大食。他们当中有会造纸的，于是就把造纸术传播到了大食。随后，先进的中国造纸术又从这里传到欧洲，很快就代替了以前的书写材料。中国的造纸术及其改进，对于世界文明都是具有重大意义的——便宜好用的纸张，极大地促进了知识的传播，进而改变了全世界。

虚心求学的东邻访客
——遣隋使与遣唐使

提到与中国一衣带水、比邻而居的国家，怎么都绕不开日本。日本受中国文化影响的程度非常深远。那么，关系如此密切的中日两国是从什么时候开始交往的呢？

五代时，开元寺的和尚义楚在《义楚六帖》中写道："日本国亦名倭国，东海中。秦时，徐福将五百童男五百童女止此国。"秦始皇帝一味追求长生不老，下令让方士徐福率领数千名童男童女去寻找海上仙山和不死之药。神药当然是找不到的，徐福等人害怕被治罪，就找了海岛定居，也就是现在的日本列岛。徐福的故事在《史记》《后汉书》和不少日本的史料中都有记载，不过迄今还没有直接的考古证据可以证明。到了东汉时（57），光武帝刘秀曾赐给日本国王金印一枚，上面刻有"汉委（倭）奴国王"，说明日本和中国已经有了载入史册的官方往来。公元4世纪时，日本终于出现了首个统一政权——大和国，大和国与中国依然保持着良好的关系。

一个叫"妹子"的男遣隋使

隋朝时，日本有一位摄政的皇太子圣德太子，他的老师——高句丽的高僧慧慈曾经对他说："大隋官制完整，国势强盛，笃信并保护佛法。"在这样的影响下，聪慧的圣德太子非常敬慕中华的先进文化并积极地学习隋朝的政治制度，之后制定出了"冠位十二阶"和"十七条宪法"、在日本推行中央集权化，鼓励佛教的发展。

隋大业三年（607），圣德太子派遣使团携国书前往中国，正式拜谒隋炀帝。领队人名叫小野妹子，但这位外交官并不是个真妹子，反而是个汉子。隋朝之行，小野妹子遇到了不小的职业危机。首先，圣德太子一改日本向中国称臣的谦恭，直接在国书上写："日出处天子致书日落处天子"，意思是推古女皇可以与中国皇帝杨广平起平坐。这句话在当时可是相当放肆的，毕竟只有我们天朝上国的皇帝才能自称天子，日本又小又落后岂敢妄自尊大？更何况将自己视为日出而隋朝为日落呢！

这下隋炀帝相当不爽，立刻吩咐外交部官员："蛮夷书有无礼者，勿复以闻"，压根不想搭理小野妹子等人。小野妹子这才慌了，赶紧解释说，"哎呀，我们汉语学得不好啊，文章都是乱写，您可千万别当真"，终于把隋炀帝哄高兴了。对于他的日本名字，隋炀帝怎么看怎么不顺眼，于是给他赐汉名"苏因高"，还派裴世清带使团回访，以示真天子的宽宏大度。不过，当裴世清等十三余人抵达日本时又出乱子了，这次小野妹子将隋炀帝带给倭王的国书搞丢了，差点被判流刑，好在圣德太子为他求了情才没获罪。

国书真的丢了吗？关于这一点历史学家们议论纷纷，大家猜测很有可能国书上有隋朝对日本失言的斥责，小野妹子担心天皇看了之后大怒，责怪自己出使失败或导致中日交恶，甚至引发战事，就故意毁掉了这封回信。

虽然一来一往波折不断，但日本皇室还是十分隆重地接待了隋朝使团。等到裴世清等人启程回国时，日本又把小野妹子等人派过去一起赴隋，这次除了携带写着"东天皇敬白西皇帝"（东边的天皇向西边的皇帝问好）的国书，还专门带了公派留学生四名、学问僧数十人一起前往，这是日本首次向中国正式派出留学生和留学僧。这一批留学生、僧回国后不出意外地对传播中国文化、改革日本政治做出了巨大贡献。

日本籍大唐进士阿倍仲麻吕

隋朝二代而终，唐朝继而大兴，国力日渐强盛，因此日本与唐修好，更加大量地派遣留学生和学问僧留学大唐。自630年日本第一次派遣唐使来唐，至894年，日本实际派遣了19次遣唐使（由于当时航海技术有限，成功到达的只有15次），每次有十来个留学生和几十个学问僧。一路漂泊艰苦，也未必平安，好在只要能顺利抵达大唐，等待他们的生活还是相当不错的。

留学生无论抵达唐朝何地，当地的官员都会以外国使节对应的规格接待，同时一路护送到京城长安。之后，留学生们都会去国子监学习，享受大唐专属留学生津贴，学习生活都不用花钱，想学多少年都行。这些留学生里的翘楚当属阿倍仲麻吕。

阿倍仲麻吕，汉名晁衡，出生在奈良附近的一个贵族家庭，从小酷爱汉文化。开元五年（717）九月，他终于抵达了日思夜想的长安。在国子监太学里，阿倍仲麻吕如饥似渴地学习，毕业后参加科考，居然一举考中进士。因为深爱中国文化，他决心留在长安暂时不回国。之后的几十年里，他从正九品下的小官开始做起，不断加官晋爵，还和著名诗人名士李白、王维、储光羲、赵晔（骅）、包佶等人都有密切交往。天宝十二年（753），仲麻吕决心回国，谁知所搭乘船遇险，一时间大家都误以为他已经遇难。李白怀着悲痛的心情写下了《哭晁卿衡》："日本晁卿辞帝都，征帆一片绕蓬壶。明月不归沉碧海，白云愁色满苍梧。"等大难不死的仲麻吕辗转回到长安后，看到了这首诗，不禁百感交集，回应了一首《望乡》："卅年长安住，归不到蓬壶。一片望乡情，尽付水天处。魂兮归来了，感君痛苦吾。我更为君哭，不得长安住。"阿倍仲麻吕在唐一

《东征传画册》中的日本遣唐使船

共生活了五十四年，历仕玄宗、肃宗、代宗三代皇帝，一生功成名就，最终客死长安，再也没能回到故土。电影《妖猫传》中就有晁衡这一人物形像。

除了"唐人"晁衡，很多的日本留学生回到本国后都大有作为，为日本的文字、政治、法律、宗教，科技的发展立下了汗马功劳，可以说日本文化从来就离不开中国文化的哺育。直到今天，当你亲临日本京都、奈良等地，看到的都是大唐缩影。泱泱中华，自古就有万国来朝的气概，对各国使节、留学生都做到了热情，豪爽，从不藏私。我们的文明正是在与其他文明的交流和互动中，越来越丰富，越来越成熟，因为真正的自信正是开放与包容，吸纳与升华。

第七章　礼

一个大唐宝宝的诞生
要经历多少仪式？

在唐代姚汝能所著的《安禄山事迹》中有这样一个故事：天宝十年（751）正月，胡人将领安禄山过生日，皇帝和贵妃特意赏赐了很多礼物。三天后，贵妃把这位干儿子召入内宫，为他举行"洗三"：先让人把安禄山当成婴儿似的洗了个澡，然后又用特制的锦缎大襁褓裹住，最后让宫女们把他放在一个彩轿上抬着游行。滑稽的场景把玄宗逗得开怀大笑，也赐下"洗儿钱"凑趣。虽然几个加在一起超过一百岁的成年人弄这些乱七八糟的事纯属胡闹，但这也反映出唐代新生儿出生的相关礼俗。

洗儿与洗儿钱

绵延后嗣、生儿育女在中国人的观念里一直是大事。在唐代，新生命的诞生对每一个家庭都是重要的，同时也是国家鼓励、提倡和看重的。唐太宗曾专门颁布一项敕令，规定"文武官妻娩月，并不宿志"。什么意思呢？说的是不论文武官员，在妻子刚生完宝宝的那个月里都不会被安排夜班，白天下班之后就可以赶回家照顾妻儿了。这种类似现代陪产假的政策真的太人性化了！

孩子出生之后，迎来的第一个仪式就是"洗三"，一般在出生的第三天举行。西方基督教中有一种入教仪式叫洗礼。唐朝"洗礼"没有这样的宗教目的，相对比较简单纯粹，只是请亲友来见证孩子沐浴，再准备一些喜庆的小礼物，既表示消灾祈福，也表达对孩子的祝福。

唐代人洗儿用的不是清水，而是特制的药水。唐诗有言："玉芽珠颗小男儿，罗荐兰汤浴罢时。"药王孙思邈留下过一剂"桃根汤"的方子，取桃根、李根、梅根各二两，用水煮开二十次后滤去药渣放凉使用，据说能保佑孩子，还能让他一辈子不会得疥疮。除了水，还得有专门的盆。开元十四年（755），唐玄宗刚从泰山封禅回来，正赶上太子李亨得子，这也是他的第一个皇孙李俶（后改名李豫）。孩子洗三时，玄宗不但亲自主持，还赐了个纯金的盆子给他。之后更是开了金口："此一殿有三天子，乐乎哉。"表明我是天子，太子将来是，这个小娃娃也会是。多年之后这个孩子真的即位，也就是唐代宗。在西安何家村出土的唐代金银器中有两件通体全素的赤金盆，不知道是不是皇室所用的洗儿盆呢？

另外，何家村窖藏里还有件与洗儿相关的有趣物品——"开元通宝"金币。其直径只有不到2.5厘米，小巧玲珑，中心有正方形的穿孔，可以方便地把钱串起来。不过这些金币并不是拿来花的，而是在喜庆的日子里用来赏玩或者做纪念的。洗三时，婴儿的祖父母、父辈的亲朋好友都会来贺喜送礼。有的人就会赠送开元通宝铜钱。至于皇室出生的婴儿，毕竟要高贵许多，所以就会送这种特制的金币。不论用什么材质，这种钱都被称作"洗儿钱"。

信奉预言术——抓周

对唐朝人而言，只要条件允许，都会在婴儿满月时举办盛大的满月宴，亲朋好友欢聚一堂，共同享受美酒佳肴。家里较富有的，还会请僧人们上门为孩子祈福。到了周岁，孩子已经可以满地爬的时候，家里要举行更加正式的"抓周"。这个曾经在江南地区流行的习俗被唐朝人继承了下来，并且发扬光大。

抓周具体怎么操作呢？家长们会提前准备好弓矢、刀尺、纸笔、食物、珍宝之类的东西，然后让满周岁的孩子在众人见证下随手抓取。当时的人认为，被抓到的东西预示着孩子的未来和前途。比如说抓到书、笔，代表着他将来能读书有文采；抓到算盘、秤代

唐　周昉　《戏婴图》

表着精打细算，能经商发财；抓到刀剑代表着武功卓越，能当将军；抓到印章就是能为官做宰……

唐诗有言："毛骨贵天生，肌肤片玉明。见人空解笑，弄物不知名。国器嗟犹小，门风望益清。抱来芳树下，时引风雏声。"描绘的正是抓周的场景。在这个活动中，大人孩子都参与了，客人们也会依着抓周结果凑趣说些好话，以表达祝福。

孩子幼时的行为是不是真的能代表他的将来呢？这当然是迷信了，但唐朝人还是很信这一套的。《明皇杂录》中说，武则天当政时曾将皇孙们全都聚集在大殿上玩耍，然后让宫人取来别国进贡的各种珍玩玉器，由着孩子们随意抓取。大部分皇孙都跑来跑去，抓了一堆在手里，只有幼年李隆基端坐不动，一点都不感兴趣。武则天深以为奇，感慨"此儿当为太平天子"。

每个唐朝宝宝从在母亲肚子里开始，到出生后渐渐成长，都会经历很多有趣的礼俗。不过因此出洋相的也有。比如说唐朝权臣李林甫有一次写信庆贺亲戚生孩子，将"弄璋之庆"（璋为玉器，弄璋指生男孩）写成了"弄獐"（獐为野兽），一下就暴露了自己没有文化，被人笑称"弄獐宰相"。这下"名垂千古"了，连几百年后的苏轼都在自己的诗作里调侃说"惟愁错写弄獐书"。《三字经》里有云："人遗子，金满籝。我教子，惟一经。"留给小孩子再多的财富，都不如好好培养教育他。

回到隋唐打打猎，
你需要知道的几条规则

从谋生手段到礼仪活动——狩猎功能的转变

在原始社会，狩猎曾经是人类必不可少的谋生手段，为了获得填饱肚子的食物和御寒蔽体的皮毛，人类利用陷阱、弓箭、网子来捕获动物。发展到农业时代，虽然粮食和家禽家畜已经能够基本满足需求，但野生的飞禽走兽常跑进田地里损坏庄稼，所以还是需要通过打猎来保护劳动成果。

除了以上的功能，狩猎在古代还曾经扮演过另一种极为重要的角色，甚至因此而上升到礼仪的高度。原来，古人发现集体狩猎既可以获取野味，还能拿回去祭祀祖先，最重要的是可以通过这种活动来强健军士们的体魄，培养尚武精神，为战时做准备。因此，在西周时，狩猎就作为军礼的一部分被正式明确了。从这种需要进行野外调兵部署、骑马射箭、围捕猎杀的行动中，可以明显看出浓厚的军事氛围，同时还不得不遵守祖宗定下的一大堆规矩，因此古人将其归入军礼。

隋炀帝如何狩猎

既然狩猎是一项庄重的礼，就少不了自己的规矩。正所谓"古之帝王，春蒐夏苗，秋狝（xiǎn）冬狩：四时出郊，以示武于天下"，天子一年要按照四季打四次猎。跟我们想象的狩猎不同，古时狩猎相当讲究。比方说，不能随意乱捕乱杀：还没长成的幼兽不能杀；有身孕的母兽不能杀以避免一尸两命；没有孵出小鸟的鸟蛋不能采走，也不能破坏鸟窝；狩猎的时候如果设网，只能网三面，留一条活路让部分野兽有机会逃命（这就是"网开一面"的由来），绝不赶尽杀绝。总之，要说对自然的保护和对"仁"的看重，中国古人做的是十分优秀的。

畋猎之礼自古流传，虽然不同朝代会有一些不同，但主体要求一直没变过。根据《隋书·礼仪志》的记载，如果某种鸟兽的肉不能拿来祭祀祖先，皮革、牙齿、骨角和毛羽不能用来制作兵器铠甲，那就不能捕杀。可见隋朝确实继承了先秦时的思想。

大业三年（607），隋炀帝在拔延山（青海化隆县）举行了一次规模巨大的狩猎，参与者"分为四十军，军万人，骑五千匹"。士兵们用网围了200里地，驱赶野兽奔跑。经过一整套复杂的流程，隋炀帝才能开始射箭，但是不能屠杀一整群猎物，对于已经受伤的不能二次伤害，对于迎面跑来的野兽也不能朝着其面部射箭……狩猎结束后，那些大的好的猎物要先挑出来带回京城用于祭祀，小的、次的才能给皇帝吃。

看来，哪怕是最喜欢惊世骇俗的隋炀帝，在狩猎这件事上也很严肃呢！

唐人的狩猎——既是礼仪也是娱乐

唐朝皇族李氏，血统和北方少数民族有密切的关系，加上本就是军阀出身，因此注重武艺，对狩猎十分推崇。根据唐代礼仪典籍《开元礼》记载，唐代皇帝对每年冬天举行的畋猎极为看重，有时候在皇家苑林，有时候在长安城周围远一点的山林，最短的只有一天的行程。不过，甭管路程远近、规模大小，从出发前的准备到狩猎的过程，再到结束后的分配奖赏，都需要按照礼法走一套完整而复杂的程序。如果违反，军法伺候。李世民亲自狩猎后，不但会按照古礼将猎物送到宗庙，也会把这些孝敬给住在太安宫的太上皇李渊。这样既尽天子之责又彰显孝道，简直一箭双雕。

除了畋猎礼以外，平日为了娱乐放松而进行的狩猎活动规模就要小很多，而且没有那么多礼节性的要求，随便带点侍卫随从就能出发。《老子》说，"驰骋畋猎，令人心发狂"，狩猎是如此充满魅力，以至于李世民在自己的"三乐说"中把弓不虚发、箭不妄中看得和天下太平、万国同乐一样重要，而他弟弟李元吉甚至说"我宁三日不食，不可一日不猎"。

壁画中的狩猎盛况

唐代皇族在休闲狩猎时除了骑马射箭外，还会用火，网、围、套圈等设备，以及借助猎犬、猛禽的帮助。如果想要更具体地了解唐代狩猎的盛况，必看的是1971年从唐章怀太子墓中揭取的巨型壁画《狩猎出行图》。在这高2.4米、长8.9米的画面上，有46位骑士组成的声势浩大的狩猎出行场景，这对画工的构图布局是个不小的考验。一大队人马中，最前面是两位"开路先锋"，他们一前一后，手持马檛（zhuā，驯马工具），一左一右观察着道路两边，好像在防备有刺客。身旁的骑士高举着一面红旗，既是气派的仪仗，也为后面的人马指明方向。紧接着的是大部队，30多位骑士扬鞭催马，奔驰呼啸。腾骁万里的磅礴气势迎面扑来，真是锐不可当。殿后的

章怀太子墓壁画　《狩猎出行图》

队伍除了几位猎手，还有两头辎重骆驼，它们背驮锅、柴等后勤装备，撒开四蹄穿梭在挺拔苍劲的大树间，生怕被落下。

队伍最中间有位特别的骑士，他身穿蓝灰长袍，体态魁梧，气度雍容。就连坐骑也不紧不慢，马鬃披散着，马尾潇洒地飘垂下来。此人与众不同，被随从们前呼后拥，如众星捧月，搞不好就是墓主人章怀太子本人呢！

畋猎虽乐，但也不能过分。李世民虽然喜爱狩猎，但也用理智控制着自己不放纵。他经常写诗告诫自己，狩猎是为了守礼以及为民除害，而不是娱乐。而且他身边的大臣们也都恪尽职守，劝诫太宗皇帝要主动约束自己，幸运的是李世民都听了进去。到了唐玄宗时，出于对谏言忠臣的顾忌，李隆基也不敢太放肆，每次玩得稍微得意忘形了就会清醒过来。盛唐之后，唐朝国力衰退，皇帝们也一个比一个任性。唐武宗不但自己狩猎不节制，还喜欢带上爱妾王才人。由于王才人身材高挑，穿上男装后和武宗皇帝都有几分相似。两人骑马射箭，纵马驰骋，底下人有时都分不清楚哪个是武宗，哪个是王才人。至于祖宗礼法，早就被抛到九霄云外了。这还不算最离谱的，晚唐敬宗可谓"后来居上"，他喜欢晚上跑出去猎狐，对侍从们要求极高，要是没辅助好他，就会被削职，弄得大家怨声载道。后来某天晚上打猎结束后，唐敬宗不幸被侍从杀死，年仅17岁。

任何不加约束的欲望或行为最后都会带来难以想象的恶果，明白这个道理后再回想几千年前古人们定下的畋猎之礼，就能领会到其中的智慧了。

当大唐驸马，
真的就能一步登天吗？

北宋神童汪洙曾言，人生有四大喜："久旱逢甘露，他乡遇故知，洞房花烛夜，金榜题名时。"如果一个人在蟾宫折桂之外还能被公主看上，当上皇帝的乘龙快婿，可不就是喜上加喜、春风得意吗？这样名利双收的好事情，想来古代的男子们应该是削尖了脑袋往上挤的。可在唐朝，众人却纷纷表示不愿意当驸马，这又是为什么呢？

"驸马"从何而来？

"驸马"一词源于一个汉代官职——"驸马"都尉，"驸"就是副的意思。皇帝出行时所乘的车为主车，随行车辆为副车，驸马都尉名义上是掌管副车的侍从官，属于皇帝的随身近臣。魏晋之时，这个官职多加封给皇亲、外戚或者有功之臣的孩子。自从三国时魏国的何晏（长得特别白净的小鲜肉，人称傅粉何郎）、晋代杜预（博学多才，号称"杜武库"）以及王济（文武双全的帅哥）娶了公主之后都加封驸马都尉一职，后世便渐渐用"驸马"特指做了皇帝女婿的人，而驸马都尉也成了一种荣誉官职，不过并没什么实际权力。

最"有名"的三位驸马

房遗爱、薛绍、郭暧，这三位驸马可都是知名的官二代，出身于大唐顶级的豪门，也娶到了三位备受宠爱与重视的公主，但他们的婚姻生活都颇有些一言难尽。

房遗爱是凌烟阁二十四功臣之一宰相房玄龄的二儿子。为了肯定房家为大唐做出的贡献，也为了进一步升华君臣之谊，唐太宗将深受宠爱的高阳公主许给房家当儿媳妇，房家深感圣恩，也为娶公主入门而由衷骄傲。但好景不长，房玄龄去世，性格骄傲蛮横的高阳公主开始了一系列的"作妖"举动。

房遗爱是家中次子，按当时的法律无法继承老爹的爵位，不愿屈居人下的公主就想出各种办法帮丈夫争夺继承权。麻烦闹大以后，太宗严肃地批评了她，将这事含糊了过去。不久之后高阳公主居然与当时很有名望的辩机法师（玄奘的徒弟）私通。唐太宗龙颜大怒，腰斩了辩机，但是对心爱的女儿还是心软了。

高阳公主不但没有感激父亲的包容反而心生怨恨，太宗驾崩的时候，居然在众人面前毫不难过。

高阳从小受宠，性格一贯咄咄逼人，犯下滔天大罪都可以被原谅。房家家风是出了名的怕老婆（房玄龄的夫人正是"吃醋"的肇始人）。面对这样身份高贵，无法无天的公主，房遗爱根本招架不住。高宗即位之后，满肚子不爽的高阳公主干脆拉了一票人谋反，事情败露后，房遗爱被斩首，高阳公主被赐自尽，房家自此蒙羞，一落千丈。

薛绍，生母是唐太宗与长孙皇后嫡出的城阳公主，与太平公主本来是表亲，后来结为夫妻。曾经风靡一时的电视剧《大明宫词》曾经以十分浪漫的风格虚构了他们俩的相遇。历史上这二人确实有过美好的爱情以及非常隆重的婚礼。史书记载，薛绍和公主成亲时，队伍的火把将道路两边的树木都给烤焦了。婚后他们恩爱有加，一共生育了四个孩子。

太平公主不是一位甘于平庸的公主。作为二圣唯一的女儿，她既享有了皇室公主的尊荣，又因为女儿身避免了母亲施展政治手腕时无情的镇压。在武则天的影响下，太平公主沉稳、聪慧、善权谋，活跃在大唐的政治舞台上。她一生见证了无数次并亲自参与了三次极为重要的政治争斗，最后一次是与太子李隆基争权，失败后被赐死。

可惜薛绍没能看到他的女强人妻子专注搞事业的迷人样子，因为早在两人婚后第七年，薛绍就因为牵扯进谋反案而被武则天抓了起来，遭到严刑拷打惨死在大牢里。据《资治通鉴》记载，处死薛绍后，看在太平公主的面上，还给他留了个全尸。

2019年时，薛绍之墓居然被找到并且发掘了。薛绍死于谋反丧事不会隆重，很可能简单处理了。一直过了17年，中宗李显才于神龙二年（706）下令对薛绍进行了迁葬，将他移回祖坟。另外薛绍的墓是非常逾越标准的双室墓——"一室一厅"结构。当时，除非身份格外贵重的皇亲国戚和功劳极大的文武官员，否则没有皇帝特批，只能用一个墓室。

　　所以，就算娶了公主也不能逃脱大罪的惩罚，最多留个全尸让他死得体面点，回头再看在公主的情分上提高埋葬规格，反正都是做给活人看的。

　　郭暧，中唐最有名最重要的军事家、政治家郭子仪的儿子，唐代宗之女升平公主的丈夫。安史之乱，郭子仪几乎是以一己之力击退外敌，收复河山。史书称他"再造王室，勋高一代"。如此功高盖主的权臣，皇帝要是不结个亲家估计都睡不安稳，于是就把自己最喜欢的女儿嫁了过去。

　　婚后郭暧曾和升平公主发生矛盾，口不择言地骂她："你不就是仗着父亲是皇帝吗？你爹是皇帝是因为我爹不稀罕当皇帝！"公主大怒，跑回宫里找老爹哭，谁知道代宗劝她说："驸马说的没有错，郭令公要是想当皇帝的话，天下就不是我们家的了。"然后让

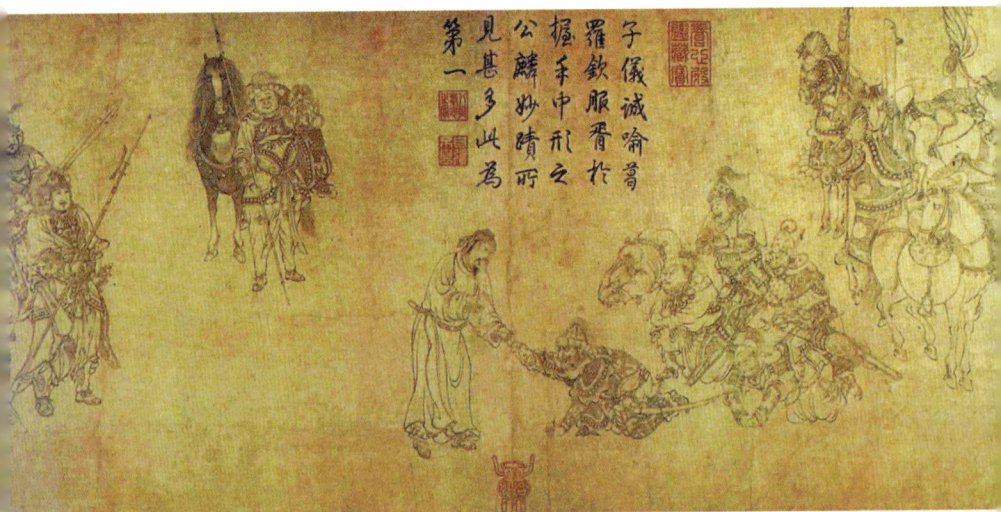

宋　李公麟　《免胄图》

公主回家。

郭子仪得知后，将郭暧关起来，自己连忙去向皇帝请罪。代宗非常体谅，放下身段像个普通亲家翁似的说："俗话说'不痴不聋，不做家翁'，孩子夫妻间的那些事，不用放在心上。"就算这样，郭子仪回家后还是将郭暧狠狠杖打了一顿。本来很有可能爆发的一场血案，就这样被两个睿智的老人及时制止了。

想想看，娶了个公主，过日子都得小心翼翼，说错一句话，搞不好就全家倒霉，真的是压力山大。

为何不愿当驸马

那么，唐朝的公主们为什么这么强势呢？

首先，公主们经济独立，有很多的收入来源（封地，嫁妆等），不用靠驸马生活，那些嫁妆哪怕离婚都可以带走，有钱自然腰杆子硬。其次，公主们出嫁后独立开府生活，不用跟公婆们住在一起，较少受到古代三从四德的约束，生活得更自由自在。再次，因为唐朝的社会风气开放包容，公主们或有艺术才华，或有政治野心，或者有军事谋略，相对其他朝代的公主有更加深刻的思想并且重视自我的感情观。

所以一般人呢，皇家看不上，根本不可能嫁公主；而门第高有才华的男子通过科举做官就能享受特权，光宗耀祖，完全没必要请一尊女菩萨似的公主回来供着，不但自己活得拘束，还有可能满门遭殃。权衡之后，想借国婚与皇室联姻的贵族男子自然少了很多。当然如果皇帝亲自赐婚（算是逼婚），这些"花美男"们还是只能山呼万岁，领旨谢恩。

揍新郎、喝"毒酒"：
霸气又可敬的唐代女神们

在古代中国，一个家庭如果得了男孩，被称为"弄璋之喜"，而生了女孩则是"弄瓦之喜"，这两句贺词都来自《诗经·小雅·斯干》：

> 乃生男子，载寝之床。载衣之裳，载弄之璋。其泣喤喤，朱芾斯皇，室家君王。
>
> 乃生女子，载寝之地。载衣之裼，载弄之瓦。无非无仪，唯酒食是议，无父母诒罹。

大意是，如果生了男孩，就让他睡到大床上，再穿上漂亮衣裳，给他精美的玉礼器。你看他的哭声是多么嘹亮，将来定会身着大红蔽膝，成为诸侯王。

如果生了女儿，就让她睡到地上，再用襁褓裹住她，给她陶制的纺轮。但愿她不招是惹非、不说长道短，每天安排好酒食家务，本分守礼，不让父母忧心。

这首诗是古时候男尊女卑的真实反映，绝大部分女子从出生以后就被剥夺了很多选择的权利，只能做"女人应该做的事"。婚姻是成年女子最重要的事，她们必须承担各种家务，生育子女，还要忍受一夫多妻制，否则就是离经叛道。

但是，在历史长河中，女性的地位也并非一直如此黯淡，比方说在唐朝的婚姻中，我们就难得地看到一丝女性地位提升的光。

娶媳妇好难，没文化不行

唐朝人对婚嫁之事是非常重视的，虽然没完全像周礼中要求的六步走，即所谓的纳采（采纳择之礼）、问名（问女方的名字去占卜）、纳吉（如果得了吉兆，再告诉女方家）、纳征（送聘礼）、请期（选好成婚的吉日告诉女方家）、亲迎（新郎迎亲），但也要经历占卜、挑日子、双方送婚书等一系列流程。好不容易到了约定之日，新郎官的"苦日子"才算是真正到来。

就像现代婚礼中的新郎需要带着伴郎团过五关斩六将才能见到新娘子一样，唐代新郎和伴郎团们也是相当不易的。从北朝开始，"下婿"的风俗就特别流行。其实就是给新女婿一个下马威。到了隋唐时期，"下婿"的玩法越来越夸张，往往是新娘子娘家的女性亲戚们聚在一起，盘问、捉弄甚至杖打新郎一番才罢休。

在敦煌出土的唐代文书有不少《下女夫词》，就是当初双方一问一答的记录。比如女方这边问："本是何方君子？何处英才？精神磊朗，因何到来？"男方答："本是长安君子，进士出身，选得刺史，故至高门。"女方再问："既是高门君子，贵胜英流，不审来意，有何所求？"男方就再答："闻君高语，故来相投。窈窕淑女，君子好逑。"这样的对话基本上得从门口一直持续到新娘闺房，答不上来就要被惩罚。回答的内容倒也不复杂，但一定要引经据典，用文化来包装一番。真不敢想象那些没文化的新郎得挨多少打！

好不容易快见到新娘了，男方还得现场咏一首"催妆诗"才行。要知道那时候遵循古礼，都是在晚上办婚礼，因此新郎被女方亲属刁难完了很可能已经到了后半夜，正所谓"催妆诗未了，星斗渐倾斜"。虽然熬到这会儿没吃没喝早已是头昏眼花，但也得想出一首好诗，请姑奶奶不要害羞赶紧出来。一般人家还可以临时抱佛脚背上几首现成的应下急，士大夫阶层的哪里敢丢人跌份儿，只能自己现场作诗啦。

妻子"善妒"，丈夫尊重

古时所采用的婚姻制度通常是一夫一妻多妾制，这种制度存在很多弊端。不过在唐代，女人们的力量格外强势，敢于对丈夫纳妾说不。

房玄龄夫妻二人是少年结亲，感情深厚。一次房玄龄重病，生命垂危，劝妻子改嫁。谁知道房夫人性情刚烈，居然刺瞎了自己的一只眼睛，以此表明忠于爱情决不背叛。后来房玄龄得唐太宗重用，当了位极人臣的宰相，但太宗多次赏赐美女都被他拒绝。唐太宗不信邪，让皇后把房夫人找来，用三从四德一类的话好好劝说，房夫人坚持不接受。于是，太宗下了最后通牒：你不让他娶小老婆，我就赐你毒酒。没想到房夫人一如既往的刚烈，端起毒酒一饮而尽。好在唐太宗只是搞个恶作剧，赐的不是毒酒，而是醋，这才没弄出大乱子，"吃醋"这个典故由此而来。后来唐太宗表示，这位夫人我都害怕，更别说房玄龄了！惹不起惹不起，再也不提赏美女的事了。

唐太宗在房家碰了钉子，又琢磨上兵部尚书任瑰家了。非给

明　张居正　《帝鉴图说·剪彩为花》

人家赐了两名美女，谁知道两位美女直接被任夫人拔秃了头发。太宗听说之后故技重施，又送了壶毒酒给任夫人，威胁人家说：你要是嫉妒就赐死。任瑰的妻子也是个硬骨头啊，坦然回答：我和任瑰出身微贱，白手起家，一路一起苦过来的，好不容易才有了现在的幸福生活。你如果逼我丈夫纳妾，我宁愿去死。说完一饮而尽，丝毫没有留念。这次当然也不是真毒酒啦，唐太宗无可奈何，终于认栽，再也不主动招惹这些可敬的夫人们了。

其实不论宰相还是兵部尚书，如果硬是要纳妾，他们的夫人也拦不住。表面的惧内不过是尊重和敬爱与自己甘苦与共的妻子，不忍心让她们难过。而唐太宗天子之尊，本来也可以强行赐死命令臣下再娶，不过他也没有滥用皇权，测出夫人们的真心后及时收手，尊重自己理解不了的事情，这才是明君的气度。

好聚好散——和离

古时候一直有种说法，形容那些已经出嫁的女子——"生是某家人，死是某家鬼"。只有犯了七出之条被丈夫休了的，却没有因为感情不和谐而主动选择离婚的。

但唐朝开历代先河，从法律层面上赋予女子离婚的权力。

敦煌莫高窟出土有唐代好多个版本的放妻书，也就是离婚协议。其中李家的这份最为洒脱和谐：

> 某李甲谨立放妻书。盖说夫妇之缘，恩深义重，论谈
> 共被之因，结誓幽远。凡为夫妇之因，前世三生结缘，
> 始配今生夫妇，若结缘不合，比是怨家，故来相对。妻则

一言数口，夫则反目生嫌，似猫鼠相憎，如狼羊一处。既以二心不同，难归一意，快会及诸亲，以求一别，物色书之，各还本道。愿妻娘子相离之后，重梳蝉鬓，美裙娥眉，巧逞窈窕之姿，选聘高官之主弄影庭前，美效琴瑟合韵之态。解怨释结，更莫相憎。一别两宽，各生欢喜。三年衣粮，便献柔仪。伏愿娘子千秋万岁。于时年月日谨立除书。

在发现两人感情不和睦之后，这位男子没有强迫没有纠缠、没有歧视，反而潇洒放手，把结婚三年的财产赠给女方，甚至祝愿前妻能找到更好的归宿，充满了体谅和温柔。

从唐代的婚姻关系当中，我们不仅看到了女性地位的提升，更看到了文化的包容和男性真正的自信与强大。

没有广场舞的隋唐老人
是如何安度晚年的

    自古至今，我国人民都普遍强调孝的价值观。孝，其实就是对父母赋予我们生命并养育成人的感恩。古人云："身体发肤，受之父母，不敢毁伤。"其本意是让我们懂得生命的可贵，好好珍惜自己；"立身行道，扬名于后世，以显父母"，是让我们努力奋斗，发挥父母教导的那些美好品质，有所成就。在中国人的观念中，在我们弱小无助时，是父母遮风挡雨，教我们明辨是非，那么等父母年老体衰时，我们理应照顾回报。如果一个人连自己的父母都不爱，怎么能期待他忠君爱国呢？纵观中国历史，历代帝王多以仁孝治天下，大力开展孝道教育。

    到隋唐两代时，除了将不孝列为重罪外，在养老政策上也有许多举措，放在今天也是值得学习的。现在我们看看那时候的老年人会受到什么样的保护和优待吧。

没力气，不赚钱？没关系，隋唐也有"养老金"

唐高祖曾规定"六十为老"，认定六十岁以上的就是老年人了。现代社会中，绝大多数城镇老人到了规定年龄之后都可以办理退休，按月领取退休金维持生活，但在古代哪里有这样的养老系统呢？大家只能自力更生。不过为了让老年人收入多一点、生活得好一点，隋唐政府也想了不少办法，主要有这么两条：

一、免除徭役赋税。古代男子一旦成年就需要为国家服兵役、徭役以及纳税，也就是交粮食、当兵执勤、修桥铺路挖运河……不过，这样辛苦的日子总有个尽头，60岁之后不但不需要服役和纳税，如果家里没有土地的话，还能分40亩田地，不再需要他们为国家做出贡献，努力照顾好自己就行。

二、财物赏赐。老年人体弱多病，干起活来远不如年轻人，有时候就算努力劳作了也赚不来足够的钱，所以国家会找各种各样的理由（比如新皇登基、册封、改元、祭祀之类普天同庆的事）来发福利，最常见的就是粮食和布匹这样的生活必需品。不同年龄的老人领到的福利也不同。《旧唐书·顺宗本纪》记载："百姓九十已上，赐米二石，绢两匹……百岁已上，赐米五石，绢二匹，绵一屯……"，也就是年龄越大，赏得越多。不过在平均寿命并不高的隋唐，想拿到国家的赏赐并不是什么容易的事。

做不了饭，穿不了衣？不用怕，隋唐老人有陪护

对老年人，尤其是年纪特别大的老人，就算有田地也可能无法耕种，哪怕家里有粮也无力做饭洗衣。这时候找人专门照顾他们的生活就很有必要了。在现代，我们称之为保姆或护工，隋唐之时称

呼专门负责养老的人为"侍丁"。

考虑到侍丁需要帮忙种地做饭，多是干些力气活，所以大部分是小伙子。若需要侍丁的话，会优先在老人的子孙或远方亲戚里面找。毕竟，最可靠的还是儿子或者侄子之类的近亲嘛。实在没有了才会选择没有血缘关系的外姓人担任。如果老人家自己看中了谁，双方有意向，也可以一起向官府申报。

为什么这种私事需要经过官府同意呢？原来，国家为了鼓励人们好好照顾老人，给"侍丁"提供了很多优待，比方说不用服徭役，犯罪了可以先不服刑等，所以户籍上一定要清晰记录某家有几个侍丁、分别是谁，以防止有人假装侍丁冒领福利，也防止有人光拿钱不干活。

《隋书·炀帝纪》记载："笃疾之徒给侍丁者，虽有侍养之名，曾无周赡之实，明加检校，使得存养。"可见官家对"侍丁"有没有认真负责是十分看重的，也说明真的在意老年人的福祉。贞观十一年（637）规定，平民百姓年龄在一百岁及以上者，可以有五个侍丁轮流照顾。后来改成八十岁以上的老年人配一名侍丁，九十岁配两个，百岁老人可配三个。到了天宝八年（749），政策

出现了一个飞跃性的进步，不但将男性申请侍丁的年龄从八十降到七十五，还首次提出七十岁以上女性也能享受福利。瞧瞧，唐朝果然是中国男女平权意识的萌芽时期，很值得肯定。

年老体弱，内心空虚？也没事，隋唐老人有荣誉称号

隋唐时期，朝廷不光保障老年人的物质生活，尽力让每个老人都能吃饱穿暖有人照顾，还很重视老年人的精神生活。为了让年纪大的人觉得自己被尊重，会封老人家当官。这是不是有点荒唐呢？其实，这种官只是虚衔，类似现在"荣誉院士，荣誉校长"之类。即便如此，被封赏的人内心一定是很高兴的。

隋炀帝大业七年（611）诏曰："河北诸郡及山西、山东年九十以上者版授太守、八十者授县令。"玄宗开元二十七年（739）也曾下诏："天下侍老百岁以上，版授下州刺史。妇人颁授郡君。赐粟五石，绵帛五段。九十以上，版授县令。妇人版授乡君。赐粟三石、绵帛三段。八十以上，版授县令。妇人版授乡君。赐粟两石、绵两段。京城父老等。宜共赐物三千段。"这什么意思呢？就是鼓励大家努力长寿，好好活着，过了八十岁即使没什么成就，国家也

宋　李公麟　《商九老图》（局部）

封你当官、给你奖励，反正活得比大家都长也算是本事了。不仅如此，唐代人还考虑了男女有别，老爷爷们是荣誉县令、荣誉太守和荣誉刺史，女子不能当官，所以老奶奶们就是荣誉乡君（唐代一般四品有功官员的妻子或母亲才封乡君），这在历史上也是首次出现的。

无儿孙，没人陪？也有招，隋唐老人有社会救助

最完美的晚年生活自然是身体健康，吃穿不愁，子孙满堂，儿女孝顺，但世界上也有很多不如意，比如总有一些老人家重病贫穷，孤独无靠。如果没人帮助，他们的命运就很凄惨了。好在隋唐时出现了一个公益组织——悲田养病坊。这是个由国家设置、僧人出面建立的养老院，专门接收那些没有亲属、伤病缠身的贫苦老人，给他们提供住的地方、吃的东西和看病服药的机会。最重要的是，这些福利全都是免费的！

这么大的开支从哪里来呢？其中既有政府的专门款项支持，也有心怀悲悯的百姓捐赠，另外还包括寺院出租土地所获得的收入。这个机构可以说是隋唐的良知和人性的生动体现，让我们看到了一个国家在强盛之时没有忘记最弱小者的慈悲之心。当然到了隋唐政府自顾不暇的时候，是不可能有钱来保障这样的养老政策的。

《诗经·小雅·蓼莪》有言，"父兮生我，母兮鞠我。抚我畜我，长我育我，顾我复我，出入腹我"。每一个接纳了父母之爱的孩子都应当在长成后报之以琼瑶，而那些没有后代的老人，也不该被遗弃，因为他们也为国家和社会奉献了一生。这些大概就是隋唐养老政策给我们的启示。

隋唐时如何招待
异国他乡的客人?

经历了西晋灭亡以来近三百年的大分裂时期,隋文帝走上了历史舞台。他的贡献其实很大,正是他重新统一全国。《剑桥中国隋唐史》这样评价:"隋朝消灭了前人过时和无效率的制度,创造了一个中央集权帝国的结构,在长期政治分裂的各地区发展了共同的文化意识……隋朝的成就肯定是中国历史中最引人注目的成就之一。"

既然建立起独立主权国家了,而且地盘又相当大,那就免不了要和周边少数民族政权及其他国家来往。隋唐是中国古代史上对外国最开放包容的时代,也有着自己的外交礼仪。

隋朝的"夸富"式外交

在长年的征战中,隋文帝深刻地意识到了与周边少数民族政权搞好关系的重要性。因此,自登位以来,他就采取怀柔政策,主动与突厥、高丽、吐谷浑开启友好往来,没事请使者们吃吃饭、送送礼，两方多派人走动走动，增进了解，效果还是很不错的。到了他儿子隋炀帝时，也算子承父业，与突厥、日本、高丽等邻居都保持着交往。他曾设立专管外交事务的官职，并专门建造给四方使臣居住的宾馆——四方馆，也算过了把"万国来朝"的瘾。

不过隋炀帝好大喜功，也干了不少"脑抽"的事。大业六年正月（609年末），隋炀帝回到洛阳过新年，他带回了一支由少数民族首领和胡商组成的"观光团"，为了宣扬隋朝国威，隋炀帝紧急下令从元宵节开始举行大型文艺表演。舞台长达五千多步，汇集了超过十万名艺人，光弹乐器的就有一万八千多人，表演从正月十五一直持续到了正月底。这个阵仗把不明真相的外国人惊呆了，纷纷要求来洛阳做生意。这还不算完，为了更好地招商引资，隋炀帝命令全市人们集体装富，必须穿得好、住得好，外国客商吃住不许要钱，甚至树上都得用丝绸做装饰。死要面子活受罪到了这份儿上，在整个中国史上都是罕见的。虽然确实忽悠了一些头脑简单的外国人，但终究会露馅——毕竟哪里有用钱买来的四海归心呢？

"天可汗"是如何养成的

唐王朝建立之初，东有稽胡，西有吐谷浑，北有突厥，突厥武装甚至曾直逼首都长安城的近郊，成为当时的主要威胁。唐太宗即位后，一边反击一边怀柔，既拔掉了突厥、吐谷浑、高昌等刺头，又提倡四海一家、胡汉无异的思想，因此收服了很多少数民族的心。很多周边国民渴望移风易俗成为"新唐人"。既有实力又有魅力的唐太宗被各民族共同尊为"天可汗"。不仅如此，唐朝对外出使也更加频繁，不但加深了对各个国家人文、地理的了解，也使他们对于唐朝充满期待。经过一段时间的发展，大唐都城长安成为一座国际化大都市，堪比今天的北京。

通过丝绸之路，西域、印度、中亚、东南亚乃至罗马帝国的使臣和商人云集在长安城，中外交往十分频繁。唐代将跟自己有外交关系的国家或政权划分为不同的等级，并设立了对应的标准予以接待。除了食宿、朝见这些最基本的，连生病请医生，意外身亡处理后事等都由专人处理。

壁画里的唐代"歪果仁"

除了史书中的记载，在章怀太子李贤墓中，考古学家惊喜地发现了完美再现唐代官员接待外国使臣的珍贵壁画——《客使图》。

《客使图》上总共有六个男子，他们神态不一，衣着各异。最前面的三位头戴黑纱笼冠，脚蹬朝天履，身穿浅黄色长袍，袖子特别肥大，几乎垂地。看他们的装扮，应该是鸿胪寺"部长"（寺卿）和两位"副部长"（少卿）。鸿胪寺相当于今天的外交部，专门负责大唐和外国的往来事务。

紧跟着鸿胪寺官员的第一个使者身穿红袍，

章怀太子墓　《客使图》

光头深目、高鼻阔嘴，只在耳朵周围留着一圈卷发，很可能是东罗马帝国的使节。身旁的使者身穿白色短袍和长裤，头顶戴的冠上插着两根羽毛，应该是来自近邻——日本或者朝鲜半岛的使臣了。最后面的使臣打扮得很特别，头戴皮帽，脚穿皮靴，连裤子也是毛茸茸的，全身皮草，他应当是来自北方某个少数民族部落的使者。

这幅图画中表现的场面应该是鸿胪寺官员带领着这些远方的来客准备参加大唐的礼仪活动。三位官员雍容儒雅、气宇轩昂，正侃侃商谈，表现出唐朝的大国风度。外来使节们毕恭毕敬、彬彬有礼，但神色动作又各不相同。

契丹　契丹太子东丹王李赞华所绘　《射骑图》

顶级大礼仪是什么样子的

那么，这些外国使者最可能去往何方呢？这就是唐代最隆重的国家级礼仪活动——大朝礼了。大朝礼可不是天天都有，一般在元旦、冬至以及其他重要的日子才能举办。举办大朝礼时皇帝皇后身着盛装，早早就来到皇宫太极殿坐定。他们首先要接受太子和其他皇室成员的朝贺，然后才轮到文武百官们。最后才是这些来自异域他乡的外国使者或者边疆地区少数民族的首领。使者和首领们一一上前，向大唐皇帝送上礼品——礼品未必贵重，图的就是这份面子。而后负责音乐的太乐令指挥奏乐，大朝廷结束。

礼仪结束后就让使者回家吗？不不不，大唐是礼仪之邦，好歹也要给人管顿饭吧。在大朝礼后，紧接着就是宴会，皇帝、皇后、文武百官全都参加。不过这顿饭也不是真的为了吃，同样充满了礼——座位的次序跟身份密切相关，有专门的乐队奏响隆重的音乐，还有舞蹈表演，吃喝之前还有各种复杂的跪拜谢恩的环节。估计对《客使图》上的这几位使者来说，会觉得这趟真没白来，毕竟除了享受大唐美食，还见识到了中华礼乐文化的庄严。

隋唐时，中国一直努力展示着自己自信的态度和博大的胸怀，不断主动吸取外来文化。贞观之治时，无论在政治、经济还是文化上，唐帝国都已十分强盛，也因此散发出令人无法抗拒的吸引力。

第八章 乐

马背上的"魁地奇"
——唐代第一运动

在哈利·波特的魔法世界中，有一项极为惊险刺激且有趣的球类运动——魁地奇。当然，目前还实现不了这样的运动，毕竟科学家还没有发明出这样的飞天扫帚。

不过让我们开个脑洞吧，如果骑在马上打"魁地奇"，那又是什么场景呢？其实，古代就有类似的运动，即马球。据说马球最早起源于波斯，后来传到了吐蕃。由于马球运动刺激有趣，且有助于训练骑手的快速机动和马上作战的能力，成为没有战事时让军士们维持战斗力的好选择，所以唐太宗便提倡唐人学习仿效。就这样，马球运动在唐太宗的倡导下，成为唐代贵族和民间最受欢迎的娱乐竞技活动之一。

马球怎么打

唐代的马球大多是用质地坚硬、弹性较好的木料制成的，成本并不高，只需把拳头大小的木球内部掏空，表面再涂上色彩，一颗精巧的马球就做好了！在骑士的球杖下，坚圆净滑的马球像流星一般自由飞驰。骑士手中握着长数尺的木棍，这就是唐代的球杖。球杖顶端像一轮弯月，所以也被称为"月杖"。

唐朝人玩马球一般分成两队，每队10人左右。不过，少于10人或稍多于10人，也可以打起来。在比赛中有时只在球场中间设一个球门，有时则在球场两头各设一个球门，球员用月杖击球，能入球门就得分。

文物中的马球

由于上层社会对马球的热爱和重视，唐代的宫苑中修建有不少大型正规马球场，分布在长安宫城内、大明宫的东内苑、龙首池、中和殿及雍和殿、清思殿等处。

1956年，考古学家在西安唐长安城大明宫含光殿遗址发掘出了一块奠基石志，上面刻着"含光殿及毬场等大唐太和辛亥岁乙未月建"，说明在修宫殿的同时也修了马球场。

我们可以从唐代章怀太子墓中那幅长8.2米的壁画——《马球图》中窥得贵族们的马球活动现场。

在画面布局上，《马球图》开门见山，一开篇就表现了最激烈的拼抢竞争场景，一下子就把人带入紧张的球赛气氛中。画面内共有二十多名骑马人物，奔驰在最前面的那个人从马背上探出身来，准备反手一击——或许正是诗中所说的"背打星球一点飞"，真让人捏把汗！他身后的男子不甘落后，趴在马脖子上，恨不得飞出去抢球；最内侧的白马快要撞到前方的黑马了，骑手连忙往回拽缰绳。后方的骑士们有的在策马追赶，还有的在场外驻马而立，脖子伸得老长，紧紧盯着赛况——像不像现代球赛中的替补队员？

由于画家用了特殊的透视法，我们不仅近距离看到了球手驱马抢球的惊险场面，远处疾驰而来的人马以及远山旷野、丛林古树等远景也在我们面前展示出了纷繁复杂的细节，甚至远山中的草叶、碎石都清晰可数……

2004年，李渊第十五子虢王李凤嫡孙——李邕之墓被考古学家抢救发掘。由于墓室进水，墓葬内部受到了破坏，前甬道的墙壁上

章怀太子墓　《马球图》

李邕墓 《马球图》

原本有幅巨大的马球图，可惜残存画面只剩下约2平方米。在这残存的画面上，我们可以看到四匹马和两位拿着月杖的骑手。左侧长着络腮胡的球员瞪大了眼睛，紧盯着地上的球；右侧球员回头扬杆，正打算反手挥球。双方"剑拔弩张"，画面充满了张力。

李邕不仅酷爱马球，而且人生中有个关于马球的高光时刻。景龙三年（709），吐蕃赞普（即吐蕃王）遣使来迎娶已经定亲的金城公主，唐中宗设宴招待。酒酣饭饱之后双方决定打场马球友谊赛。一开始，唐朝马球队被吐蕃队打得节节败退，这下唐朝贵族们坐不住了，丢不起这人啊！于是，唐中宗让临淄王李隆基与嗣虢王李邕、驸马杨慎交（长宁公主的丈夫）、武延秀（安乐公主的丈夫）四人临时组成一队，没想到居然以少胜多，杀得吐蕃队片甲不留，争回了大唐的面子。

在唐朝，一向有巾帼不让须眉之风。打马球这么好玩的事，姑娘、太太们怎么会错过呢？故宫博物院中收藏着一件打马球纹铜镜，背后刻的正是四个骑马打球的女子形象。"自教宫娥学打球，玉铵初跨柳腰柔"，谁说女子不如男嘛！

唐代皇帝与马球

唐代的好几位皇帝都和马球有着不解之缘。唐太宗李世民曾经很热爱马球，专门派人学习。后来他觉得，马球虽好，但作为帝王却不应沉迷于此，于是焚烧马球以自勉。唐玄宗本人是个马球高手，也是当初逆袭吐蕃队的重要成员，"东西驱突，风回电激，所向无前"。史书记载，当时看玄宗打球简直是种享受，可见技艺之精湛。而唐玄宗不服老，年纪大了胖了还一直打，急得他宠爱的伶官黄幡绰劝说，您老了，身体又沉，万一有个差池可怎么办？看看年轻人打就好，可别再冒险了。玄宗之后，宫廷球风日益炽盛。

唐宣宗李忱可以骑在马上一边飞奔，一边用球杖击球几百次；唐僖宗李儇自豪地说，要是朝廷开了马球进士科，自己一定能考中状元。不仅如此，他还用球技来决定官员的任免。广明元年（880），西川节度使官位有缺，唐僖宗居然叫候选的神策军将陈敬瑄、杨师立、牛勖和罗元杲比赛马球，谁赢了就能去最富饶的西川当节度使。这个选官的办法简直糊涂。

皇帝热衷马球，下面人当然会投其所好。于是，上到皇亲国戚、王公大臣、下到普通百姓都是趋之若鹜。杨慎交、唐德宗时的司徒兼中书令李晟、唐文宗的户部尚书王源中等人都喜好马球，而且以球技闻名。他们分别在靖茶坊、永崇坊、太平坊的自家住宅区内修建了球场，方便随时玩乐、练习。回顾整个唐朝历史，皇帝们对马球运动的态度，不正和唐王朝的兴衰一致吗？

就像接力赛一样，马球运动随后由中国向东传入朝鲜半岛和日本，向西传入印度，在印度宫廷中也十分流行。再后来，英国人入侵印度，马球运动也随之传入英国，发展成为现代的马球运动。直到今天，马球运动在国际上依然十分盛行。

华丽丽的唐代
"盛装舞步"

在奥运会的马术比赛中，有一个非常优雅华丽的项目——盛装舞步（Dressage）。与大多数竞技比赛剑拔弩张的现场气氛有所不同，盛装舞步显得格外宁静平和。骑手与马需要以极高的默契融为一体，共同展现力与美、动感与协调，具有很强的观赏性。在历届奥运会中，这个项目的金牌大多被欧洲选手摘得，而中国国家马术队在2012年才成立，目前与世界一流水平相比还有很大距离。

不过在历史上，中国曾流行过一种能在音乐声中翩翩起舞的马，名曰"舞马"。经过训练后，甚至能使数百匹马一起舞动，那绝对要比今天的盛装舞步高级多了。

考古发现与舞马的历史溯源

1970年，在陕西省西安市南郊何家村出土了一件珍贵的舞马衔杯纹银壶，除了壶本身的造型很有草原风情，银壶上的骏马也很"吸睛"。和其他艺术作品中的马不同，银壶上的骏马不跑也不站，反而像小狗那样一屁股坐在地上，身上也没有马鞍和辔头，只在脖子上系着长长的飘带。最特别的是，它嘴里居然还叼着一只碗。这是在等开饭吗？当然不是，银壶上所表现的正是舞马的一个招牌动作。

马也会跳舞？没错！其实马非常聪明，智商和小孩子接近。只要训练有素，马儿们就能够跟着一定的节奏行走或跳跃。关于舞马的历史记载，最早可以上溯到三国时期。著名文学家曹植在《献文帝马表》中写道："臣于先武皇帝（曹操）世，得大宛紫骍一匹，形法应图，善持头尾，教令习拜，今辄已能，又能行与鼓节相应。"他称赞当初曹操赐给自己的宝马身体协调能力强，且通人语和音律，还能够对人行礼。后来到了南朝刘宋时，宋孝武帝收到西北游牧人吐谷浑部落所赠送的舞马，可把他激动坏了。王公贵祖为了讨皇帝开心，一下子献上了20多首舞马歌，供皇帝挑选。

到了唐朝，唐玄宗李隆基也是舞马的"超级粉丝"。他命人在宫廷里养了四百多匹舞马，经常亲自去训练场欣赏或训练，还给每匹马都取了"某家宠""某家骄"之类的昵称，表达出每匹都是我心中小可爱的意思。每逢八月五日千秋节，皇室就会在兴庆宫举行盛大的庆祝活动和"文艺演出"，舞马节目正是其中的重头戏。

唐代舞马的盛况

舞马在表演之前要好好地打扮一番。它们身披锦绣、脖戴金铃，浑身上下都挂满了华丽的金银珠玉。随后，乐师们开始吹拉弹唱，舞马随着乐曲的节奏腾跃起舞，摇头摆尾，时进时退、时左时右，表演出各种惊险奇妙的舞姿。到最热烈时，壮士们在舞台上架起三层的高台，舞马一跃而上，旋转如飞，灵动非常。人们看得目不暇接！

随后，乐曲逐渐舒缓下来，领舞的骏马口衔酒杯，跪坐在地上，向玄宗敬祝寿酒，现场气氛达到高潮。而银壶上的舞马形象呈现了这生动一幕，正所谓"屈膝衔杯赴节，倾心献寿无疆"。受到这样的祝福，唐玄宗怎能不高兴呢？

舞马的来源

从舞马的卓越表现可以看出，这样优秀的马种不大可能是中原土产的，它们主要来自西域一些出产良马的草原地区。

一是大宛国。大宛位于中亚地区费尔干纳盆地，也就是现在的土库曼斯坦国一带。从汉武帝时代开始，中原王朝就不惜一切代价从这里引进优良种马，以改善本地马匹的基因。古书《异物志》中提到的"大宛马，有肉角数寸，或有解人语及知音舞与鼓节相应者"，曹植提到的爱马，也来自大宛。此外，举世闻名的"汗血宝马"也是产自这个地区。

二是吐谷浑。吐谷浑所在的青海地区以出产良马而著名。《北史》曾记载吐谷浑培育龙驹的故事。据说每年冬天湖水结冰后，当地人就把最好的母马放在湖心小山上，让它们自然受孕，生出来的小马就是"龙驹"。吐谷浑曾与中原王朝修好，因此经常进贡舞马，南北朝时的宋、梁、西魏都收到过这样的厚礼。除此之外，丝绸之路上的大月氏以及大秦帝国（罗马）也是舞马的产地。

舞马的结局

作为最得玄宗欢心的宠臣，安禄山参加了好几次玄宗的寿宴，他对舞马的风姿印象深刻，特别喜欢。安史之乱时，玄宗仓皇逃亡四川，哪里还能顾得上昔日的宠物们呢？于是这些舞马失去了庇护，在战乱中流散民间。当时，安禄山手下叛军在长安恰巧搜寻到一些舞马，连忙献给安禄山。安禄山欣喜若狂地将舞马带到了大后方范阳，不知道是不

唐　舞马衔杯纹银壶　1970年西安南市南郊　何家村窖藏出土

是准备等自己登基后也让马儿献舞祝酒。不过安禄山并没有如愿以偿地当上皇帝，反而被自己的儿子刺杀了。

后来，这些舞马几经辗转落入了安禄山的旧部田承嗣手中。有一天，田承嗣大开宴席犒劳将士，在宴会中命令众乐工伴奏。谁知，后院马厩中的"战马"听到乐曲声居然自己跳起了舞。从前只有王公贵族、高级官员或者外国使臣这样身份的人才有机会看到舞马表演，他们自然不会惊讶。可是，那些下等军士哪里见过呢？因此负责养马的人大为惊骇，以为这些马是妖物，于是拿起棍棒劈头盖脸就打了过去。可是马儿并没有如他所想的安静下来。因为在它们平常的训练中如果跳得不好，就会挨揍，所以当田承嗣的手下击打马匹时，马儿反而跳得更好、更欢、更符合乐曲节奏。众人大惊，一致觉得是不祥之兆，竟然把马儿们活活打死了。只能说，没

文化，真可怕！

舞马的盛景在安史之乱中永远地消逝了，连这些玄宗的小可爱们也遭到战争车轮的无情碾压，死不得其所。我们能够简单地将这些悲剧归罪于叛军的无知吗？还是应该认真思考是谁引发了安史之乱呢？

激烈程度不亚于
"吃鸡"的古代游戏

"大吉大利，晚上吃鸡"，这句最火手游台词想必大家都不陌生。但古时候既没有网络也没有游戏公司，大家只能开发点线下对战活动了，毕竟对游戏的渴求是人类的共性。

斗鸡活动的起源

要说古代的对战游戏呢，有一些是相当残忍的。比如在两千多前的古罗马，一部分奴隶或战俘被挑选出来接受专门训练，之后赤手空拳或者手持武器角斗，直到一方失败甚至死亡。这种泯灭人性的娱乐项目受到罗马贵族的广泛追捧；而在讲究仁义礼智信的古代中国，这种行为百分百会被斥责为残暴无道，没有生存的土壤。

既然让人决斗有违天道和人道，那就斗兽斗禽吧，其中斗鸡算是中国传播面积最大、时间最长的娱乐活动了。斗鸡最早源于何时，已经无法考证，但最迟在先秦时期已经出现。《庄子》中有这样一个寓言：为了能拥有一只斗鸡中的"战斗鸡"，周宣王专门召来训练斗鸡的高手纪渻（shěng）子。周宣王心浮气躁，总是急于知道训练结果，每十天就要问一下，纪渻子却坚持要把斗鸡训练到骄气全无，精神内敛，能以静制动，仿佛一只木头鸡的样子才算合格，这个故事也是成语"呆若木鸡"的出处。

除此之外，《左传》中也描写过春秋时期鲁国季氏和郈氏斗鸡的故事，这二位不光给鸡制定了训练计划，还为斗鸡开发了"芥羽"（在鸡翅膀上撒上辛辣的芥末粉）在和"金距"（给鸡爪加上金属片提升攻击力）之类的辅助工具。由此可见，古人为了在斗鸡中取胜，很早就琢磨各种游戏"外挂"了。汉代时出现了专门给皇帝管鸡的"斗鸡翁"，魏明帝还在邺城修了个"斗鸡台"。不论王朝如何更替，斗鸡一直都是风靡贵族朋友圈的娱乐活动。

唐代斗鸡之盛况

初唐时每逢寒食节、清明节，京城都有斗鸡盛会。要说场面如何，唐代宰相杜淹在诗里写道："花冠初照日，芥羽正生风……飞毛遍绿野，洒血渍芳丛。"花冠是人们给鸡冠戴上的红绸装饰，一方面可以让雄鸡看上去更美，另一方面可以保护脆弱的鸡冠；芥羽指的是春秋时已有的"芥末鸡翅膀"，只要鸡张开翅膀扑腾，抖出的芥末粉就会迷了对方的眼，让它败下阵来。这诗最后两句"虽云百战胜，会自不论功"，这就很对李世民的脾气了，毕竟人家是身经百战气盖世的男子嘛，因此读了诗之后对杜淹十分赞赏。

唐高宗时期，沛王李贤和他的兄弟英王李显准备进行一场斗鸡PK。为了师出有名、先声夺人，李贤让手下的大才子王勃写斗鸡檄文，也就是宣战书。王勃倒真没嫌大材小用，交出了篇文采斐然的

《檄英王鸡》。

咱们随便看上一段——"两雄不堪并立，一啄何敢自妄？养成于栖息之时，发愤在呼号之际……牝晨而索家者有诛，不复同于畜；雌伏而败类者必杀，定当割以牛刀"。不愧是能写出《滕王阁序》的大才子啊，生生地把玩物丧志的活动写出了天下无出其右的霸气和决一雌雄的狠绝。但唐高宗是经历过兄弟阋墙的人，所以，看到儿子们为了斗鸡就搞出如此犀利的文字，他脆弱的神经被刺激了。儿子舍不得收拾，那就收拾王勃吧，于是这个不世出的年轻人被迫离开长安。

斗鸡的变味儿

虽然因为斗鸡发生过不少小插曲，不过斗鸡活动本身并没受到什么影响，而且随着国力增强，百姓富裕，人们玩斗鸡的水平也随之水涨船高。玄宗还是藩王时就喜欢斗鸡，等当了皇帝就投入更多时间精力玩斗鸡了，而且他还找到了自己的斗鸡大总管——贾昌。贾昌是个传奇人物，他能听懂鸟语，特别会调教斗鸡。自从得了他，唐玄宗专门设立"斗鸡殿"，选了一千多只鸡让他来训练，还从军队中挑选数百位士兵给他帮忙，称作"鸡坊小二"，"神鸡童"贾昌自然就是他们的头儿了。每当节庆之时，贾昌都会穿上御赐的"斗鸡服"，手持铃铛，带领着群鸡给皇亲国戚们表演。他手下的鸡就像士兵一样，一动一静，一进一退都完全听指挥。等到表演结束后，群鸡还会排好队形，按秩序退场，令人难以置信。

如此"人才"，玄宗怎么能不加以宠爱？开元十三年（725），玄宗前往泰山封禅，怕路上寂寞就让贾昌带了300多只鸡随行，这待遇比后宫那些不太得宠的娘娘们还好呢。不仅如此，玄宗和杨贵妃还给贾昌做媒，操办婚事，赏赐无数，连贾昌父亲去世时，玄宗都调用公家的资源为他一路大开绿灯，厚葬他老爹。相比之下，多少读书人寒窗苦读一生也就是个小官，不曾见过皇帝的面，更别提受到皇帝如此厚待，这公平吗？群众的眼睛是雪亮的，很快民间就出现了一首流传广泛的童谣："生儿不用识文字，斗鸡走马胜读书。贾家小儿年十三，富贵荣华代不如。能令金距期胜负，白罗绣衫随软舆。父死长安千里外，差夫治道挽丧车。"可见当时的价值观有多扭曲。

自从玄宗开了个坏头，整个大唐的社会风气都开始腐坏。唐传奇小说《东城父老传》中说："上之好之，民风尤甚。诸王世家，外戚家，侯家、倾币破产市鸡，以偿鸡直。都中男女，以弄鸡为事。"俗话说"小赌怡情，大赌伤身"，全民玩斗鸡，加上随着斗鸡产生的赌博现象，导致富人们都能搞到倾家荡产，何况穷人呢？睿宗时，藩王们都喜欢打球、斗鸡、打猎；穆宗时，藩王们也是如此；后来的代宗、穆宗、文宗、僖宗皆是如此，一下朝就赶去斗鸡。打马球、斗鸡和游猎简直就是唐朝纨绔子弟三件套，熟练掌握三件套的人多了，帝国的衰落也就不远了。

全国放假、文艺表演、互赠礼物
——唐玄宗的生日有点酷

千秋节源于"拍马屁"

唐代中期，励精图治、知人善任的玄宗开创了国富民强的大好局面，史称"开元盛世"。朝廷府库十分充实，老百姓也吃得饱穿得暖，因此玄宗受到臣民们的称颂和爱戴。在这样的背景下，开元十六年（728），有位大臣上奏请求把皇帝生日设为"千秋节"（取千秋万代之意）。

要知道，历史上还从没有将皇帝生日设为全国官方节日的先例，因此玄宗连忙矜持地表示：使不得，使不得啊！然而，他这种一边想要、一边假装拒绝的小情绪哪里瞒得住个个是人精的大臣们呢？第二年的八月初五，唐玄宗在花萼相辉楼设宴招待文武百官，大家纷纷上表，"一致请求"设立"千秋节"。这次玄宗没有再推却，顺水推舟地接受了。

据《唐会典》记载："开元十七年八月五日，右丞相薛曜、左丞相张说等上奏，请以是日为'千秋节'，著之甲令，布于天下"，并规定每逢此日，朝野同欢，"天下诸州咸令宴乐，休假三日"。所以，每逢八月初五，大唐全国放假三天，人们欢度节日，共庆"圣诞"。

千秋节与天长节

那时候，玄宗已经在长安修建了兴庆宫，作为工作生活的重心，里面最重要的两栋楼分别是勤政务本楼和花萼相辉楼，一个是办公大楼，一个是宴会娱乐的专用地，而且在两楼之间围出一个9万多平方米的开阔广场，这就是当时各种大型娱乐活动的中心，也是皇帝与民同乐的地方。玄宗选择在这里举庆祝第一个千秋节。为此，他花了不少心思，搞得格外隆重。

祝寿宴会之上，高阶朝臣前往敬贺，身披锦绣，华美异常。桌子上摆满了美酒佳肴，觥筹交错，欢声笑语。大吃大喝之余更少不了节目：皇家歌舞团的龟兹音乐家白明达，才华横溢，为千秋节专门创作了一部大型歌舞作品《千秋乐》，阵容强大，气势恢宏；几百匹舞马随着乐曲一起舞蹈，最后微蹲后腿，衔着酒杯给唐玄宗祝寿，将表演推向高潮；此外还有精彩刺激的爬杆、吞剑等杂技表演……这些都是大唐盛世的生动写照。最难得的是，这些庆祝活动是允许下层官吏和长安百姓围观的，因此场面非常壮观，跟现在的国庆大阅兵或者新年庙会差不多，正所谓"八月平时花萼楼，万方同乐奏千秋"。

天宝七年（748），兴庆宫里突然发生了怪事，传说大同殿的柱子上突然长了发光的灵芝，池塘上也被祥云笼罩着（估计只是空气湿度大，长了蘑菇又起了雾），反正文武百官认为这是上天显示

唐玄宗宠幸番将安禄山

的吉兆。有人提议说，以前皇帝的生日是千秋节，但千秋万代毕竟也有个尽头，干脆改成天长地久的天长节吧。这话一下子说进玄宗的心坎里了，于是马上改！从那一年开始，"千秋节"就正式变为"天长节"了。名字虽然变了，庆典还是得搞，为此玄宗还专门设立了个新官职——天长节使，相当于晚会总导演。"日月生天久，年年庆一回"，这节是越来越热闹但也越来越铺张浪费了。

千秋镜的兴衰

普通人过生日尚且会收个礼物，皇帝过生日就更是如此了。在

第一次千秋节活动后，百官们争先恐后地向玄宗献镜（镜子在唐代有辟邪、吉祥之意），哄得玄宗特别高兴。玄宗觉得不能白拿手下人的东西，于是在铸镜业最发达的扬州定制铜镜，回赐给四品以上的官员。因为是千秋节特供，工匠就在镜子背面铸造出皇上亲手写的"千秋"两字，所以这种镜子也被称为"千秋镜"。

就像不同品级的官员所穿的官服颜色各异，不同官职的人拿到的千秋镜在尺寸、纹饰上也是截然不同的，比如宰相类的重臣拿的是以吞珠龙纹为主的"天子镜"，而且龙纹在镜面上可以自由转动，十分华丽；一般高官拿的是作侧身护珠状的龙纹镜；武官的镜子上没有龙，而是麒麟和燕子。

扬州制作的青铜镜品质极佳，更神奇的是一定要农历五月五日午时在扬子江心铸成。为什么呢？其实这来源于古代的阴阳五行观念。午月午日是火月火日，午时为火时。若再用阳燧（凹面镜，与太阳能灶同理）取火于天，那就是一年中阳气最盛、火气最旺的时刻。冶铸铜器是需要非常高的温度的。在古人看来，选择火气最旺时操作，冶什么都能行，铸什么都能成。另外，明代的《快雪堂漫录》揭开了扬子江心的秘密。原来，炼铜时"所用水，梅水及扬子江水为佳"，扬子江的水被认为是炼铜所用的上等好水。凑齐了最好的工匠、最好的日子和最好的水，难怪扬州能做出这么多精美的镜子。

单单每年过节的开销已经是个天文数字，再加上献镜赏镜的钱，这该是多大的一笔花销啊！开元二十二年（734），宰相张九龄坐不住了，写了卷《千秋金鉴录》呈了上去，表面上列举大量历史兴亡的案例，跟皇帝讲治国的道理，其实是借古讽今，劝诫玄宗改正。尤其提到每年玩镜子花钱太多，上下奢靡，滋生腐败，是个大问题。被泼了盆冷水，玄宗心里当然是很不痛快的，但人家说得对，又有威望，还是得给点面子，所以玄宗下令收敛了一点，不过也只是一点而已。

唐千秋龙纹镜　陕西历史博物馆藏

该来的迟早会来，在庆祝"天长节"十四年后，"安史之乱"爆发了。第二年，玄宗退位当了太上皇，太子李亨登基后，效法他爹将自己的生日定为"天平地成节"（意思是一切都会妥当）。不过为了表示孝心，太上皇的生日也是要过的。有了这二位开头，后面的几位皇帝根本停不下来，比如肃宗的"天成地平节"、文宗的"庆成节"、武宗的"庆阳节"……只是随着国力的日渐衰微，这样的"生日"被逐渐精简并慢慢取消，风流云散，繁华不再。千秋不再万代，地久也不能天长，真是可悲可叹。而真正流传至今的，只有那些布满了历史锈痕的千秋镜实物了。

扮鬼？放火？

这是隋唐人在过大年

上学和上班的人，最渴望的莫过于节日放假。现在我们每年有30天左右的法定节假日，那么隋唐时期每年的节假日有多少天呢？

以唐代为例，每逢节日就放假，小节一天或三天，冬至、元正（春节）、寒食（连清明）为大节，有七天假期，再加上官员们十天一次的洗澡假（休沐），一年当中居然有七十多天可以休息，真是令人羡慕！

这种又富庶又悠闲的状态造就了唐朝人充满仪式感的生活方式。在众多的节日假期里，人们还会举办大大小小的庆祝活动。现在，我们就以唐朝最隆重的新年为例，看看当时的人们是怎么过节的吧！

奇特的驱傩与庭燎

唐人过年，需要请一位神仙参与，名为方相氏。他是古代传说当中可以驱疫辟邪的神，据说相貌极为丑陋可怖，令人望而生畏。

由方相氏所主导的驱疫仪式被称为傩（nuó）仪，这是一种以驱鬼逐疫为主要目的的祭祀仪礼，在商周时期已经十分盛行。当然，方相氏在现实世界中不存在，在仪式上由人来扮演。

古人认为临近岁末时阴气聚集，因此需举行大傩从而祛除邪祟并除旧迎新。其中王室和诸侯代表国家举行的叫"国傩"，全国上下一起举行的叫做"大傩"，民间举行的叫做"乡傩"。傩仪本质上是一种动作夸张粗狂的巫舞，所有人全程大喊大叫、载歌载舞，起到把鬼疫吓跑的作用。最初大家还只是狂呼乱叫，发出怪声，到汉代时已经有了固定的唱词，并且整个傩仪发展到了一二百人之多，是不是有点像现在的大型party呢？

唐代时，驱傩由腊日之前改在了除夕之夜，并且比以往更加声势浩大：乐工们尽情演奏烘托气氛，有人扮演主神方相氏，剩下的人装扮成倀子（由男孩扮演的男巫），所有人都精心打扮成贴合角色的样子，他们佩戴面具，服饰截然不同，很容易辨认。有形无声可不行，这些演员们嘴里大喊着："赫女（即汝，你的意思）驱，拉女干，节解女肉，抽女肺肠。女不急去，后者为粮。"翻译过来就是：妖魔鬼怪们，小心我们把你剥皮抽筋，挖心断肠，再不快滚，我们就把你们生吞活剥了！听上去很吓人有没有？

人们就这样手舞足蹈着，一直由宫内游行到宫外，从皇帝妃嫔、王公大臣到平民百姓都沉浸在这个千人级别的傩戏表演中。"傩声方去病，酒色已迎春"，在当时人的眼中，傩戏寓意着疾病、霉运的去除，同时也是新春到来的标志，因此格外重要。

首都长安这么热闹，地方上也不逊色，虽然达不到那样惊人的规模，但也会极尽所能搞得盛大一些。在队伍中有"朱衣画裤"的傩公，也有"青衣画裤"的傩母，其他演员用颜料把自己的脸画得面目全非，只露出一口大白牙，老百姓们在笑闹之间就完成了这个仪式。

除了傩仪，每到除夕时人们还会在庭院里点燃用木柴、黍杆之类垒成的塔，这就是庭燎。唐人认为，火越旺就越是象征着新的一年里人丁兴旺，红红火火。哪怕百姓之家也会围着燎火饮酒守岁，直到天亮，更别提宫中了。

隋炀帝这个败家皇帝在位时，庭燎用的是价值连城的沉香木，搞得几十里外能闻到"烧钱"的味道。贞观之时，太宗在宫中设除夕宴，虽然整个宫中装饰得富丽堂皇，后宫妃嫔们也打扮得耀眼夺目，庭燎把宫殿照得明亮得像白天一般，但比起隋炀帝来，就只能算隆重而不奢华。

爆竹与桃符

日本僧人圆仁在他的《入唐求法巡礼行记》中，描述了自己于唐文宗开成三年（838）在扬州过除夕的所见所闻："廿九日，暮际，道俗共烧纸钱。俗家后夜烧竹与爆，声道万岁。街店之内，百种饭食，异常满街。"这说明在除夕这天，家家户户都会准备丰盛的年夜饭，天黑时先烧纸钱，夜里再点起爆竹，整个城里都充满着节日的氛围。爆竹声声或许惊眠，但谁又会介意呢？顺带一提，唐人所烧的爆竹可不是今天的火药鞭炮，那时虽然已经发明火药，但还没广泛应用。唐代的爆竹就是燃烧竹子，使其自然发出噼里啪啦的响声。

再说桃符，桃木辟邪之说来自神荼、郁垒两兄弟的神话。传说上古之时，神荼、郁垒能捉鬼，总是站在桃树下检阅百鬼，要是遇上瞎祸害人的坏鬼就抓起来喂老虎。所以后来人们每到除夕就用桃木制成两块写有神荼、郁垒的桃符，挂在门上镇宅保平安，也有直接贴他们的画像的。这就是最初的门神吧，这种门神的形象一直沿用到唐初。

不过唐代中后期时，流行的门神突然变成了钟馗。传说玄宗在一次骊山阅兵之后得了病，怎么都治不好。某夜突然梦见一个长相凶悍的大汉在宫中抓住个小鬼，直接吃下肚去。皇帝问他是谁，大汉回答说，臣本是终南山进士，名叫钟馗，由于皇帝嫌弃我的长相丑陋，不录取我（唐代选进士还要考核长相），一气之下我就在宫殿的台阶上撞死了。玄宗从梦中惊醒之后，病居然好了，于是他命令当时最有名的画家吴道子把梦里钟馗的形象画下来，挂在宫里辟邪，还"复制"之后分送群臣。

在皇帝的努力"安利"下，钟馗作为捉鬼之神的地位就被官方盖章啦！而人们将唐初大将秦叔宝和尉迟敬德身穿甲胄的形象作门神，其实已经是宋朝之后的事了。

守岁和宴饮

现代过年已经简省了很多程序，不过讲究一些的老人还要专门守岁。"至除夕，达旦不眠谓之守岁。"从晋代起，大家就有整夜不睡迎接新年的习惯。隋唐时这个习俗更加兴盛。不过，也不能一整晚干坐着发呆嘛，于是人们往往要准备屠苏酒、柏酒、五辛盘（一般指葱、韭菜、薤、蒜、兴渠五种有刺激性气味的蔬菜）、咬牙饧（黏牙的麦芽糖）之类的春节美食，边吃喝边聊，正所谓"岁夜高堂列明烛，美酒一杯声一曲"。除夕是旧年的最后一天，所以那夜喝的酒也被称为"岁酒"。当时人们还有一个特别的饮酒习俗，即从年纪最小的开始喝，年纪最长的最后喝，既体现对少年未来的期许，也表达对年长者的祝福。

幸福的年夜过去后，又将迎来新年的第一天，虽然放假，但百官们还是需要穿上正式的礼服去宫中朝贺。各地的长官和外国的君主也会在这一天派使节带着礼物赶到宫中，共同庆贺，这就是大唐的新年，正所谓"宜将岁酒调神药，圣祚千春万国朝"，大唐气象尽在其中。

当皇帝好累啊，
要不泡泡温泉吧？

天寒地冻时，什么最舒服？除了吃火锅，当然是泡个热水澡啦。泡温泉是很多人在冬天喜欢的休闲项目，古人也有此类爱好。中国历史上最出名的皇家温泉莫过于陕西省骊山北侧的华清池。读过白居易《长恨歌》的人，一定会被玄宗和杨贵妃之间缠绵悱恻的爱情故事所打动，也会对诗中"春寒赐浴华清池，温泉水滑洗凝脂"的描写印象深刻。这"天下第一温泉"一共有四个泉眼，每小时涌出超过100吨43℃左右的温泉水。在安史之乱惊破霓裳羽衣曲之前，华清宫是玄宗最喜爱的温泉行宫。

华清池并非始于唐

虽然华清池在玄宗时期达到了鼎盛，但它的历史长得超乎人们的想象。考古学家曾经在骊山温泉附近发掘了属于仰韶文化的姜寨遗址。有部分学者认为，这里的先民已经开始使用温泉。西周建立之后，定都城于镐京（现西安市长安区），于是离此不远的骊山就

清

康涛

《华清出浴图》

成了周王出宫游玩的首选之地。想来这里的美景和温泉一定让周王流连忘返，因此他干脆在这儿修了座行宫，方便享受人生。

秦始皇在这里建起了行宫"骊山汤"，而汉武帝则在"骊山汤"的基础上修缮装饰，让这里变得更美轮美奂。我们已经无法得知汉代温泉宫到底有多么富丽堂皇，但从遗址中发现的大量汉代砖石、带有"无极""未央"铭文的瓦当和精美的木质建筑残件中，还是可以想象曾经的盛况。或许秦汉时的温泉建筑在岁月的流逝中已经损毁，所以北周武帝宇文邕再度大修骊山温泉，把这里变成了一座有泉水、有园林、有亭台楼阁的皇家行宫。

隋唐时的"钦定"华清池

帝王们的品味多少有些相似，隋唐的皇帝们也先后盯上了这块宝地。据古籍《类编长安志》记载："隋文帝开皇三年（583）又修屋宇，列树松柏千余株。贞观十八年（644），"诏左屯卫大将军姜行本、将作少匠阎立德营建宫殿、御汤，名汤泉宫。太宗因幸制碑。"从隋文帝开始，盖房子、种树、立碑……果然是真粉丝了。这还不算完，由于唐太宗多年的风湿病靠着在这泡温泉治好了，所以他激动地亲笔写下一篇《温泉铭》来歌颂华清池治疗疾病、除湿祛风的神奇功效，历史上有这样待遇的温泉可能也就这一个了。

华清池最特别的主人

要说与华清池缘分最深的帝王，非玄宗莫属。从唐太宗时的"汤泉宫"，到唐高宗时的"温泉宫"，再到唐玄宗时，骊山温泉终于得到了自己最广为人知的名字——华清宫（华清池）。

玄宗对这个地方的喜欢和依赖是令人震惊的，别的皇帝喜欢来泡澡，最多在这小住，但玄宗以温泉泉眼为轴心建造了整个宫殿群，不光自己和妃嫔侍从可以居住，连百官的办公室和贵族们的府邸都搬了过来，方便大家长住于此。不仅如此，他还命人修建了登山专用的步道和可以直接连通长安的通道。"长安回望绣成堆，山顶千门次第开"，杜牧描绘的正是骊山华清宫的奢侈与壮丽。

不只是宫殿，浴池也种类繁多，非常讲究：有玄宗专属的御汤——莲花汤（因浴池中雕刻了莲花而得名）、杨贵妃独享的海棠汤、皇室侍从可用的尚食汤……如今，在遗址出土的砖、瓦上，我们可以看到每一块砖上都有工匠的名字、手印。这些砖的大小、厚薄并不完全相同，所以它们并不是用模具统一烧成的，而是工匠们一块块手工完成。可以想象，大唐的工部官员曾经发动了多大的力量才让官方经营的手工作坊制作出足够多的建筑材料，又耗费了多少人力物力。居上位者如此穷奢极欲，国家渐渐衰落也就丝毫不让人惊奇了。

华清池的高光时刻

既然已经投入了这么多，不常用就太可惜了。从李隆基即位到天宝十四年（755）的几十年中，除非有事外出不在长安城，否则他每年都要去华清宫过冬。少则七八天，多则半个月，有时候一年还得去上个两三次。不但如此，自从玄宗有了杨贵妃，两人一起行幸华清宫的次数就更多了。当杨玉环第一次以贵妃的身份陪同玄宗前往骊山温泉时，贵妃娘家都跟着去了。大家尽情享乐，一玩就是两个多月。

就这样，花大价钱盖好的宫殿也就发挥出了作用。除了处理日常政务，玄宗还在华清宫颁布过诏令，加封过官员，接见过外国使臣，甚至接受过正式的朝贺，骊山俨然成为除了长安和洛阳之外的第三个都城。

七月七日长生殿，夜半无人私语时。传说李杨二人曾于七夕在华清宫的长生殿许下爱的誓言："在天愿作比翼鸟，在地愿为连理枝。"可惜，发生兵乱时，玄宗还是毅然决然地牺牲了自己的爱人。都说蛾眉能破国，且看玄宗贪恋温泉行宫的种种，罪魁祸首不是温泉，也不是美人，而是皇帝本人的奢侈无度与懒惰昏庸。

让唐朝人疯狂打 CALL 的
爱豆们，你会选择谁？

互联网时代，为了心中的偶像，粉丝们的日常生活大概就是"你一票我一票，爱豆站在台上笑；你不投我不投，爱豆何时能出头；你一榜我一榜，爱豆明天就登场……爱他，就要为他做数据"了。

相比之下，在信息传播速度还没有那么迅捷的唐朝，明星们的生存状态就健康多了，没有水军，没有热搜，全是实力派的天下，靠一身真本事名扬四海。假如能够"穿越"回去，你会迷恋哪位明星呢？

刚中带柔的公孙氏

俄罗斯有一种民族舞蹈——马刀舞，使用的道具是长刀，很有"战斗民族"的特色。其实在我国古代也有类似的舞蹈，但更加优雅。开元三年（715），还只是个幼童的杜甫在河南郾城（今河南省漯河市）街头看到了一场精彩绝伦的舞蹈演出。这舞蹈是如此扣人心弦，以至于老年杜甫记忆犹新："昔有佳人公孙氏，一舞剑器动四方。观者如山色沮丧，天地为之久低昂。霍如羿射九日落，矫如群帝骖龙翔。来如雷霆收震怒，罢如江海凝清光……"

想象一下，英姿飒爽的舞者公孙氏挥动手中的剑，矫若游龙，又美又飒。她的身影如同天帝驾着龙在天上翱翔，夺目的剑光就像后羿将九个太阳射落时的光华。开始时像天怒般的雷霆万钧，结束时像江海面上清幽的波光。这样的气势足以让天地为之变色，也深深地震撼了人山人海的观众们。

关于这位杰出的舞蹈家公孙大娘（唐代的"大娘"跟今天所说的大娘含义不同，意思是在家里排行老大的姑娘），在历史上并没有留下详细的记载，只知道她出身民间，因为剑舞技艺高超，曾应邀到宫廷为玄宗等人表演，成为享受国家津贴的宫廷舞者。

在唐人郑嵎的《津阳门诗》中曾经提到过她——"公孙剑伎方神奇""有公孙大娘舞剑，当时号为雄妙。"另外据《明皇杂录》记载，"上（即玄宗）素晓音律。时有公孙大娘者，善舞剑，能为《邻里曲》《裴将军满堂势》《西河剑器浑脱》。遗妍妙，皆冠绝于时。"由此可见，公孙氏的剑舞超凡拔群，无人能敌，闻名大唐。

在公孙大娘的粉丝圈中，既有普通的百姓，也有皇室的贵族，更有诗人和书法家。唐代草书大家张旭正是因为观赏过公孙大娘的西河剑器舞，在她飘逸豪放的舞姿中领悟到刚柔并济的力量，从此书法功力大增。这样的灵感缪斯真是可遇而不可得。

再说诗圣杜甫与公孙大娘的缘分更是奇妙，自河南一别再没相见，直到大历二年十月十九日（766），经历了安史之乱流落到白帝城的白发老人杜甫偶遇一女子舞剑卖艺，身姿与自己记忆中的样子十分相似。仔细一问才知道，舞者李十二娘正是公孙氏的弟子，杜甫一时感慨写下了著名的《观公孙大娘弟子舞剑器行》。

公孙大娘从民间走入宫廷，后来因为战乱下落不明，但世间永远都有她的传说，这样传奇的女子放在今天早就是乘风破浪的姐姐了。

一代乐圣李龟年

唐代的李龟年、李彭年、李鹤年兄弟三人都是音乐达人。其中李彭年擅于跳舞，李鹤年擅于唱歌，李龟年则属于多项全能，不但擅于唱歌，还吹得一手好筚篥（bì lì，一种古代管乐器），羯鼓也很拿手。不过他最厉害的当属作曲。兄弟几人曾共同创作出传世名曲《渭川曲》，从此一炮而红，受到了玄宗的极力赞赏。由于业务能力精湛，加上皇帝的赏识，达官贵人们纷纷请他们上门演出，举办私人音乐会，每一次出场费都要价不菲。有了这样的吸金能力，他们很快在洛阳建了座豪宅，比一般的公侯府邸还要奢华些呢。

玄宗的弟弟岐王李隆范是个文艺青年，经常邀请诗人和音乐家到自己的府上欢聚。一次，李龟年应邀到岐王府做客，开席之后，岐王家的私人乐队开始奏乐。李龟年坐在一旁自个儿玩起了你弹我猜，也就是听音乐辨节拍。一会说"现在的是秦音慢板"，一会又说"现在的是楚音流水板"，让音乐造诣不浅的岐王赞叹称奇。宴会后，粉丝岐王常会准备一些礼物送给李龟年，不过珠玉丝帛一类的东西是不能打动这位大唐顶级音乐家的。但是当他看上乐队中谁的乐器时，则会"无礼"地直接拿来玩，并且真正获得快乐。所以说，不要乱花钱给爱豆买礼物，你觉得珍贵的，人家未必喜欢。

可惜的是，这样的好日子并没有太久。天宝末年，安禄山、史思明造反，天下大乱，李龟年流落湖南，靠自己的老本行唱歌混口饭吃。一次宴会上，他居然遇到了杜甫（诗圣也算是各大明星都认识了），高歌一曲之后，杜甫写出了千古名篇《江南逢李龟年》："岐王宅里寻常见，崔九堂前几度闻。正是江南好风景，落花时节又逢君。"有趣的是，诗圣并不是唯一一个给他写诗的人。王维有一首《相思》："红豆生南国，春来发几枝。愿君多采撷，此物最相思。"其实原名也叫《江上赠李龟年》。此外，位列"大历十才子"的李端也曾作过一首《赠李龟年》。

看这些粉丝的质量也知道，李龟年真不愧是大唐的顶级流量明星。可惜在安史之乱后山河破碎的日子里，李龟年只能一边流浪，一边在各个宴会上演唱，在歌声里缅怀曾经快乐的日子。大概是他的歌声太打动人，不光满座皆掩泣，有一次连他自己也因十分伤感而晕了过去，四天后便离开了人世。

在玄宗时期，曾经有过很多优秀的明星艺术家，甚至李隆基本人也是一位水平高超的艺术家，他又善乐器（琵琶、横笛、羯鼓）又善作曲（作品有《还京乐》《夜半乐》《霓裳羽衣曲》《凌波曲》等），具有极高的音乐素养。但战争无情地摧残了一切，公孙大娘和李龟年都是落难艺人的代表。这又能怪谁呢？如果一位皇帝的心思不在治国上，一心沉迷于自己的兴趣爱好和享受人生，那么再闪亮的明星、再优秀的作品，也是无法长远留存的。

唐朝人有什么爱宠?
从文物中找答案吧

　　养宠物是从孩童到老人都有的爱好。宠物源于远古人类驯化的野生动物,大部分驯化动物被作为家禽、家畜饲养,为人类提供皮毛、肉食、奶水,并承担护卫、劳作的任务。有些则成为人们的宠物,陪伴着古人,为生活增添乐趣和色彩。

　　史书记载,在先秦之时,帝王宫中也会专门饲养一些珍奇鸟兽。《史记·滑稽列传》中有个楚庄王葬马的故事,说楚王让一匹心爱的马穿着华丽的锦衣,住在金碧辉煌的宫殿里,睡在设有帷幕的床上,吃着美味的枣肉。后来马因为被溺爱过度,竟然活活胖死了。楚王又命令全体大臣致哀,准备按高官的标准好好安葬它。后来虽然因为被劝谏没这么干,但我们可以看出,这马绝对不是用来乘骑或者干活的,它确实是楚王的心头肉。

　　后世虽然少有这么夸张的,但还是能找到很多古人饲养宠物、看重宠物的证据。比方说1985年,考古学家在河南鹤壁发掘了一座汉代的狗墓。没错,就是狗的墓葬。这座墓采用汉代常见的多室墓设计，前室、主室、后室、耳室和墓道一应俱全，虽然棺木已经腐朽成灰，但考古学者们还是找到了37件随葬器物，包括壶、罐、杯、博山炉，甚至还有钱币。显然这条被厚葬的狗不是普通的看家护院犬，而是主人的宠物。

从秦汉到南北朝，作为宠物的虎、狮、象、马、猿之类的大型兽类多半还是由皇家和权贵饲养，鹰隼、孔雀、白鹤、鹦鹉等灵禽也逐渐出现在园林中。而到了唐代，人们都在饲养什么样的宠物呢？

银罐上的鹦鹉

这件出土于西安的鎏金鹦鹉纹提梁银罐，可以说是唐代金银器工艺的"集大成者"，器壁只有1.5毫米厚，罐子身上从头到脚都铺满了花花草草。花丛中最显眼处栖息着栩栩如生的鹦鹉和鸳鸯各两只。鹦鹉双翅略微收拢，爪子往前探出，似乎刚刚飞了一大圈儿，准备降落在花丛中喘口气。看那纤细的羽毛，分明可以一根根数出来。由于唐代宫廷对鹦鹉的宠爱，鹦鹉便成了"宠物界的新贵"，被工匠描绘在珍贵的金银器上。

在唐朝，不但地方上频繁向宫廷进献鹦鹉，由于丝绸之路的畅通，天竺、波斯等国也纷纷向唐皇帝献鹦鹉，这些鸟儿一下子成为能言会道的"外交使者"。在那些备受达官显贵

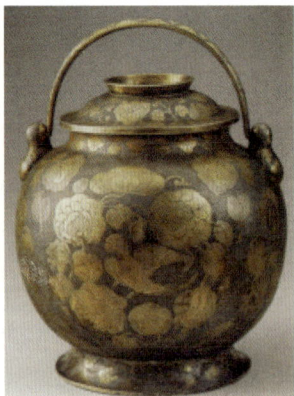

鎏金鹦鹉纹提梁银罐

宠爱的鹦鹉中，最知名的当然是玄宗和杨贵妃的宠物——一只来自岭南的鹦鹉"雪衣娘"。

据说，雪衣娘通体洁白，聪慧机敏。杨贵妃教它读诗，教个几遍就能背诵出来，逗得贵妃格外高兴。这还不算什么，每次玄宗跟贵妃或诸位亲王下棋，只要玄宗不敌对手时喊它一声，雪衣娘就会突然飞到棋盘上捣乱，或者啄贵妃、诸王的手，巧妙地为玄宗解围。如此聪明又通晓人性的鹦鹉怎能不讨得玄宗的喜欢呢？帝王是古代的时尚风向标，受他们的影响，宫女和民间姑娘们也纷纷养起鹦鹉来，这种色彩艳丽、能说会道的宠物给寂寞的女子们带来很多安慰。

《簪花仕女图》上的狗子

这是一幅绢本工笔重彩画，宽46厘米，长180厘米。画中描绘了五位衣着光鲜的贵妇人和一位侍女在春暖花开之时游园赏花的情景。几位仕女肤白如雪，桂眉如烟，云鬟高耸，头戴鲜花发饰，穿着颜色各异的飘逸衣裙，举止端庄娴雅，风流多姿。此外，画中最吸睛的就是地上两只黑白相间的"小短腿"。这两只狗都戴着红色项圈，其中一只正跑向画中最左边的贵妇人，仿佛受到了召唤；另一只正被画中最右边的贵妇人用拂尘逗弄着，玩得不亦乐乎。

这种小型观赏犬可不是一般的中华田园犬，它是从东罗马帝国（拂菻国）远道而来的新奇犬种，又被唐朝人叫作"猧儿""猧子"。唐朝初年，高昌王曾献过一对，"高六寸，长尺余，性甚慧，能曳马衔烛"，这也是大唐的第一对拂菻狗。

拂菻狗因为身材娇小、性情温和，又善解人意，所以特别受唐

唐　周昉　《簪花仕女图》（局部）

代女性的喜爱。杨贵妃曾有一只宠爱的猧子，常抱着它观看玄宗与亲王下棋。一次，眼见得皇上又要输了，贵妃故意把狗放在椅子上，谁知道这猧子跳上棋盘，把棋盘搞得乱七八糟，护住了玄宗的面子，让玄宗特别高兴（话说唐玄宗的棋艺是有多差啊，全靠着养宠物耍赖了）。在所有宠物中，狗本来就属于最通人性的，所以唐代民间饲养最多的宠物就是狗。

陶俑上的小猛兽

唐代高级宠物中还有猎豹。当然，猎豹本身是相当凶猛的，只有被人类驯服，再经过各种各样的训练才能听从指挥。一只成功被驯服的猎豹不但可以束于项圈被主人牵行，还可以轻松跃上马背，即便在马上颠簸，也能从容伏于主人身后。由于驯豹起源于西方，而后才传入我国，因此这种高难度的专业工作皆由胡人担任。

陕西西安东郊的金乡县主（滕王李元婴之女）墓中出土有6件彩绘骑马狩猎胡俑，其中两人臂上站着猎鹰，一人牵着猎犬，还有一人携猎豹于马背。骑马的人长着高鼻子深眼窝，具有明显的胡人特征，正回头张望。只见猎豹蹲伏在马鞍后的圆垫上，形态机警，仿佛发现了猎物，后腿蹬起，仿佛随时打算一跃而下，这幅场景当真是"马后猎豹金银铛，最前海青侧翅望"。

唐代贵族最爱狩猎，关于猎豹的文物和记载不在少数。唐中宗长子李重润（懿德太子）的墓葬壁画中也有一些牵猎豹的侍从形象。画中豹子头圆体长，兼有锐爪，遍身花纹，系有颈圈，牵绳则被牢牢握在侍从手中，由此可以想象昔日豹猎的场景。

天上飞的，地上跑的，水里游的；凶猛的，温顺的；大的，小的……唐人的宠物选择实在是多样。这些动物极大地丰富了唐朝人的精神世界和文化氛围，催生了无数优秀的诗歌、音乐、绘画等艺术作品。唐朝时甚至还出现了先进的动物保护思想。不过绝大多数宠物都属于权贵或者富庶人家，而捕捉、饲养、训练这些宠物给社会最底层的贫苦百姓带来了多么大的负担呢？看唐朝后期的社会发展就知道了。所以说，爱之有度，方能长久。

金乡县主墓出土狩猎俑

附录1 隋唐纪元表

中国历代纪元	谥号/庙号（姓名）	生卒年	在位时间	在位时长（年）	评价高的时期	重要事件
隋（581~618）	隋文帝（杨坚）	541~604	开皇（581~600）、仁寿（601~604）	24	开皇之治	统一南北、创三省六部制
	隋炀帝（杨广）	569~618	604年即位，大业（605~618）	14		疏浚修隋朝大运河
	隋恭帝（杨侑）	605~619	617年被唐国公李渊拥立为帝，义宁（617~618）	2		
唐（618~907）	唐高祖（李渊）	566~635	武德（618~626）	9		
	唐太宗（李世民）	598~649	626年即位，贞观（627~649）	23	贞观之治	玄武门之变
	唐高宗（李治）	628~683	649年即位，永徽（650~655）、显庆（656~661）、龙朔（661~663）、麟德（664~665）、乾封（666~668）、总章（668~670）、咸亨（670~674）、上元（674~676）、仪凤（676~679）、调露（679~680）、永隆（680~681）、开耀（681~682）、永淳（682~683）、弘道（683）	44	永徽之治，总章二年唐朝疆域达到最大	
	唐中宗（李显又名李哲）	656~710	683年即位，嗣圣（684年1月23日~684年2月26日）	42天		
	唐睿宗（李旦）	662~716	684年即位，文明（684年2月27日~684年10月18日）	8个月		

续表

中国历代纪元	谥号/庙号（姓名）	生卒年	在位时间	在位时长（年）	评价高的时期	重要事件
唐（618~907）	唐武后、武周皇帝（武曌）	624~705	684 年摄政，光宅（684 年 9 月~684 年 12 月）、垂拱（685~688）、永昌（689）、载初（689~690）、690 年改国号为周：天授（690~692）、如意（692）、长寿（692~694）、延载（694）、天册万岁（695~696）、万岁登封（696）、万岁通天（696~697）、神功（697）、圣历（698~700）、久视（700~701）、大足（701）、长安（701~705）、神龙（705）	31	政启开元，治宏贞观	中国历史上唯一的正统女皇帝
	唐中宗（李显又名李哲）	656~710	"705 年即位，复唐国号：神龙（705~707）景龙（707~710）"	7		
	唐睿宗（李旦）	662~716	710 年即位，景云（710~712）、太极（712）、延和（712）	4		
	唐玄宗（李隆基）	685~762	712 年即位，先天（712~713）、开元（713~741）、天宝（742~756）	46	开元盛世	唐朝在位时间最长的皇帝、安史之乱
	唐肃宗（李亨）	711~762	756 年即位，至德（756~758）、乾元（758~760）、上元（760~761）	8		
	唐代宗（李豫）	727~779	762 年即位，宝应（762~763）、广德（763~764）、永泰（765~766）、大历（766~779）	20		平定安史之乱、平定仆固怀恩之乱
	唐德宗（李适）	742~805	779 年即位，建中（780~783）、兴元（784）、贞元（785~805）	26		

续表

中国历代纪元	谥号/庙号（姓名）	生卒年	在位时间	在位时长（年）	评价高的时期	重要事件
唐（618~907）	唐顺宗（李诵）	761~806	805年即位，永贞（805~806）	186天		
	唐宪宗（李纯）	778~820	805年即位，元和（806~820）	15	元和中兴	
	唐穆宗（李恒）	795~824	820年即位，长庆（821~824）	4		
	唐敬宗（李湛）	809~827	824年即位，宝历（825~826）	3		
	唐文宗（李昂）	809~840	826年即位，宝历（826~827）、大（太）和（827~835），开成（836~840）	14		
	唐武宗（李炎）	814~846	840年即位，会昌（841~846）	6	会昌中兴	
	唐宣宗（李忱）	810~859	846年即位，大中（847~859）	14	大中之治	河陇归地
	唐懿宗（李漼）	833~873	859年即位，大中（859~860）、咸通（860~873）	15		
	唐僖宗（李儇）	862~888	873年即位，咸通（873~874）、乾符（874~879）、广明（880~881）、中和（881~885）、光启（885~888）、文德（888）	18		平定黄巢起义
	唐昭宗（李晔）	867~904	888年即位，龙纪（889），大顺（890~891），景福（892~893），乾宁（894~898），光化（898~901），天复（901~904），天祐（904）	22		
	唐哀帝（李柷）	892~908	904年即位，天祐（904~907）			

附录2 隋唐科技文化成就一览

衣

唐中期，丝绸工艺达到新高："缠金线"工艺，代表唐代丝织工艺的最高水平。

在印染技术上，唐代除原有的缬技术继续使用并不断提高外，蜡缬、频缬技术相继出现并广泛推广运用。蜡缬、频缬技术前代虽已有，但应用并不广泛，技术亦不成熟，只是到唐代才完善并盛行起来。

唐代丝织品的纹样非常丰富，常见的有龙、凤、麒麟、天马、雁衔绶带、瑞草、辟邪、孔雀、仙、芝草以及其他折枝散花等。

唐代的能工巧匠还能织造出具有单色花纹的产品，如大编锦，就是利用由深到浅的绿色（即每一种颜色，都分为两三个深浅层次，由深到浅，由浅到白，逐层减退，退到白色再与别的颜色连接）织成的彩色经丝，织成的具有晕色花纹的产品。

缂丝制品出现：缂丝技术是中国传统丝织业中的一项重大创举，盛行于宋元及明清时期，但在唐代已发明出来。所谓缂丝，是采用"通经断纬、生经熟纬、细经粗纬、白经彩纬"的独特技法控织成织物的图案和花纹周边星星点点的洞孔，如镂刻而成，故称缂丝，亦称刻丝。

妇女花冠起源于唐代，盛行于宋代。名称虽同，着法式样迥异。唐代花冠如一顶帽子套在头上，直到发际。

唐代女子妆容丰富多彩，达到了中国古代妆饰史的一个高峰。

唐代是中国历史上眉式最丰富的时期，长眉、短眉、蛾眉、阔眉都有流行。

额黄妆始于汉代，流行于六朝，盛于隋唐。在唐代，额黄妆发展出了新款式——蕊黄妆，在额头以黄粉绘制花朵形象，非常艳丽。

食

新创水轮筒车、井车、机汲等提水灌溉机具。

筒车：其原理是利用水流自然的冲击力来推动轮子，然后以竹筒汲水上升到入水田，以此就能自动运转，省去人力。这种灌溉工具的效率非常之高，尤其适用于丘陵和山地。

"水稻撒播间苗种植法"转变为"育秧移栽种植法"，奠定了南方多熟复种耕作制的技术基础。

曲辕犁：是唐代劳动人民发明的耕犁。因其首先在苏南等地推广应用，又称为江东犁。

和以前的耕犁相比，曲辕犁有几处重大改进。首先是将直辕、长辕改为曲辕、短辕，并在辕头安装可以自由转动的犁盘，这样不仅使犁架变小变轻，而且便于调头和转弯，操作灵活。其次是设有犁评和犁建，可以调节耕地深浅。

《茶经》：唐代陆羽所著的中国古代第一部茶书，也是世界上第一部关于茶的专门著作，对后世茶艺有重要影响。

"点心"一词出现是在《唐书》中，唐人郑修为江淮留后，家人备夫人晨馔，夫人顾其弟曰："治妆未结，我未及餐，尔且可点心。"魏晋时代的人常在正餐与正餐之间，享用一些小食，这些小食发展到唐代，便成了点心。不过，点心不同于小食：魏晋时许多家庭采取的是两餐制，一天就上午下午各一顿饭，正餐不够，只得用小食来补，小食主要用于充饥，行的是"雪中送炭"之事；而进入唐代，普遍采取三餐制，正餐足矣，点心便成了唐人生活的精美点缀，在正餐大菜之外给口腹增加一些享受，行的是"锦上添花"之事。

与"分食制"不同，唐朝出现了具有时代节点意义的"合食制"，用餐时众人欢聚一桌，简约小餐既不合唐人豪爽的脾气也不合会餐制的时宜，各种复杂而新奇的大菜相继出现。

"胡食"是出自汉代人对从西域传入的食品的一种说法。胡食在汉魏通过丝绸之路传入中国后，至唐最盛。

住

木构架建筑技术进一步发展：

唐代在都城和地方城镇兴建了大量寺塔、道观，并继承前代续凿石窟佛寺，遗存至今的有着名的五台山佛光寺大殿、南禅寺佛殿、西安慈恩寺大雁塔、荐福寺小雁塔、兴教寺玄奘塔、大理千寻塔，以及一些石窟寺等。

唐代建筑技术有新的发展，木构架已能正确地运用材料性能，建筑设计中已知运用以"材"为木构架设计的标准，朝廷制定了营缮的法令，设置有掌握绳墨、绘制图样和管理营造的官员。

唐朝首都长安城与东都洛阳规划严整，长安在盛唐年间的极盛时人口达到100万。不仅是当时的世界一流大都市之一，也为后世留下了城市规划的样板。当时周边国家的首都，如日本奈良平安京、京都、新罗金城、高句丽平壤和渤海国上京龙泉府都是仿照长安建造。

唐朝的木结构建筑规模雄浑，气魄豪迈。佛塔形式融合了中国与印度的造型，显得千变万化，多种多样。

唐代的家具出现了重大变化。在唐之前，家具往往造得小巧，古人席地而坐，一人盘踞一个低矮的小食案，一人享用一份饭菜。进入唐代，高桌大椅出现，一群人围聚一桌共享佳肴有了条件。高桌大椅帮助唐人实现了从"分食制"到"合食制"的飞跃，吃饭不再是一件各顾各的事，而是一件共同享受和娱乐的事。

行

唐朝出台了中国历史上第一部交通法规——《仪制令》。

在繁忙道路两边等醒目的位置挂着大大的仪制令木牌，上书："贱避贵，少避长，轻避重，去避来。"

当时道路上没有双黄线，没有红绿灯，也没有交警。基本上唐朝人就遵循着这十二个字的法则解决所有的交通问题。

唐代李皋发明了"桨轮船"：他在船的舷侧或艉部装上带有桨叶的桨轮，靠人力踩动桨轮轴，使轮周上的桨叶拨水推动船体前进。因为这种船的桨轮下半部浸入水中，上半部露出水面，由于其侧之推进轮极似车轮，故后来又称之为车轮舟或车船。所以称为"明轮船"或"轮船"，以便和人工划桨的木船、风力推动的帆船相区别。车船把桨之间隙推进方式发展到车轮运转的连续推进方式，同时又可减少船员的劳动强度，在造船发展史上具有重要意义，它是近代明轮航行模式之先导。

发明水密封舱技术：

隋唐时期在造船工艺技术方面有新的进步，在很大程度上提高了船舶的质量水准。其中最重要的发明当属水密封舱技术。水密封舱技术是利用水密舱壁，把船舶分割成多个小单间。它对船上甲板起到支撑和加强的作用，使船体具备足够的横向强度和抗扭刚性，还可以增强船的抗沉性，即使一舱漏水，由于舱壁隔离，其他船舱可相对安全。

工

赵州桥：赵州桥建于隋朝，是世界上现存年代久远、跨度最大、保存最完整的单孔坦弧敞肩石拱桥，其建造工艺独特，在世界桥梁史上首创"敞肩拱"结构形式，具有较高的科学研究价值；桥体砌石饰纹雕刻精细，具有较高的艺术价值。赵州桥在中国造桥史上占有重要地位，对全世界后代桥梁建筑有着深远的影响。

《游春图》：隋朝画家展子虔创作的绘画作品，绢本、青绿设色，画上有宋徽宗题写的"展子虔游春图"六个字，是迄今为止存世最古的山水画卷。该画卷画法证明隋朝画家基本上解决了描绘、刻画自然山水问题，开启了我国山水画的新发展道路。

皇极历：我国历史上具有里程碑意义的历法。首次考虑到太阳和月亮视运动的不均匀性，创立了等间距二次差内插法，在中国天文学史和数学史上都有重要地位。是我国古代现存最早的给出完整的太阳运动不均匀改正数值表 1（日躔表）的历法。

《区宇图志》：我国第一部官修地方志。隋炀帝大业初年（605），学者崔绩与众儒生共同撰写。

改进计时仪器：唐代初年，吕才的漏壶改进了张衡首创的补偿式漏壶和晋代的三级漏壶，使用四级漏壶，能保持万分壶水位相对稳定。

雕版印刷术：唐朝初年，人们从印章和拓印刻石中得到启发，发明了雕版印刷术。雕版印刷是最早在中国出现的印刷形式。

火药：火药的研究始于古代炼丹术。唐代炼丹家于唐高宗永淳元年（682）首创了硫磺伏火法，用硫磺、硝石、研成粉末，再加皂角子（含炭素）。

黄道游仪：著名天文学家、僧人一行主张在实测的基础上编订历法。为此，首先需要有测量天体位置的仪器。他于开元九年（721）率府兵曹参军梁令瓒设计黄道游仪，并制成木模。一行决定用铜铁铸造，于开元十一年（723）完成。这架仪器的黄道不是固定的，可以在赤道上移位，以符合岁差现象（当时认为岁差是黄道沿赤道西退，实则相反）。

用它测量28宿距天球极北的度数，在世界上第一次发现了恒星位置变动的现象，比欧洲要早约1000年。

复矩图：一行发明复矩图测量北极高度，测量出南北两地相差129.22千米，北极高度相差一度。这一数据即为地球子午线（经度）一度的长度，与现代测量子午线长度111.2千米有一定误差，但这种科学实测子午线的工作方法在世界上是第一次。

大衍历：727年，一行根据大量观测数据，进行统一归算，写出《大衍历》初稿。一行去世后，张说和陈玄景等人将其整理成书，颁行中国。在唐朝行用了29年后传入日本，行用近百年。

自鸣钟：早在唐代，一行和梁令瓒等就创造了世界上最早的自鸣钟（水力浑天铜仪）。这是一具依靠水力而使其运转，能模仿天体运行的仪器，并可以测定时间。这个浑天仪改进了汉代科学家张衡的设计，注水激轮，令其自转，昼夜一周，除了表现星宿的运动以外，还能表现日升月落。

发明擒纵器：一行与梁令瓒设计的一种名为"擒纵器"的装置，即所有机械钟中心部位的齿轮嵌齿结构。

英国著名科技史学家李约瑟在《中国科学技术史》第四卷中说：高僧一行和梁令瓒所发明的平行联动装置，实质上就是最早的机械时钟，是一切擒纵器的祖先。

"飞钱"是中国历史上出现的最早的汇兑制度。它产生于唐宪宗时期，是一种在异地间移转汇兑钱币的方式，性质上类似于今天的汇票。

孙思邈在《丹经内伏硫磺法》中最早记载了黑火药的三组分（硝酸钾、硫磺和木炭）。

直到11世纪的宋朝之时，火药才开始逐渐用于军事上，这时候出现了以火药为推动燃料的"飞天火鹞"和以投石机来搭载的雏形炸弹。

火药于13世纪传入阿拉伯，14世纪传入欧洲。

唐宪宗元和三年（808年）又创状火矾法，用硝石、硫磺及马兜铃（含炭素）一起烧炼。这两种配方，都是把三种药料混合起来，已经初步具备火药所含的成分。

世界上现存最早的版画是我国唐朝咸通九年（868年）刻印在《金刚经》扉页上的一幅木刻版画——《说法图》。这幅版画是由技工根据画家画稿刻印的。

我国的木刻版画技术最早可能出现在隋唐之际，到了唐朝咸通九年已经达到成熟的水平。

制瓷业：唐代在原始瓷基础上，实现了第二次高温技术突破，烧成了白瓷。以现代测温技术知，相当于从1280℃再提高100℃。

唐三彩：中国古代陶瓷烧制工艺的珍品，全名唐代三彩釉陶器，是盛行于唐代的一种低温釉陶器，釉彩有黄、绿、白、褐、蓝、黑等色彩，而以黄、绿、白三色为主，所以人们习惯称之为"唐三彩"。

唐三彩不论其形制与色彩之施化，均具极高之艺术意匠。

世界上最早描绘在纸上的星图是唐代敦煌经卷中的一幅古星图。1907年被英国人斯坦因盗走，至今保存在英国伦敦博物馆内。它绘于公元940年（后晋时期），图上共有1350颗星，它的特点是赤道区域采用圆柱形投影，极区采用球面投影，与现代星图的绘制方法相同，是中国流传至今最早采用圆、横两种画法的星图。

学

《诸病源候论》：证候学专著，又名《诸病源候总论》《巢氏病源》，50卷。隋代巢元方撰于大业六年（610）。为我国第一部论述各种疾病病因、病机和证候的专著。本书以《内经》的基本理论，对内、外、妇、儿各科67类病的病因与病机、病变与症候作了具体阐述。

唐代医学有很大发展，分科较细，名医辈出。

唐代名医孙思邈所著《千金要方》又称《备急千金要方》《千金方》，是中国古代中医学经典著作之一，被誉为中国最早的临床百科全书，共30卷，是综合性临床医著。《千金要方》总结了唐代以前医学成就，书中首篇所列的《大医精诚》《大医习业》，是中医学伦理学的基础；其妇、儿科专卷的论述，奠定了宋代妇、儿科独立的基础；其治内科病提倡以"五脏六腑为纲，寒热虚实为目"，并开创了脏腑分类方剂的先河。

公元七世纪，孙思邈的著作即传至日本。日本仿效唐制，制定大宝律令、疾医令等医药职令，规定医生必修的医籍中，《千金方》便是其中的一种，后被作为培养和考试的教材。公元753年，鉴真到达日本，将中国的文化，包括医籍等介绍给了日本，其中就有孙思邈的《千金方》。

算经十书：唐高宗显庆元年（656），规定《周髀算经》《九章算术》《孙子算经》《五曹算经》《夏侯阳算经》《张丘建算经》《海岛算经》《五经算术》《缀术》《缉古算经》十部从汉至唐一千多年间的十部著名数学著作作为国家最高学府的算学教科书，用以进行数学教育和考试。

"算经十书"对后世的数学影响深远，中国、日本、朝鲜、越南等国一直沿用到近代。

"算经十书"中的《缉古算经》是唐人王孝通所著，该书最重要的成就是开带从立方（即求三次方程的正根），这是我国现存最早的开带从立方算书。第一次运用高次方程解决复杂的计算问题，解决了三次方程问题。

657年，由苏敬等人集体编修的图文并茂的药物学专著《新修本草》，此书共54卷，收集药物844种，是当时最为详备的药典，也是世界上第一部由国家颁定的药典。

唐朝《金刚经》是目前世界上已知最早的雕版印刷书籍，唐朝咸通九年（868）由王玠印制，全长16尺，高1尺，卷首绘有释迦牟尼佛说法的扉画，现存于英国大英博物馆。

唐朝太医署是已知世界上时间最早、建制规模最大的医药学校，为中医的传承与发展做出了巨大贡献。

乐

苏祗婆：西域龟兹人，北周至隋代著名的音乐家，琵琶演奏家。苏祗婆曾从其父那里学了西域所用的"五旦""七调"等七种调式的理论，他把这种理论带到中原，当时的音乐家郑译曾从苏祗婆学习龟兹琵琶及龟兹乐调理论，创立了八十四调的理论。

苏氏乐调体系奠定了唐代著名的燕乐二十八调的理论基础，是我国古代音乐发展史上的一个重要转折点，对汉民族乐律的发展做出了卓越的贡献。琵琶也因此大盛，成为我国主要的民族乐器。

《切韵》：隋代陆法言所著韵书。隋文帝开皇（581—600）年间，由陆法言执笔把刘臻、颜之推、卢思道、李若、萧该、辛德源、薛道衡、魏彦渊这八个当时的著名学者到陆法言家聚会时讨论商定的审音原则记下来，于隋文帝仁寿元年（601）编写完成。

《切韵》成为汉语音韵学的第一经典。这部书统一了书面的声韵，为音韵学奠定了基础。

唐代手抄曲谱《碣石调·幽兰》：目前唯一存世的唐朝曲谱实物，也是唯一存世的、现存最早的古曲文字谱。

自中晚唐之后，曲家开始通用减字谱来记录琴曲。减字谱，形式上看像是由汉字减少笔画后组合而成的复合字。这种谱式的基本逻辑是把一个字块分为上下两大部分，上半部表示左手指法及徽位，下半部表示弦次及右手指法。

二胡：中国传统拉弦乐器，始于唐朝，至今已有一千多年的历史，最早发源于我国古代北部地区的少数民族，原本叫"嵇琴"和"奚琴"。

后　记

　　"东风不与周郎便，铜雀春深锁二乔。"杜牧调侃赤壁之战，表达物是人非的沧桑。那现在的人调侃历史是因为什么？

　　《步步惊心》有一个耐人寻味的情节：穿越到清朝的女主在给八阿哥出主意时，让他留心四阿哥胤禛府上的邬思道，因为此人为四阿哥最终登上宝座的关键法宝，这显然是女主受历史剧《雍正王朝》影响的缘故。

　　把虚构的历史当真实，乃至把错误的历史看成真相，似乎是一种常见的现象，历史成了任人打扮的小姑娘。很多人尤其青少年容易被自己喜欢的历史剧、历史读物误导：穿越剧流行的时候，有的孩子甚至认为车祸等事故真能制造"穿越"机会；写后宫戏的网文总在写，"穿越"过去后即便不是公主贵族，也会过着白富美或高富帅的生活……

　　喜欢"穿越"的读者，应该渴望看到不一样的风景，领略不一样的文化，体验不一样的人生。可惜在绝大多数的"穿越"剧中，这类体验都被简化为经不起历史验证的服装道具化妆等背景；而在大部分类似的网文小说中，这类体验都被统一为杜撰历史的意淫故事。

　　有鉴于此，我想通过策划一套专门的丛书来纠纠这样的风气。但讲述真实尤其是普通人的历史会有人关心吗？毕竟《三国演义》的知名度和热销度都远胜于《三国志》。做既真实又能吸引读者的历史读物，要从什么角度入手呢？从本科到博士的专业背景以及多年从事文史书籍出版的工作经验都让我在不断思考：曾经灿烂辉煌的中华文明到底是什么样子？那些惊艳了千百年的历史文物能告诉我们吗？为什么我们现在需要而且能够拥有文化自信？

对每个中国读者而言，从诗经楚辞汉赋、唐诗宋词元曲、明清小说小品文中，一定感受到了历史的生命诗意；从老庄道学、孔孟儒学、魏晋玄学、隋唐佛学、宋明理学中，一定理解到了历史的思想智慧。或许还远不止于此，还有闻名遐迩的四大发明，浩如烟海的二十五史……而那些真实存在过、教科书却来不及讲述，如珍珠般遗失散落于典籍史海的古人日常生活，往往被弃之不顾或视而不见，但实际上正是这些珍珠串起了中华民族绚烂璀璨的日常生活文明史。

从日常生活的角度切入中国古代历史，这是本丛书选择的角度，也是体现普通人的历史视角。

不论时代如何变化，人们的日常生活无非是：衣、食、住、行、工（作）、学（习）、礼（仪）、（娱）乐，丛书即从这八个方面着手展开。概括一点来说，历史上古人的穿衣吃饭居住出行，展示的是不断进步的科技文明。当然工学礼乐也会跟科技相关，如医学工作的逐步细分体现了技术的不断进步，礼仪增加的仪式可能跟天文历法的新发现有关，娱乐活动的不断丰富是由新发明带动的。而它们更多地反映了延续千年的文化文明，虽然各朝代会有所区别，但更具有共性，中华民族正是依靠强大的文化惯性自强不息。

归纳起来，一部中国古代日常生活史，也是一部中华民族的古代科技文化史。

而这样的历史，在中小学生的课本里边，由于篇幅有限是无法展开描述的；即便走入大学阶段，如果不是专门学习历史专业，也难以接触到。因此我们把丛书定为："课本来不及告诉你的古代史"。

当然，相对于琐碎的日常生活，衣食住行工学礼乐还不足以概括全部，因此在具体组稿中，我们对内容进行了相近归类，例如把化妆归类到衣饰类，把一些特殊技艺归类到工作类。

丛书根据隋唐、两宋、元、明、清等历史时段，分五卷来呈现中国古代千余年的科技文化史。我们可以从"九天阊阖开宫殿，万国衣冠拜冕旒"领略盛唐气象，体验隋唐人的灿烂时光；从"烟柳画桥，风帘翠幕，参差十万人家……市列珠玑，户盈罗绮，竞豪奢"想象大宋风华，感受宋朝人的风雅岁月；从"定乾坤万国来降。谷丰登，民安乐，鼓腹讴唱"慨叹大元一统，体会元朝人的别样年华；从"三代八朝之古董，蛮夷闽貊之珍异，皆集焉……凡胭脂簪珥、牙尺剪刀，以至经典木鱼、伢儿嬉具之类，无不集"观看大明王朝之丰茂，走进明朝人的情调生活；从"座上珠玑昭日月，堂前黼黻焕烟霞"一窥大清朝的盛世韶华——虽是强弩之末却也集锦绣之最——一探清朝人的精致世界。

需要说明的是，在漫漫历史长河中，每个朝代都经历了兴衰荣辱。暂且把"衰"与"辱"留给史学家们去深沉思索，在这里，让我们感受每个王朝大一统后的繁华岁月，毕竟这些岁月里处处闪烁着科技文化之光，埋藏着我们至今仍引以为傲的宝贵财富。

为了准确和较为全面地呈现这段科技文化历史，我们延请的作者都是上述朝代历史的深耕细作者，也是历史文化普及者，尤其是考古专业出身的李云河老师等。他们通过一手发掘、鲜为人知的文物考古资料，别开生面地呈现那时那地那景，带你走进一个看似熟悉却又陌生的古代世界。丛书主编徐德亮先生，近些年一直身体力行进行传统文化的普及工作，以北大中文古典文献专业出身的深厚功底，对该书的内容进行了统筹和校正。另外，中国人民大学历史学院魏坚教授等老师，于柏川、杨宁波、武彤、兰博、曾天华等五位博士为本丛书内容的审定提供了专业帮助。特别感谢科技史专家戴吾三先生拨冗全力细心修订各卷"科技文化成就"部分，还有中央民族大学付爱民等老师、特邀编辑朱露茜等也为本丛书的出版做出了贡献。在此一并感谢！

我带领编辑团队成员——胡明、张强反复打磨稿件：为了确保稿件的原创性，我们采用最权威的论文查重系统对稿件进行检测；为统一讲故事的风格，针对五六位不同作者的差异表达，我们先后统稿三次；为了匹配与内容对应的精美插图，我们对图片进行了精挑细选；为了一个章节名，为了一句话的严谨表达……我们精益求精，前后用了一年多的时间完善策划、打磨稿件，只为了给读者带来非凡的视觉审美享受。为了加深读者对古人日常生活的体验感，我们还特地与西瓜视频的up主合作，在有的内容篇章加入短视频，增进身临其境之感。

除此之外，为了增进青少年对历史知识尤其是我国古代科技文化成就的了解，增强文化自信，我们在每卷后附加了两个材料：一是每个朝代纪元表，包括帝王名讳、生卒年、年号、主要历史贡献等；二是每个朝代的科技文化成就集锦以及向国外的传播史。希望青少年以此为基点，燃起科技与文化强国的兴趣和雄心！

从策划者的角度出发，我希望这套丛书不只是青少年会喜欢，父母和孩子也可以体验亲子阅读，共同感受我国科技文化之强之美。

习近平总书记在党的十九大报告中指出："文化是一个国家、一个民族的灵魂。文化兴国运兴，文化强民族强。没有高度的文化自信，没有文化的繁荣兴盛，就没有中华民族伟大复兴。"

"吴宫花草埋幽径，晋代衣冠成古丘。"虽然唐宗宋祖、一代天骄的风流已被风吹雨打去，支撑帝王将相丰功伟业的无数民众业已湮没无闻，但是他们创造的历史文化，发明的科技神奇，却深深地融入了中华现代文明的血脉，化作我们继续前行的动力，生生不息！

策划人：李满意

2021年6月1日